Praxis 7

Wirtschaft · Technik · Haushalt/Soziales Sachsen

Herausgeber
Hans Kaminski

Autoren
Ursula Holfeld
Manfred Hübner
Ursel Imhof
Hans Kaminski
Robert Künstner
Ortrud Reuter-Kaminski

westermann

westermann GRUPPE

Druck A [5] / Jahr 2019
Alle Drucke dieser Serie A sind im Unterricht parallel verwendbar.

Redaktion: Sylvia Bock
Herstellung: Andreas Losse
Umschlaggestaltung: Jürgen Kochinke, Holle
Satz: AndersARTig Werbung & Verlag GmbH, Braunschweig
Druck und Bindung: Westermann Druck GmbH, Braunschweig

ISBN 978-3-14-**116337**-7

In diesem Buch findet ihr immer wiederkehrende Symbole.
Sie sollen euch helfen, den Überblick zu behalten.

i Zusatzinformationen, Begriffe

A Aufgaben, Arbeitsaufträge

W Wiederholen und Vertiefen

M Methodenseiten

I Bedürfnisse und knappe Mittel

Beim Kaufen und Verkaufen gibt es zwei Parteien, die beide ihren Vorteil und Nutzen im Kopf haben: auf der einen Seite die Unternehmen, auf der anderen die Verbraucher oder Konsumenten. Die Unternehmen wollen möglichst viel mit hohem Gewinn verkaufen, die Konsumenten wollen möglichst preiswert bei guter Qualität kaufen.
Einige der Spielregeln lernt ihr in diesem Kapitel kennen.

„Typische" Jungen-Clique

1 Jugendliche Konsumentinnen und Konsumenten

26,6 Milliarden …

… sind schon eine Menge Geld. Kinder und Jugendliche geben das Geld nicht nur aus, sondern beeinflussen die Kaufentscheidungen von Erwachsenen in erheblichem Maße. Sie sind Informanten über neue Produkte, sie versuchen ihre eigenen Wünsche besonders bei den Eltern durchzusetzen. Das gilt natürlich zunächst für Sachen, die sie selbst betreffen: Es müssen Markenjeans sein, Turnschuhe von Edelherstellern usw.

Aber Jugendliche reden auch ein Wörtchen mit, wenn es um Anschaffungen der Eltern geht. Mädchen beeinflussen dabei ihre Eltern mehr als Jungen. Dies gilt besonders bei Modefragen, Kosmetik, Körperpflegeprodukten. Einen besonders hohen Einfluss haben Jungen beim Kauf von Mofas, Motorrädern, Taschenrechnern, Computern und Sportgeräten. Jugendliche sind weiterhin Träger von Modetrends, die sich auf die Erwachsenenmode auswirken, weil sich Erwachsene gerne mit dem Attribut „jugendlich" schmücken. Ihr seht, die Werbemillionen lohnen sich durchaus.

Die Zahlen über das Einkommen vom Jugendlichen verdeutlichen die Bedeutung dieser Gruppe für die Wirtschaft. Nicht umsonst geben große Verlage jährlich die sogenannte Kids Verbraucheranalyse heraus. Darin werden z. B. die Bedürfnisse der Jugendlichen genau untersucht, aber auch ihre Freizeitaktivitäten spielen darin eine große Rolle.

Taschengeld: mal so – mal so

Peters Eltern geben einen festen Betrag pro Monat, davon muss er aber einen festen Betrag aufs Sparbuch einzahlen. Peter: „Warum ich jeden Monat zur Bank laufen muss, weiß ich auch nicht. An das Geld komme ich doch sowieso nicht ran."

„Typische" Mädchen-Clique

Evelins Eltern geben ein festes Taschengeld und wenn sie es ausgegeben hat, gibt's Neues. Evelin: „Einmal bin ich sogar drei Wochen damit ausgekommen."
Natalies Eltern geben einen festen Betrag pro Monat, nicht zu viel, nicht zu knapp. Natalie: „Für größere Anschaffungen muss ich allerdings sparen, das kann ganz schön hart sein."
Jans Eltern geben kein festes Taschengeld. Wenn er Geld braucht, meldet er sich. Jan: „Und ich melde mich oft."
Ankes Eltern geben einen festen Betrag pro Monat. Damit kann sie machen, was sie will. Kommt sie damit nicht aus: Pech gehabt! Anke: „Für größere Anschaffungen reichen die paar Kröten sowieso nicht aus. Und dann muss ich wieder ‚bitte, bitte' machen."

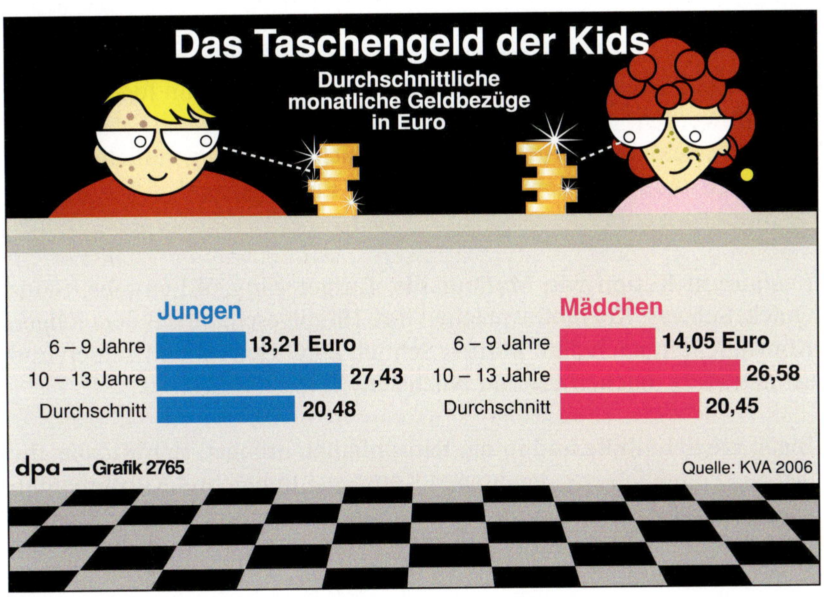

A

1. Stellt Gründe zusammen, weshalb das Taschengeld selbst bei Schülerinnen und Schülern der gleichen Altersstufe unterschiedlich hoch sein kann.

2. Führt in eurer Klasse/Schule eine anonyme Befragung durch:
   a) Wie hoch ist euer monatliches Taschengeld?
   b) Wie hoch ist euer monatliches zusätzliches Einkommen, z.B. durch Jobs?
   c) Wie hoch sind durchschnittlich die einmaligen Zuwendungen, z.B. Geld zum Geburtstag?

   Aus den Angaben zu a–c könnt ihr monatliche Durchschnittsbeiträge errechnen und diese mit den Orientierungswerten vergleichen.

3. Berichtet, ob und bei welchen Kaufentscheidungen ihr eure Eltern beeinflusst.

4. Beurteilt die Situationen im Text „Taschengeld: mal so – mal so". Wie sollte eurer Meinung nach Taschengeld gezahlt werden? Begründet eure Meinung.

Bankservice für Jugendliche

Computerspiele

Hallo!!!

Ich heiße Mike Hamsterbacke und bin der Taschengeldexperte deiner Volksbank. Alle meine Freunde dürfen mich Mike nennen. Wenn du genau wie ich ein Fachmann in Sachen Taschengeld werden willst, dann hätte ich dort eine tolle Sache für dich:
Ein Sparbuch aus echtem Jeans-Stoff, das in jede Hosentasche passt, weil es so schön klein und handlich ist. Mit diesem Jeans-Sparbuch kannst du selbst Geld einzahlen oder abheben – und Zinsen bekommst du auch noch. Wenn du alles clever anstellst, dann hast du bald genügend Reserven, um dir einen besonderen Wunsch zu erfüllen.
Bist du jetzt neugierig geworden? Dann besuche mich doch einmal mit deinen Eltern in der Volksbank!
Ich würde mich riesig freuen dich kennen zu lernen.

Also bis bald,

dein Mike

Quelle: Volksbank (internet)

Wo bleibt das „junge" Geld?
Bleiben wir zunächst bei den Beträgen, die Kinder und Jugendliche direkt ausgeben. Da es auch hier um Milliardenbeträge geht, ist es für die Wirtschaft, von den Herstellern über die Banken bis hin zu Einzelhandelsgeschäften, lohnend, sich Gedanken zu machen, wie sie an das „junge Geld" herankommen kann.

Zu den beliebtesten Freizeitbeschäftigungen gehören Musik hören und Tanzen gehen, die sogenannte Pop-Kultur. Und auf dieser Welle schwimmen die verschiedenen Wirtschaftszweige mit: Phonoindustrie, Unterhaltungselektronik, Musikverlage, Zeitschriftenverlage, Filmindustrie, aber auch Haar- und Mundwasserhersteller, Kosmetikindustrie, Fahrzeugindustrie, Getränkeindustrie bis hin zum Eiscremeproduzenten. Ungefähr fünf Milliarden Euro, so wird geschätzt, beträgt der jährliche Umsatz in Diskotheken.

Auch in anderen Bereichen sind Jugendliche begehrte Konsumenten. Vor allem die Musikindustrie steht und fällt mit ihnen. Dies ist verständlich, wenn ihr berücksichtigt, dass drei von vier CDs von Jugendlichen gekauft werden.
Auch die Bekleidungsindustrie wendet sich an den jugendlichen Konsumenten, wobei die „ewig jugendlichen Erwachsenen" gleich mit angesprochen werden.

Restaurant-Ketten wie McDonalds, Burger King, Whympies, Sams Quick, Subway, Kochlöffel machen ihre Hauptgeschäfte mit dem jungen Konsumenten nach dem Motto „Schnell abfüttern, schnell zahlen und schnell Platz machen für den Nächsten".

Bis in die Schulhöfe und in die Pausenhallen drängen sich Kioske, die fast ausschließlich von den jungen Konsumentinnen und Konsumenten leben. Süßigkeiten, Getränke, Comic-Hefte, Jugendzeitschriften sind die Hauptrenner des Geschäfts vor und nach dem Unterricht. Selbst in den Schulpausen blüht das Geschäft mit den Jugendlichen.

Skaten

Fastfood

Aber auch in einem ganz anderen Bereich ist der jugendliche Konsument begehrt: bei den Sparkassen und Banken – also im Dienstleistungsbereich. Gerade im Hinblick auf die Bankverbindung gilt offensichtlich „Einmal Kunde – immer Kunde“, denn man weiß, dass nur sehr wenige Menschen in Deutschland ihre Bank oder Sparkasse wechseln. Jeans-Sparbuch, Prima-Giro-Konto, Tipps für Berufsanfänger, Geldgutscheine zur Kommunion und Konfirmation, Preisausschreiben und vieles mehr.

Ähnlich verfahren Versicherungsgesellschaften, was ihr spätestens zu eurer Schulentlassung selbst erleben werdet. Offensichtlich gilt das Motto: Wer den ersten Kampf um den jungen Kunden verloren hat, wird ihn später nur schwer gewinnen.

Der Kampf um den jungen Kunden

Banken und Sparkassen sind Vorreiter im Kampf um das einkommensstarke Kind.

Am Weltspartag wird in den Filialen von Gummitierchen bis zum Kugelschreiber mit eingebauter Taschenlampe Verlockendes für Junior-Kunden bereitgehalten.

Mit besonderen Vorteilen (Mitgliedschaft im KNAX-Club, Comichefte, Kalender) wendet sich beispielsweise das Angebot der Sparkasse an Kinder zwischen sechs und 12 Jahren. Hierbei werden die Eltern in das Anlageverhalten ihrer Sprösslinge locker integriert, da sie in der Regel diejenigen sind, die die Einzahlungen zu leisten haben.

Die Jugendkonten sind bei jungen Leuten sehr beliebt. Man bekommt dazu auch eine Karte für den Geldautomaten.

Die meisten Banken bieten Jugendkonten für Personen zwischen 12 und 27 Jahren an. Eine Überziehungsmöglichkeit ist für diese Konten ausgeschlossen.

A

1. Stellt zusammen, wofür ihr euer Geld ausgebt. Unterteilt in:
   - kleinere Ausgaben, für z.B. Süßigkeiten,
   - größere Ausgaben, für z.B. CDs, Konzerte, Kleidung,
   - große Anschaffungen, für z.B. Computer, Hifi-Anlagen,
   - Sparen.

   Stellt eine Rangfolge auf: Auf welche Güter könntet ihr eher, auf welche würdet ihr kaum verzichten wollen? Vergleicht und diskutiert die Ergebnisse.
2. Welche Werbestrategien werden im Text genannt, die Geldinstitute einsetzen, um Jugendliche möglichst früh an sich zu binden? Diskutiert, ob diese euch beeinflussen.
3. Welche Beispiele sind euch sonst noch bekannt, wie Banken und Sparkassen, aber auch Versicherungen Jugendliche als künftige Dauerkunden umwerben?
4. Stellt noch einmal zusammen, weshalb Kinder und Jugendliche für die Wirtschaft eine wichtige Zielgruppe sind.

Bedürfnisbefriedigung in reichen Ländern: Essen, Wohnen, Kleidung

2 Was die Wirtschaft in Gang bringt: Bedürfnisse

Typisch Markus. Er hat noch fünf Euro von seinem Taschengeld, drei Euro hat er von Oma bekommen, weil er ihre Einkäufe erledigt hat. Er möchte mit seiner Freundin Anne ins Kino gehen, während der Vorstellung eine Cola trinken und Anne anschließend zum Eis einladen. Schnell hat er im Kopf überschlagen: Mit seinen acht Euro kann er ins Kino gehen, die Cola muss er streichen, wenn er Anne ein Eis spendieren will. Und da reicht es nur noch zu einer kleinen Tüte für jeden.

Jeder von euch hat sich sicher schon aus ganz unterschiedlichen Gründen an Schaufenstern die Nase platt gedrückt. Ihr habt Dinge gesehen, mit deren Hilfe ihr Bedürfnisse hättet befriedigen können, leider hattet ihr aber nicht das Geld dazu, die entsprechenden Güter zu kaufen. In der Regel ist es noch schlimmer: Ihr habt, wie fast alle Menschen, gleichzeitig eine Reihe von Wünschen, aber nicht die Mittel sie sofort alle gleichermaßen zu befriedigen.
Aus Markus Fall lässt sich ableiten: In der Regel sind unsere Bedürfnisse größer als die vorhandenen Mittel, um sie zu befriedigen.
Der Grund dafür, dass wir arbeiten, genauer erwerbstätig sind, ist: Wir brauchen, da wir in der Regel nichts geschenkt bekommen, Geld und müssen es irgendwie verdienen.

Gesundheit

Zärtlichkeit

Spielen mit den Eltern

Bedürfnisbefriedigung in armen Ländern: Essen, Wohnen, Kleidung

Bedürfnisse sind von verschiedenen Einflussfaktoren abhängig:

- Je nachdem, wo man wohnt, unterscheiden sich die Bedürfnisse schon wegen des Klimas. Ein Indianer am Amazonas lebt völlig anders als ein Inuit in Alaska. Für Kleidung und Ernährung gelten in arabischen Ländern und in Nordafrika ganz andere Maßstäbe als in Europa.
- Andererseits werden Bedürfnisse auch durch unsere soziale Umwelt beeinflusst, durch die Familie, in der wir leben, durch Verwandte, Bekannte, Freunde, durch Gruppen, denen wir angehören, durch Idole, Meinungsführer, aber auch durch Werbung.
- Bedürfnisse ändern sich ständig. Zwar brauchen wir genauso wie unsere Vorfahren Nahrung, Kleidung und ein Dach über dem Kopf, doch die Art und Weise, wie wir diese Bedürfnisse befriedigen, hat sich entscheidend verändert. Im Laufe der Zeit entstanden durch den Fortschritt der Technik und durch Wandel im gesellschaftlichen und kulturellen Leben immer neue Bedürfnisse.

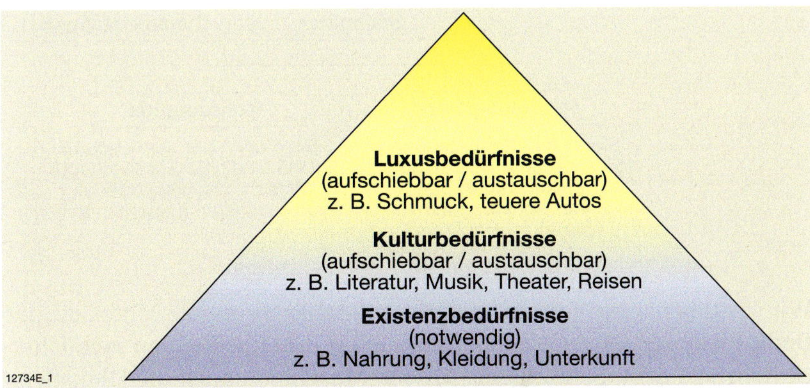

Was haben nun diese materiellen Bedürfnisse mit unserem Kapitel zu tun? Ganz einfach: Wir können unsere Bedürfnisse in der Regel nur durch den Kauf von Waren oder Dienstleistungen befriedigen.
Es gibt auch immaterielle Bedürfnisse nach Glück, Erfolg, Liebe, Zuneigung, Anerkennung usw. Diese Bedürfnisse bestimmen jeden Menschen in hohem Maße. Zu ihrer Befriedigung braucht man kein Geld. Allerdings verstehen es die Werbefachleute, auch diese Bedürfnisse zu nutzen, indem sie uns z. B. einzureden versuchen, durch den Kauf eines bestimmten Produktes (Sportschuhe, Shampoo, Rasierwasser) hätten wir Erfolg im Sport, im Beruf oder beim anderen Geschlecht.

A

1. Überlegt, welche Bedürfnisse nach der Erfindung des Automobils entstanden.
2. Auf welch unterschiedliche Weise wurde das Bedürfnis nach Licht und Wärme im Laufe der Geschichte befriedigt?
3. Bedürfnisse sind abhängig von der Gegend, in der die Menschen wohnen. Nennt dazu Beispiele aus dem Erdkundeunterricht.
4. Was haben die drei Bilder auf Seite 10 unten mit unserem Thema zu tun?

Die Werbung verspricht viel …

2.1 Güter als Mittel der Bedürfnisbefriedigung

Michael unternimmt an einem warmen Sommertag eine anstrengende Bergtour durch das Erzgebirge. Er bekommt Durst. Er trinkt das klare Wasser einer Bergquelle.
Gabi verbringt einen heißen Sommertag in einem öffentlichen Schwimmbad. Auch sie bekommt Durst. Im Kiosk kauft sie eine Flasche Mineralwasser.

In der Umgangssprache setzen wir das Wort „Güter" häufig mit „Waren" gleich. Wie wir in der Grafik sehen, weicht jedoch die wirtschaftliche Bedeutung des Wortes „Güter" von seiner Bedeutung in der Umgangssprache ab.

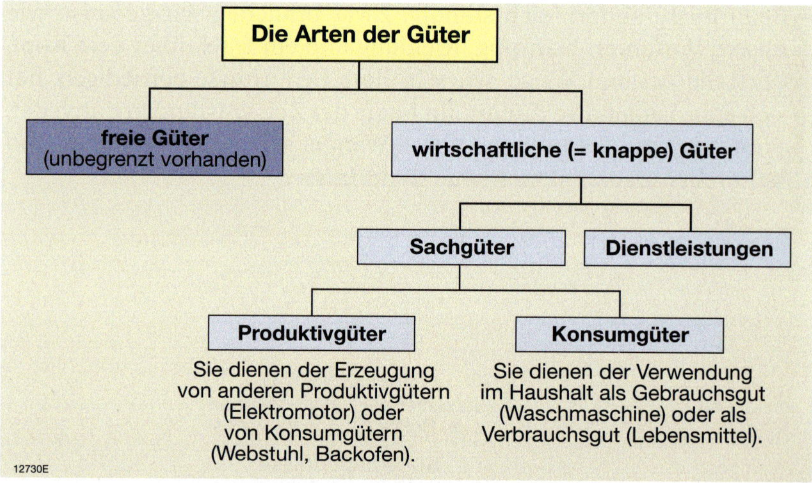

Wir verstehen unter Gütern im wirtschaftlichen Sinne alle Mittel, die der Bedürfnisbefriedigung dienen. Demnach gehören außer den sachlichen Mitteln wie Brot, Schokolade, Möbel, Maschinen auch die Dienstleistungen, wie Haare schneiden, ärztliche Hilfe, Theateraufführungen usw. zu den Gütern.

Getränketüten und -dosen sind eine Verschwendung von Rohstoffen und Energie. Werden sie achtlos weggeworfen, so tragen sie zur Zerstörung unser Landschaft bei. Mehrwegflaschen sind viel besser. Je vernünftiger unser Verhalten gegenüber der Umwelt, desto größer die Anzahl freier Güter!

Wirtschaften mit Rücksicht auf die Umwelt
Freie Güter sind immer weniger verfügbar. Wasser können wir nur noch in einigen Bergregionen ohne Gefahr für unsere Gesundheit trinken. Die Reinhaltung der Luft verschlingt immer größere Summen. Naturschönheiten wie Bergwälder, Seen, Moore sind in Gefahr. Viele Pflanzen und Tiere sind bereits ganz ausgestorben. Jeder von uns ist aufgefordert, durch vernünftiges Verhalten zum Schutz unserer Umwelt beizutragen.

2.2 Das ökonomische Prinzip

Maximalprinzip

Wie verhält sich ein Bergsteiger, der nach einer anstrengenden Bergtour hungrig und durstig am Bahnhof im Elbsandsteingebirge eintrifft und feststellt, dass er nur noch 20 Euro in der Tasche hat und sich folgende Wünsche erfüllen möchte?

- Eine Bahnfahrkarte zu seinem 30 km entfernten Wohnort kaufen;
- eine Apfelschorle trinken, im Restaurant essen,
- Ansichtskarten schreiben;
- Geschenke für zu Hause mitbringen;
- Zeitung als Lektüre für die Bahnfahrt besorgen.

Die Entscheidungssituation unseres Bergsteigers können wir mit folgender Skizze wiedergeben:

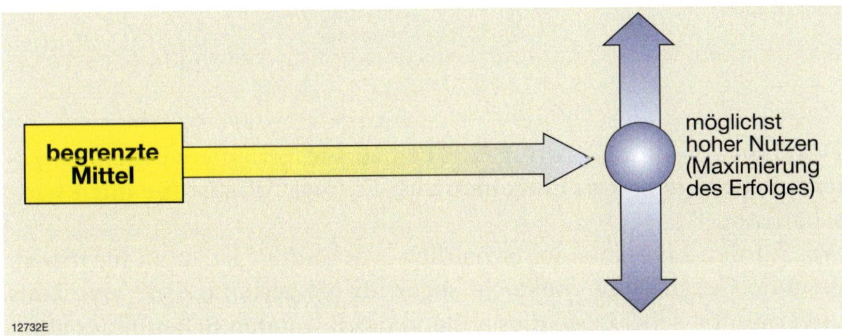

Unser Bergsteiger hat sich entschieden. Er setzt seine vorhandenen Mittel so ein, dass sie für ihn den größtmöglichen Nutzen bringen. Wir können sagen: Er handelt rational oder er handelt nach dem ökonomischen Prinzip. In diesem Fall spricht man vom **Maximalprinzip**.

Minimalprinzip

Tobias möchte sich einen bestimmten MP3-Player kaufen. Er erkundigt sich in allen Elektrogeschäften seines Wohnorts und sucht im Internet und im Katalog eines großen Versandgeschäfts, um das günstigste Angebot zu ermitteln.
Seine Entscheidungssituation sieht etwa folgendermaßen aus:

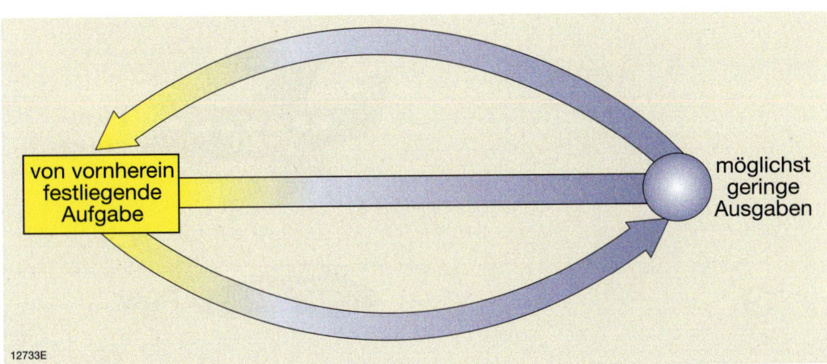

i

Früher wurde ein Landwirt als Ökonom bezeichnet, der seine landwirtschaftlichen Produkte auf dem Markt in der Stadt verkaufte.
Heute steht das aus dem Griechischen kommende Wort **Ökonomie** für Wirtschaft und ökonomisch für wirtschaftlich.

ratio lat. = Vernunft, der Vernunft gemäß

A

1. Welche Reihenfolge würdet ihr wählen, wenn ihr der Bergsteiger wäret?
2. Versucht wie Tobias, für ein ganz bestimmtes Gerät Preise zu erfahren und vergleicht.
3. Erklärt die Anwendung des ökonomischen Prinzips aus eurer persönlichen Situation: Ihr möchtet euch von eurem Taschengeld ein Kickboard kaufen. Wie geht ihr nach dem Maximalprinzip vor und wie nach dem Minimalprinzip?

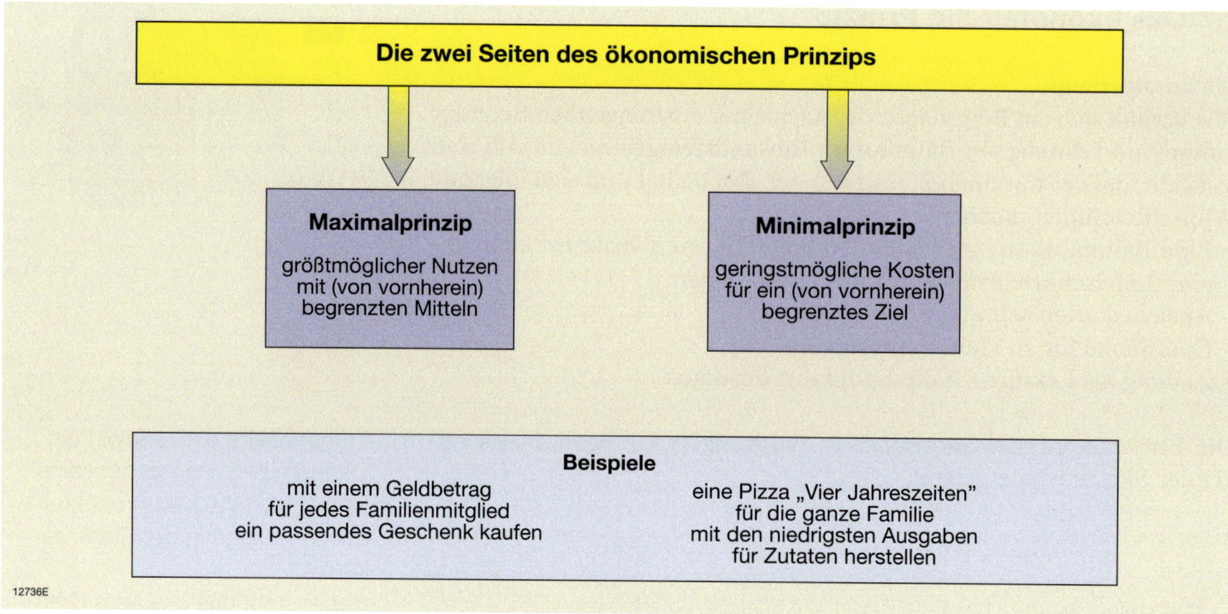

1. Gebt den Inhalt des Schaubildes mit eigenen Worten wieder.
2. Für welches Verkehrsmittel entscheidet ihr euch, wenn ihr euch ökonomisch verhaltet?
3. Für welches Verkehrsmittel entscheidet ihr euch, wenn ihr euch ökologisch verhaltet?

Emission = Ausstoß
Kilojoule: Maßeinheit für den Verbrauch von Energie. Vier Kilojoule Energie sind nötig, um einen Liter Wasser um ein Grad zu erwärmen. (Über diese Maßeinheiten erfährst du mehr in Physik.)

Das ökonomische Prinzip in den beiden Formen, die wir kennen gelernt haben, geht vom **Einzelnen** aus. Er fragt: Was ist **für mich** wirtschaftlicher?
Was für den Einzelnen wirtschaftlich „vernünftig" ist, kann für unsere gesamte Gesellschaft, vielleicht sogar für die gesamte Erde, durchaus unvernünftig sein. Zeige dies anhand des folgenden Schaubildes auf.

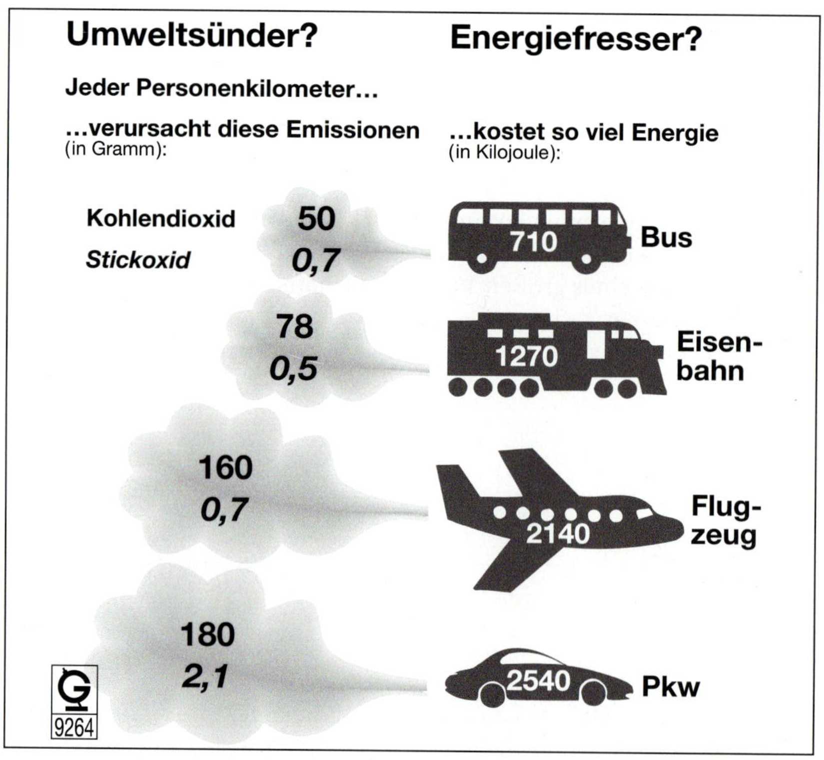

Rollenspiel: Wie werden Konflikte ausgetragen?

Die Diskussion bei Familie Bohn

1. Wir lesen und besprechen den Fall.
Silke gibt in der Klasse den Ton an. Ob in der Mode oder bei den Musikgruppen oder wo man sich trifft. Nach den Herbstferien kommt Silke von einer Italienreise zurück, völlig neu eigekleidet. Schuhe, Jeans und Pulli sind nur vom Feinsten und mit dem „richtigen Etikett". Silke hat ziemlich reiche Eltern und eine modisch interessierte Mutter. Silke darf alles. Sabrina, Silkes Freundin, schaut neidisch und möchte sich auch unbedingt teure Markenmode kaufen. Beim Kaffeetrinken mit ihrer ganzen Familie äußert sie ihren Wunsch.

2. Wer möchte spielen? Wie im Theater werden die Rollen verteilt. Rollenbeschreibung der einzelnen Familienmitglieder:

Rollenkarte: Sabrina Bohn

Persönliche Daten:
13 Jahre, Schülerin in einer 7. Klasse der Mittelschule.

Rollenbeschreibung:
Sabrina möchte gern wie ihre Freundin Silke „in" sein. Leider reicht das Taschengeld vorn und hinten nicht, um ihre Bedürfnisse nach Schallplatten, Zeitschriften und modischem Kleinkram zu befriedigen. Sie bekommt 20 Euro Taschengeld pro Monat. In Sachen Mode hat sie zu Hause keinen leichten Stand. Sie möchte auch gern teure italienische Markenmode mit den passenden Schuhen tragen. Doch ihre Mutter meint, dass das nicht nötig und außerdem viel zu teuer sei.

Typischer Ausspruch:
Aber Silke hat das auch!

Rollenkarte: Christian Bohn

Persönliche Daten:
12 Jahre, Sabrinas Bruder. Er geht in die 7. Klasse des Gymnasiums.

Rollenbeschreibung:
Christian möchte so gern einen Nike-Rucksack anstelle seines so braven Schulranzens und außerdem neue Adidas-Fußballschuhe und einen neuen Trainingsanzug in den Vereinsfarben wie sein Freund Marc haben. Er bekommt 10 Euro Taschengeld pro Monat und hat folgende Hobbys: Fußball, Fußball und nochmals Fußball.

Typischer Ausspruch:
Alle im Verein bekommen jetzt neue Sportsachen!

Koordination

Zuschauer…

Analyse

Rollentausch

Auswertung

Rollenkarte: Anita Bohn

Persönliche Daten:
45 Jahre, Mutter von Sabrina und Christian, „Nur-Hausfrau“ im eigenen Einfamilienhaus mit Garten.

Rollenbeschreibung:
Durch den Hausbau hat Familie Bohn seit vier Jahren hohe Abzahlungen. Frau Bohn muss mit dem Haushaltsgeld sparsam umgehen. Doch der äußere Rahmen muss gewahrt werden. Die Kinder müssen ordentlich angezogen sein, das Haus muss ein gepflegtes Äußeres zeigen. Für modischen Schnickschnack aber hat sie wenig Verständnis. Ihr größter Wunsch sind neue Wohnzimmergardinen. Außerdem möchte sie für einen Sommerurlaub mit der Familie sparen, denn ihre Freundinnen erzählen oft von herrlichen Reisen. Vor allem nach Griechenland möchte sie mit der Familie einmal fahren.

Typischer Ausspruch:
Was wohl die Nachbarn dazu sagen!

Rollenkarte: Heinz Bohn

Persönliche Daten:
48 Jahre, Vater von Sabrina und Christian, Bauingenieur bei einer Hoch- und Tiefbaufirma.

Rollenbeschreibung:
Herr Bohn hat in der Firma viel zu tun und ist froh, wenn er zu Hause seine Ruhe hat. Er bastelt in seiner Freizeit gern mit seiner Lehmanns-Großeisenbahn und ist Mitglied in einem Hobbyclub für Modelleisenbahnen. Er hat eigens für die Gleisanlage seinen Dachboden ausgebaut und möchte noch neue Gleise und Stellwerke haben, damit er weiterbauen kann. Gegenüber seinen Kindern und ihren Wünschen ist er tolerant. Nur ausgefallene Sachen mag er nicht.

Typischer Ausspruch:
Kauft etwas Vernünftiges, das hält länger und sieht gut aus.

3. **Die Szene, in der gespielt werden soll, wird aufgebaut.**

4. **Die Zuschauer sehen nicht nur zu; sie machen sich Notizen, um das Spiel beurteilen zu können.**

5. **Das Spielgeschehen wird besprochen; vor allem geht es um das Verhalten und die Aussagen der Spieler.**

6. **Eine andere Gruppe spielt die Diskussion.**

7. **Das Spielgeschehen wird ausgewertet. Was ist aus ihm für Konfliktfälle zu lernen?**

3 Einkommen als Lebensgrundlage

Einkommen muss hereinkommen

Wie kommt man an das Geld, das man benötigt? Wie kann man Einkommen erzielen? Die Bilder unten zeigen vier Einkommensquellen:

- Unternehmereinkommen werden von Selbstständigen erzielt, sofern sie Gewinne machen.
- Arbeitseinkommen erhalten Arbeitnehmer für körperliche und geistige Tätigkeiten.
- Besitzeinkommen sind Miet- und Zinseinnahmen.
- Transfereinkommen sind staatliche Zahlungen ohne Gegenleistungen (z.B. Krankengeld, BAföG und ALG II).

Diese Einkommensarten sind nicht so ohne Weiteres gleichzusetzen. Während Unternehmereinkommen und Arbeitseinkommen durch eigene Arbeitsleistung erzielt werden, sind Transferleistungen Ersatzleistungen, weil z.B. durch Arbeitslosigkeit, Krankheit oder Alter kein Arbeitseinkommen vorhanden ist, das für den Lebensunterhalt ausreicht. Transfereinkommen sind meist zeitlich befristet (außer der Rente), und es muss nachgewiesen werden, dass der Lebensunterhalt nicht durch andere Einkommensarten gesichert werden kann. Diese Mittel machen einen bedeutenden Teil der Staatsausgaben aus und sind daher nicht unbegrenzt verfügbar (siehe dazu die immer wieder kehrenden Diskussionen um die Rente, das Arbeitslosengeld bzw. das Kindergeld).

Einkommensarten: Unternehmer-, Arbeits-, Transfer- und Besitzeinkommen

1. Welche Einkommensquellen sind gemeint?
   - „Das finden Sie teuer? Für diese schöne Wohnung?“
   - Zeitungsmeldung: Metallarbeiter erhalten 2,5% mehr Lohn.
   - „Feine Leute! Und gut betucht, der alte Herr war früher Richter.“

Beispiele für Ausgaben: Bäckerei, Wühltisch …

Auskommen mit dem Einkommen
Hat man jedoch Einkommen erzielt, so muss man wirtschaftlich damit umgehen, sein Geld einteilen.

Familie Möller plant ihren Urlaub
„Wir wollen wieder mal in Urlaub fahren." Das ist der Wunsch der Familie, nachdem im letzten Jahr Frau Möller im Krankenhaus gelegen hat. Im Jahr zuvor fiel Claudias Ferienzeit nicht mit Vaters Urlaub zusammen. Außerdem mussten sie damals schnell feststellen, dass der Urlaub aus dem laufenden Einkommen nicht zu finanzieren war. Jetzt soll es ins Salzkammergut gehen. Bergwandern und Baden macht allen Spaß. Für die eingeplanten 1300 Euro haben sie lange gespart.
„Diesmal sollten wir aber drei Wochen fahren. Bei den Benzinpreisen muss sich die lange Fahrt lohnen."
„Und Vollpension muss es sein", fordert Frau Möller unmissverständlich, „schließlich möchte ich auch einmal Urlaub vom Kochtopf haben. Außerdem habe ich gerade deshalb die zwei Jahre auf so manches verzichtet."
Kaum sind die ersten Urlaubskataloge erschienen, findet man die Familie Möller eifrig beim Blättern. Und sehr schnell haben sie einige Angebote gefunden, die ihrem Urlaubsetat entsprechen.

1. Besorgt euch in einem Reisebüro Kataloge und vergleicht die unterschiedlichen Urlaubsangebote für Familie Möller mit ihren finanziellen Vorstellungen.
   Sucht nach Lösungsmöglichkeiten und trefft eine Entscheidung.

Familie Möller bei der Urlaubsplanung

Ausschnitt aus einem Ferienprospekt

... *Kauf von Kleidung*

Miete

3.1 Ausgaben müssen geplant werden

Der Haushaltsplan

An den Beispielen, zuletzt an dem von Familie Möller, habt ihr gesehen, dass die Wünsche meist größer sind als das zur Verfügung stehende Geld. Es ist darum wichtig, einen Ausgabenplan zu machen, damit man nicht für einige Dinge zu viel Geld ausgibt, das dann anderswo fehlt oder künftig geplante Vorhaben bzw. Ausgaben unmöglich werden. Da in jeder Familie eine andere Geldsumme verfügbar ist, aber auch die Wünsche und Interessen unterschiedlich sind, wird jeder Haushaltsplan anders aussehen. Bestimmte Ausgabengruppen wiederholen sich bei allen. Führt eine Familie neben dem Haushaltsplan auch Buch über die täglichen Ausgaben, kann sie jederzeit überprüfen, ob der Plan eingehalten werden kann oder in einigen Punkten geändert werden muss.

Haushaltsberatung

Es gibt – vor allem in großen Städten – Beratungsstellen, die bei der Aufstellung von Haushaltsplänen behilflich sind. Wenn jemand mit seinen Geldausgaben nicht mehr zurechtkommt, kann er sich kostenlos oder gegen eine geringe Gebühr beraten lassen. Diese Beratungsstellen zeigen auch an beispielhaften Haushaltsplänen, wie andere Haushalte es schaffen, mit ihrem Einkommen auszukommen. Als weitere Hilfe vergeben sie häufig vorgedruckte Haushaltspläne und Haushaltsbücher, die die Planung wie auch die Kontrolle der Ausgaben erleichtern.

A

1. Ermittelt die wichtigsten Ausgabeposten eines Haushaltsplanes (siehe Abbildung unten).
2. Fordert bei der Verbraucherberatung Vordrucke für Haushaltspläne und Haushaltsbücher an.
3. Nennt Gründe, warum es sinnvoll ist, einen Haushaltsplan aufzustellen und ein Haushaltsbuch zu führen.

	Ausgaben in Euro													
	Wohnung		Ernährung		Getränke, Tabak	Kleidung		Körper- u. Gesundheitspflege	Bildung, Unterhaltung	Fahrgeld/Auto		Sonstiges	
	Bezeichnung	Betrag	Bezeichnung	Betrag		Bezeichnung	Betrag			Bezeichnung	Betrag	Bezeichnung	Betrag
Bedürfnisse	Miete	436,–	Bäcker	3,40	1,30			2,30				Sparkasse	23,–
	Strom, Gas	58,70	Fleisch	7,60		Hose (Vati)	45,40					Amelie Taschengeld	5,–
	Putzmittel	7,10	Gemüse	6,40	0,66	Reinigung	7,20					Blumen	6,10
	Kochtopf	17,90	Supermarkt	24,–	1,90			6,10					
			Obst	1,50	2,60								

Aus einem Haushaltsbuch

1. Arbeitet aus dem Zeitungsartikel heraus, welche Ursachen und Auswirkungen die „Markenmacke" auf Jugendliche und Erwachsene hat.

2. „Ich ziehe an, was mir gefällt, was die anderen dazu sagen, ist mir egal!" „Ich gehöre eher zu den Konsum-Kids, die der ‚Markenmacke' verfallen sind." Wo würdet ihr euch persönlich zwischen diesen beiden Polen einordnen? Begründet eure Meinung.

3. Überprüft das Warenangebot z.B. für Schuhe in einem Supermarkt, einem Warenhaus, einem Schuhfachgeschäft und einem Youth-Shop. Vergleicht Preise, Mengen und die Breite des Angebots.

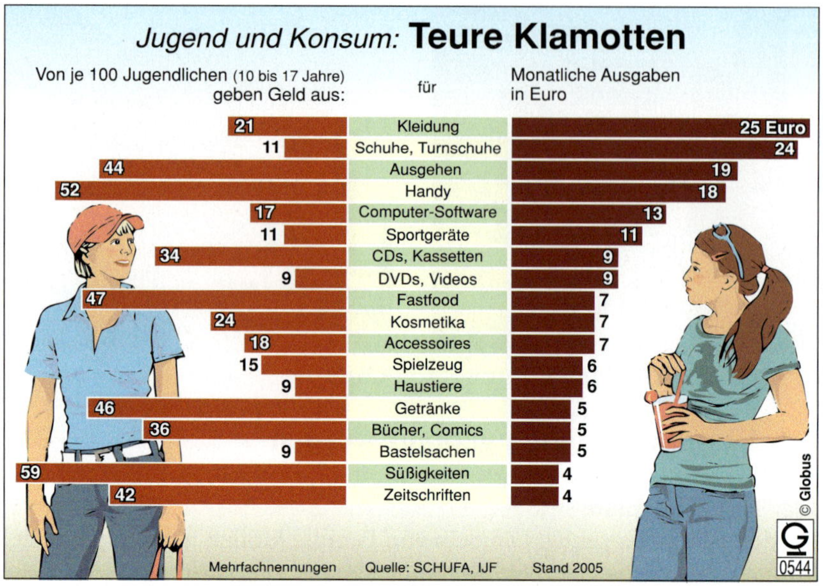

Markentreue – von Kopf bis Fuß ein Individuum

Die Kinder von heute sind laut Kids Verbraucheranalyse 2007 (einer Studie zum Verbraucher- und Medienverhalten von Sechs- bis Dreizehnjährigen) Markenkenner und möchten ihre Individualität schon früh auch über den Besitz eigener Produkte ausdrücken.
Die Individualität macht sich insbesondere in der Abgrenzung zu den Erwachsenen und zu den kleineren Geschwistern bemerkbar. Sie dürfen ihre Konsumentscheidungen immer häufiger alleine treffen, so ein Ergebnis der aktuellen Kids Verbraucheranalyse.
Ralf Bauer, der Leiter der Marktforschung im Egmont Ehapa Verlag bekräftigt dieses Ergebnis: „Die Möglichkeiten, sich durch das Konsumverhalten individuell auszudrücken, werden immer größer".
Besonders wichtig ist für Heranwachsende indes die Meinung der Gleichaltrigen. Hierbei ist es von besonderer Bedeutung z.B. bei der Kleidung die richtige Marke zu tragen, um vor allem in der Clique auf Anerkennung zu stoßen. Markenkleidung gilt diesbezüglich als besonderer „In-Faktor".
Das richtige Logo spielt in erster Linie bei Turnschuhen eine große Rolle. Nach der Studie legen 57 % der Sechs- bis Dreizehnjährigen Wert auf die Marke von Turnschuhen. Taschen oder Rucksäcke (53 %) und Bekleidung (50 %) erfüllen zudem eine wichtige Funktion als Statussymbole bei den Kindern. Es folgen Schulsachen (44 %), Handy (41 %) und Spielwaren (34 %). Wenngleich die Sechs- bis Dreizehnjährigen laut Kids Verbraucheranalyse immer mehr Geld zur Verfügung haben, fällt es vielen Eltern schwer, diesem Markenbewusstsein zu folgen und die damit verbundenen Kosten zu tragen bzw. tragen zu wollen.

Nach: FTD, 07.08.2007 (Wofür Kinder ihr Geld ausgeben) und TAZ, 08.08.2007 (Kinderstudie: 1,5 Milliarden Euro Taschengeld)

Kauft sie die Schuhe, weil sie ihr gefallen oder weil sie gerade „in" sind?

Zwang zum Konsum?

Frau Bohn hat sich über Sabrinas Freundin Silke schon zigmal geärgert, weil sie ihrer Tochter dauernd Flausen über Kleidung, die „in“ ist, in den Kopf setzt. Wie schafft diese Silke das nur? Personen wie Silke, die in ihrem Freundes- und Bekanntenkreis solch eine Vorreiterrolle spielen, werden in der Fachsprache als Meinungsführer bezeichnet.

- **Meinungsführer** sind Leute, die gegenüber Neuerungen besonders aufgeschlossen sind; sie informieren sich, kennen sich aus, wissen, was „in“ ist und kaufen das Aktuellste am Markt. Andererseits sind sie selbst auch sehr leicht durch Massenmedien oder durch andere Meinungsführer (z.B. Girlie-Bands) beeinflussbar. Ferner sind Meinungsführer kontaktfreudig, geben ihr Wissen gern weiter, werden als Persönlichkeit akzeptiert und kopiert und sind Vorbild vor allem für Personen, die eher passiv sind. Da sie ihre Mitmenschen persönlich ansprechen, ist ihr Einfluss stärker als der der Massenmedien.
- Nicht nur einzelne Personen, sondern auch Gruppen – in der Fachsprache **Bezugsgruppen** genannt – können eure Wünsche und Kaufentscheidungen zu beeinflussen suchen. Jeder Mensch, ob jung oder alt, ist in zahlreiche Gruppen eingebunden.
  Für Jugendliche hat z.B. die Clique eine große Bedeutung. Ihre Mitglieder vertreten die gleiche Meinung, verbringen ihre Freizeit zusammen, haben die gleichen Hobbys. Man spricht auch von so genannten **Peergroups**, das ist die **Gruppe der Gleichaltrigen**. Gerade für junge Menschen ist die Mitgliedschaft, die Zugehörigkeit zu solch einer Gruppe oft wichtiger als die Beziehungen zu Eltern und Geschwistern. Die Peergroup hat für den Jugendlichen die größte Bedeutung in Bezug auf Kleidung, Musik bis hin zu den Essgewohnheiten.

Ein Beispiel, wie man sich das Meinungsführer- und Bezugsgruppenmodell zu Nutze machen kann, bieten die Vereine der Fußballbundesliga. In den Vereinsfarben und mit dem Vereinssymbol versehen werden nicht nur Trikots, sondern auch Schals, Mützen, Fahnen, Bettwäsche, Kuscheltiere, Getränkedosen usw. angeboten. Eine regelrechte Fanartikel-Industrie ist daraus entstanden. Seit längerer Zeit hat jeder Fußballspieler eine feste Rückennummer und seinen Namen auf dem Trikot und seitdem laufen Tausende von Ballacks und Kloses durch die Gegend. Merchandising nennt man diese Strategie.

Blick in den Fanshop von Dynamo Dresden

Alle tragen ähnliche Schuhe – fast wie eine Uniform!

A

1. Was versteht man unter Meinungsführern? Überlegt, ob es in eurer Klasse/Schule/Clique Beispiele für Meinungsführer gibt. Auf welchem Gebiet sind sie Meinungsführer?

2. Erklärt den Unterschied zwischen einem Meinungsführer und einer Bezugsgruppe. Gibt es Gemeinsamkeiten? Begründet eure Auffassung.

3. Sucht aus der Werbung Beispiele heraus, bei denen bekannte Persönlichkeiten als Meinungsführer für Produkte werben. Begründet, warum gerade sie ausgewählt wurden und welche Zielgruppe angesprochen wird.

In diesem Abschnitt geht es darum, wie wir uns das Lernen erleichtern können und wie wir das Gelernte besser behalten können. Es werden Beispiele vorgestellt, wie z. B. das Üben verbessert werden kann oder was es alles beim Beobachten von Arbeitsplätzen, Arbeitsabläufen usw. zu beachten gilt. Es ist erforderlich, sich die Arbeits- und Wirtschaftswelt auch außerhalb der Schule, direkt „vor Ort", anzusehen: z. B. einen Arbeitsplatz in einem Betrieb oder einer Behörde.

Dabei werdet ihr Abläufe oder Vorgänge beobachten, Gespräche mit Experten führen, Materialien sammeln und vieles mehr. Dazu müsst ihr beispielsweise lernen, wie man eine Skizze anfertigt, ein Gespräch vorbereitet und protokolliert, wie man genau beobachtet und wie man die erhaltenen Informationen und das sonst gesammelte Material auswertet.

Jörn, Julia und Susanne …

Arbeitstechniken sind wichtig

Auch für schulisches Lernen benötigt man Handwerkszeug
Um eine Arbeitsaufgabe erfolgreich bewältigen zu können, werden Arbeitsmittel, Arbeitstechniken und Wege für ein erfolgreiches Vorgehen benötigt. Darüber hinaus werdet ihr mit Methoden arbeiten, die für einige von euch vielleicht bis jetzt noch neu sind, z. B. die Projektmethode, die Betriebserkundung, die Arbeitsplatzerkundung, das Rollenspiel.
Methoden sind wie Werkzeuge, mit denen eine bestimmte Aufgabe bewältigt werden soll.
Nicht alle Werkzeuge sind gleich gut für eine Aufgabe geeignet: Wer einen Nagel in die Wand schlagen will, nimmt dazu besser den Hammer und nicht eine Zange. Wer eine Person bei der Arbeit beobachten will, kann dies besser am Arbeitsplatz in einem Betrieb tun, als sich im Schulbuch lediglich ein Foto anzuschauen.
Das heißt: Die Werkzeuge, mit denen gearbeitet werden soll, muss man gut kennen, um zu entscheiden, ob sie für eine Aufgabe auch geeignet sind.
In diesem Schulbuch wird eine Reihe solcher Methoden oder Werkzeuge dargestellt.
Diese werden mithilfe von vereinfachten Bildern (Piktogrammen) dargestellt. Solche Piktogramme sieht man z. B. in der Sportschau im Fernsehen. Mit ihrer Hilfe lässt sich schnell erkennen, um welche Sportart es sich handelt. Die Methoden-Piktogramme in diesem Buch sind etwas Ähnliches. Sie zeigen, welche Schritte eine Methode umfasst und was bei einem bestimmten Schritt getan werden kann. Natürlich kann man davon auch einmal abweichen, wenn es erforderlich ist.

Beobachtungen auf einer Baustelle
Wenn ihr euch fragt, was dies mit dem Fach Wirtschaft – Technik – Haushalt/Soziales zu tun hat, dann lest die folgenden drei Berichte von Jörn, Susanne und Julia, die Herrn Thöle bei seiner Arbeit als Maurer beobachtet haben.

… beim Beobachten der Maurertätigkeiten

Die Maurer

Jörn: Herr Thöle hatte eine graue Cordhose und ein blaues Hemd an. Auf dem Kopf trug er eine leichte helle Mütze. An den Füßen hatte er derbe Arbeitsschuhe. Herr Thöle machte mit seinen Arbeitskollegen Witze und rief immer nach dem Handlanger, dass er ihm endlich Steine und Mörtel bringen sollte. Er arbeitete auf einem Gerüst. Zu seinen Füßen lag noch ein Hammer und eine Wasserwaage.
Julia: Herr Thöle ist sehr mürrisch. Immer schrie er nach dem Arbeitskollegen, dass er noch Steine und Mörtel bringen soll. Mit so einem unfreundlichen Kollegen möchte ich nicht zusammenarbeiten. Das ist ja richtig stressig. Seine Mütze, die er auf dem Kopf hatte, war schon ziemlich verschmutzt. Sie müsste mal wieder gewaschen werden. Aus Sicherheitsgründen müsste er eigentlich einen Helm tragen.
Susanne: Herr Thöle ist Maurer und arbeitet in dem Neubaugebiet an der Wiesenstraße. Zu seiner Kolonne gehören noch drei andere Maurer und ein Hilfsarbeiter, der die Maurer mit Mörtel und Steinen versorgt. Sie arbeiten an dem Rohbau eines Einfamilienhauses. Herr Thöle steht auf einem Gerüst in einer Reihe mit den anderen Arbeitskollegen. Sie ziehen einen Giebel hoch. Zuerst legt Herr Thöle Mörtel mit der Maurerkelle auf die Steinschicht und glättet ihn ein wenig. Dann nimmt er vom Gerüstboden einen neuen großen Betonstein und legt ihn vorsichtig in das Mörtelbett. Er klopft mit dem Maurerhammer auf den Stein und prüft, ob er in Flucht mit den anderen Steinen liegt. Den Mörtel, der aus den Fugen herausgequollen ist, kratzt er mit der Maurerkelle ab und wirft ihn wieder oben auf den Stein. Und so geht es Steinschicht um Steinschicht. Ich habe den Eindruck, dass die Arbeit ziemlich anstrengend ist und sehr sorgfältig gemacht werden muss. Bei den großen Steinen muss man auch ganz schön kräftig sein. Sein Hemd ist durchgeschwitzt und vor der Sonne schützt er sich mit einer Mütze.

Mit Beobachtungsaufgaben habt ihr es im Fach WTH/S häufig zu tun, z. B. bei einer Arbeitsplatzerkundung oder bei der umfangreicheren Betriebserkundung. Aber auch wenn es darum geht, das Verhalten eurer Mitschüler bei einem Rollenspiel zu beobachten (siehe Seite 15 f.).

Was müssen wir tun, um nicht ganz so subjektiv zu beschreiben?

1. Festlegen, was beobachtet werden soll und was für den Unterricht wichtig ist.

2. Darüber sprechen, was sich vermutlich nicht beobachten lassen wird.

3. Vereinbaren, wie die Beobachtungen festgehalten werden sollen (z. B. Stichworte notieren, eine Skizze anfertigen usw.).

4. Überlegen, welche Fragen ihr noch stellen wollt.

5. Festlegen, ob alle dieselben oder unterschiedliche Beobachtungsaufgaben bekommen.

Eisverkäuferin

Hartz IV-Empfänger

Kassierer

Auf dieser Seite könnt ihr die in diesem Kapitel erlangten Kompetenzen und Gelerntes zum Bereich „Bedürfnisse und knappe Mittel“ überprüfen.

Merke:
- Jugendliche verfügen über eine hohe Kaufkraft.
- Für die Wirtschaft sind Jugendliche eine interessante Zielgruppe.
- Bedürfnisse bestimmen den Konsum, aber auch die zur Verfügung stehenden Mittel.
- Es gibt unterschiedliche Einkommensarten.

Aufgabe 1: Wofür geben Sechs- bis Neunzehnjährige ihr Taschengeld aus? Erstelle eine Rangliste. Und streiche:
Fast Food, Schulsachen, Süßigkeiten, Getränke, Blumen, Zeitschriften, Museumsbesuche, Ausgehen (Disco, Konzerte ...), CDs, Kleidung, Schuhe.

Aufgabe 2: Suche Beispiele, wie um das Geld der jungen Kunden gekämpft wird.

Aufgabe 3: Zeichne die Bedürfnispyramide.

Aufgabe 4: Sucht zu den Bedürfnisgruppen Beispiele:
- Luxusbedürfnisse
- Kulturbedürfnisse
- Existenzbedürfnisse

Aufgabe 5: Erkläre den Unterschied zwischen dem Minimal- und dem Maximalprinzip.

Aufgabe 6: Welchem ökonomischen Prinzip kannst du folgende Beispiele zuordnen?
- Christopher möchte sich von seinem gesparten Geld ein Fahrrad kaufen, er sucht günstige Angebote heraus.
- Sabrina hat 15 Euro von ihrem Taschengeld übrig, sie überlegt: „Gehe ich mit Lara am Samstag ins Kino? Oder kaufe ich mir doch lieber das T-Shirt? Eigentlich wollte ich ja mein Geld für einen neuen MP3-Player sparen ...“

Aufgabe 7: Um welche Einkommensart handelt es sich bei den nebenstehenden Bildern?

Aufgabe 8: Was sind:
- Meinungsführer?
- Bezugsgruppen?
- Peergroups?

II Fertigung materieller Güter

In diesem Kapitel lernt ihr am Beispiel der Fertigung eines konkreten Gegenstandes die allgemeine Vorgehensweise bei der Herstellung materieller Güter kennen. Ihr erfahrt die Gemeinsamkeiten und Unterschiede zwischen der Fertigungsgestaltung in eurer Werkstatt und der betrieblichen Produktion. In diesem Zusammenhang gewinnt ihr Erkenntnisse zu den unterschiedlichen Arten von Betrieben, ihren Aufgaben und Zielsetzungen.

1 Güter und ihre Gebrauchseigenschaften

1.1 Einteilung von Gütern

Wie wir bereits im ersten Lernbereich kennen gelernt haben, wird unser alltägliches Leben im Wesentlichen durch die Befriedigung unserer unterschiedlichen Bedürfnisse geprägt. Die Befriedigung dieser Bedürfnisse erfolgt durch bestimmte Güter.

Ein Baby hat das Grundbedürfnis nach dem Fläschchen, der jüngere Bruder wünscht sich einen echten Lederfußball und ihr selbst ein neues Handy mit den neuesten und meisten Funktionen. Eure Mutter würde sehr gern an einem Kosmetikkurs an der Volkshochschule teilnehmen, und der Vater schwärmt von einem eigenen Gartengrundstück. Diese wenigen Beispiele zeigen, dass es bereits innerhalb einer Familie neben den Grundbedürfnissen nach Essen, Trinken, Kleidung usw. die verschiedensten Bedürfnisse und somit die unterschiedlichsten Güter zur Befriedigung gibt.

Güter sind Mittel zur Befriedigung persönlicher Bedürfnisse.

Generell unterscheiden wir **freie** und **wirtschaftliche Güter**. Zu den freien Gütern gehören solche Dinge wie Wind, Wasser und Sonne, die einen natürlichen Ursprung haben, nicht durch den Menschen geschaffen wurden, aber dennoch für ihn zugänglich sind.
Die wirtschaftlichen Güter hingegen werden durch die wirtschaftliche Tätigkeit des Menschen erzeugt. Diese wiederum können wir in **Konsumgüter** (Süßigkeiten, Jeanshose, BMX-Rad) sowie **Dienstleistungen** (Nachhilfeunterricht, Fahrschule) unterteilen.
Bei den Konsumgütern, so könnt ihr bereits an den Beispielen erkennen, erfolgt eine weitere Unterteilung nach Art des Ver- bzw. Gebrauchs des jeweiligen Gutes (Gebrauchsgüter, Verbrauchsgüter).

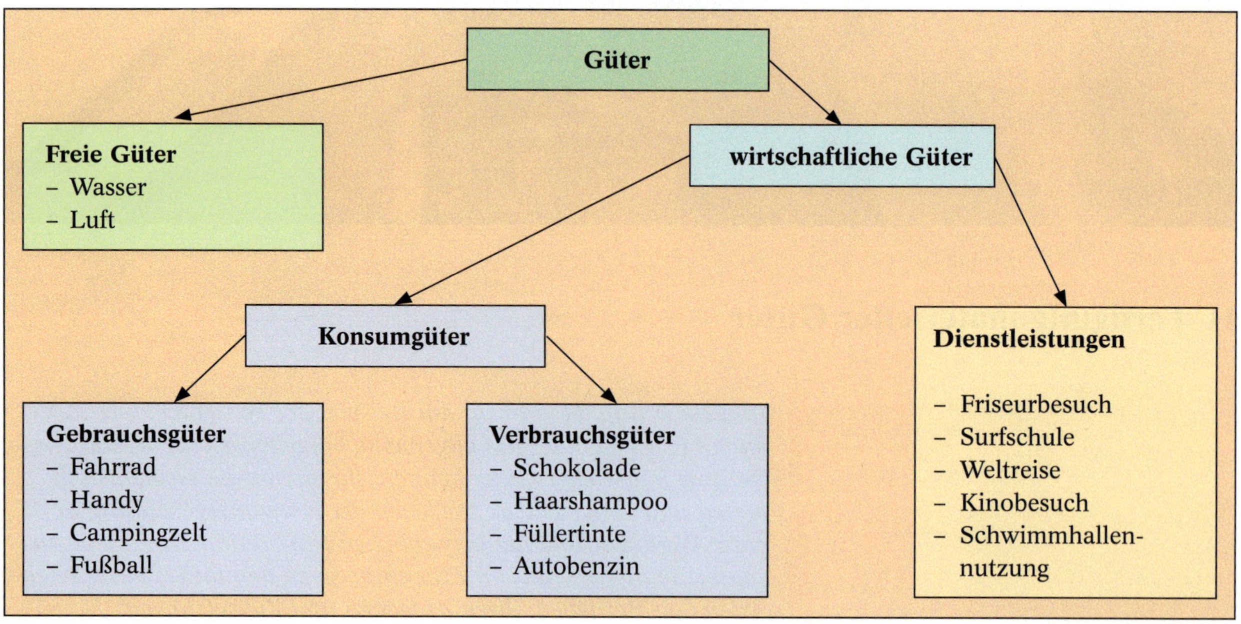

1.2 Gebrauchseigenschaften von Gütern

Wenn wir ein geeignetes Werkstück (Konsumgut) auswählen, das wir im Rahmen des Unterrichtes fertigen wollen, müssen wir als erstes überlegen, ob dafür überhaupt ein Bedarf besteht. Ansonsten besteht die Gefahr, dass wir Zeit, Material und Energie für ein Produkt verschwenden, das keiner will.

Da in der Regel für einen Konsumwunsch (Bedürfnis) mehrere Produkte zur Verfügung stehen, ist es wichtig, einen Maßstab für die Auswahl des richtigen Produktes zu haben. Deshalb spielen die Gebrauchseigenschaften eines Produktes eine sehr große Rolle. Diese Gebrauchseigenschaften sind vor allem:
- **Funktionstüchtigkeit:** z. B. bequeme, sachgerechte und uneingeschränkte Nutzungsmöglichkeit
- **Zuverlässigkeit:** z. B. Haltbarkeit, Formbeständigkeit, Belastungsmöglichkeit
- **Umweltverhalten:** z. B. umweltverträgliche Verarbeitung, schadstofffreie bzw. schadstoffarme Nutzung
- **Produktgestaltung:** z. B. Aussehen, Verhältnis von Aussehen und Nutzungsrelevanz, Formen, Farbe

Für die Gewährleistung der Gebrauchseigenschaften ist die Auswahl des geeigneten Materials von großer Bedeutung (siehe Abschnitt „Die Vielfalt der Werkstoffe“ S. 118 f.).

Wenn ich mir ein Fahrrad kaufe, achte ich darauf, dass die Funktionen, die für mich wichtig sind, z. B. 24-Gangschaltung, Federung, Scheibenbremsen, auch vorhanden sind und ob die Schaltung und die Bremsen auch zuverlässig funktionieren.

Wichtig für den Kauf sind natürlich auch das äußere Erscheinungsbild und die farbliche Gestaltung.

Die Gebrauchseigenschaften bilden eine wichtige Grundlage für die Planung und Vorbereitung eines zu fertigenden Werkstückes. So muss ich mir bei der konstruktiven Gestaltung des Werkstückes genau überlegen, wie die vorgesehene Funktion gewährleistet wird, welche Werkstoffe bzw. Werkstoffkombinationen dafür geeignet sind und wie der Fertigungsprozess gestaltet werden muss, damit die Maßhaltigkeit und Formgenauigkeit gesichert werden.

Bei der Fertigung eines Getränketrägers (siehe auch Seite 37) sind das z. B. solche Fragen:
- Lassen sich Flaschen problemlos hineinstellen und wieder herausnehmen?
- Hält der Henkel der vollen Belastung stand?
- Sind die Seitenteile so angebracht, dass die Flaschen sicher im Träger stehen?
- Gewährleistet der Griff eine gute Handlichkeit?

BMX-Rad

Sportrad

Damenrad

A

1. Wiederholt aus dem TC-Unterricht die Arten von Werkstoffen und deren Einteilung:
   a) Erstellt dazu eine Tabelle im Hefter und ordnet jeweils drei konkrete Beispiele zu.
   b) Leitet anhand eines Fahrrades, eines Handys und eines selbst gewählten Sportgerätes die Gebrauchseigenschaften und das entsprechende einsetzbare Material ab.
   c) Begründet eure Entscheidungen.

1.3 Die industrielle Fertigung von Gütern

Durch die wirtschaftliche Tätigkeit werden immer mehr Güter hergestellt, die das Leben der Menschen erleichtern oder bereichern sollen.
Damit ergibt sich die Frage, warum **produzieren** die Menschen immer mehr Güter?
Ausgangspunkt ist immer das Bedürfnis des Menschen, mehr Güter für die Erleichterung und Verschönerung seines Lebens zu erwerben und sie zu nutzen, zu **konsumieren**.
Es macht keinen Sinn, Produkte zu erzeugen, für die kein Bedürfnis vorhanden ist und durch gezielte Werbung auch nicht geschaffen werden kann.
Für den Betrieb ist es entscheidend, wirtschaftlich zu arbeiten oder anders gesagt, rentabel zu sein. So entstehen dem Betrieb bei der Fertigung seiner Produkte oder der Erstellung seiner Dienstleistungen auf der einen Seite erhebliche Kosten, z. B. durch Materialeinkauf, Produktionsvorbereitung, Energieverbrauch, Maschineneinsatz, Löhne für die Mitarbeiter, Werbung und Reparaturen usw.
Andererseits erzielt der Betrieb durch den Verkauf seiner Produkte bzw. Dienstleistungen Einnahmen, mittels derer die Kosten gedeckt und darüber hinaus ein möglichst hoher Gewinn erwirtschaftet werden muss. Das ist erforderlich, um den Betrieb ständig zu modernisieren, neue Maschinen zu kaufen, neue Produkte zu entwickeln und evtl. auch einen aufgenommenen Kredit bei der Bank zu tilgen.
Um die Zusammenhänge zwischen Produzieren und Konsumieren besser verstehen zu können, müssen wir den Ort der Produktion, den Betrieb in den folgenden Abschnitten näher untersuchen.
Dabei sollen zunächst die grundlegenden bzw. artverwandten Begriffe geklärt werden. Ein **Unternehmen** ist eine wirtschaftliche und rechtliche Einheit, in der mehrere Betriebe zusammengefasst sein können. Ein **Werk** hingegen ist ein Teil eines Unternehmens, in dem bestimmte Güter produziert werden. (Ein Chiphersteller ist z. B. Zulieferer für einen Computerhersteller.)
Der Begriff **Fabrik** kennzeichnet eine technische Produktionsstätte für die industrielle Fertigung von Gütern. Eine **Firma** ist an sich ein juristischer Begriff für den Namen eines Unternehmens z. B. Müller & Co. Der **Betrieb** ist eine Stätte, in der Güter erzeugt oder Dienstleistungen erbracht werden. Es ist eine örtlich begrenzte, technisch-organisatorische Einheit.

A

1. Recherchiert im Internet oder informiert euch in den Gelben Seiten darüber, welche Betriebe für andere produzieren. Nennt mindestens drei Beispiele.
   Findet drei Dienstleistungen, die ausschließlich produktionsbezogen sind.

2. „Alle Produktion dient letztlich dem Konsum." Begründet diesen Satz und stellt vier unterschiedliche „Produktionsketten" von der Rohstoffgewinnung bis zum Konsum dar.

3. Sucht zu den einzelnen Dienstleistungsbetriebsarten (siehe Übersicht auf Seite 29) je ein konkretes Beispiel aus eurer Region heraus.

Chipproduktion

Porzellanherstellung

Strumpfproduktion

Produktion

Dienstleistung

Bei der Betrachtung der Betriebe unserer Region erkennen wir sofort, dass sie unterschiedliche Aufgaben haben. Einige produzieren Sachgüter wie Kleidung, Nahrungsmittel, Zeitungen usw., andere wiederum wie z. B. der Friseur oder ein Reiseunternehmen bieten Dienstleistungen an. Natürlich produzieren nicht alle Betriebe unmittelbar für den menschlichen Konsum. Wer z. B. die Gelben Seiten durchblättert, stellt schnell fest, dass sehr viele Betriebe für andere produzieren. Alle diese Produkte nennt man **Vorleistungen**.

Betriebe lassen sich nach verschiedenen Gesichtspunkten einteilen, zum einen nach der Art der erstellten Leistungen oder zum anderen nach den Wirtschaftszweigen. Die folgende Zusammenstellung zeigt eine Gliederung nach der Art der erstellten Leistungen.

Produktionsbetriebe

Primärer Sektor
- **Rohstoffgewinnungsbetriebe**
  (z. B. Erzbergwerk, Kohlengrube)

Sekundärer Sektor
- **Investitionsgüterbetriebe**
  (Maschinenfabrik, Walzwerk)

- **Konsumgüterbetriebe**
  - Gebrauchsgüterbetriebe
    (Möbelfabrik)
  - Verbrauchsgüterbetriebe
    (Nahrungsmittel-, Getränkeindustrie)

Dienstleistungsbetriebe

Tertiärer Sektor
- **Handelsbetriebe**
  (z.B. Großhandel, Einzelhandel, Restaurants)
- **Verkehrsbetriebe**
  (Bus, Eisenbahn, Flugzeug)
- **Bankbetriebe**
  (Sparkassen, Banken)
- **Versicherungsbetriebe**
  (Kranken-, Lebens-, Haftpflichtversicherung)
- **sonst. Dienstleistungsbetriebe**
  (Friseur, Reinigung)

Dienstleistungsbetriebe arbeiten entweder konsumbezogen oder produktionsbezogen, wenn sie ihre Dienstleistungen für andere Betriebe erbringen.

Drei Handwerksberufe

Die Entwicklung von Betriebsformen bei den Produktionsbetrieben

Die **Handwerksbetriebe** stellen Erzeugnisse im Wesentlichen durch einen hohen Anteil von Handarbeit her, die besondere Fertigkeiten erfordern.

Der **Handwerksbetrieb** ist die älteste Betriebsform. Beispiele hierfür sind Tischler, Glaser, Schuster.

Die **Verlagsbetriebe** sind seit dem 14. Jahrhundert bekannt. Der Unternehmer verlegt die Herstellung seiner Waren in die Wohnung von Heimarbeitern und Handwerksbetrieben und kümmert sich selbst um den Einkauf der Rohstoffe und den Verkauf der Fertigwaren.

Im 16. bis 18. Jahrhundert entwickelten sich die Manufakturen. **Manufakturen** sind handwerkliche Großbetriebe, in denen vornehmlich in Handarbeit Massengüter hergestellt wurden. Am bekanntesten in Sachsen und auch weltweit ist die Porzellanmanufaktur in Meißen.

Mit der Erfindung der Dampfmaschine im 18. Jahrhundert hat sich die industrielle Großproduktion, der **Industriebetrieb**, durchgesetzt. Die Herstellung von Gütern erfolgt durch den Einsatz von Maschinen und unter der Zerlegung des Arbeitsganges in viele Einzelschritte. Das hat einen erhöhten Bedarf an spezialisierten Arbeitskräften zur Folge. Die Produktion von Konsumgütern in Industriebetrieben erfolgt in der Regel für einen großen nicht begrenzten Markt.

Das Handwerk

Neben der Industrie nimmt das Handwerk in unserer Wirtschaft einen wichtigen Platz ein. Das Handwerk gilt als vielseitigster Wirtschaftsbereich. Weit über 887.000 Betriebe (2004) werden zum Handwerk gezählt, in denen rund fünf Millionen Menschen beschäftigt sind.

Zum Handwerk zählen alle Betriebe, deren Inhaber in die Handwerksrolle eingetragen sind und eines der 130 eingetragenen Gewerbe handwerksmäßig betreiben.

Wandel im Handwerk

Die Handwerke werden zu sieben Gewerbegruppen zusammengefasst, von denen die Elektro- und Metallgewerbe die bedeutendsten sind. An zweiter Stelle stehen die Bau- und Ausbaugewerbe. In diesen beiden allein sind über 60 % aller im Handwerk Beschäftigten tätig. Daneben gibt es sogenannte handwerksähnliche Gewerbe, z. B. Gerüstbauer oder Bodenleger. Solche Gewerbe werden gesondert gezählt. Rechnet man diese den Handwerksberufen zu, kommt man auf weit über 600.000 Betriebe.

Die Merkmale für die Analyse von Arbeitsplätzen im Handwerk (siehe auch Seite 110 f.) können auch auf industrielle Arbeitsplätze angewendet werden. Industrielle Arbeitsplätze werdet ihr in den nächsten Jahrgängen noch hinreichend kennenlernen.

Handwerkliche Arbeitsplätze haben den Vorteil, dass ihre Aufgaben nicht selten einfacher erfasst werden können, als dies in einem großen Industriebetrieb möglich ist. Die Erkenntnisse, die ihr bei der Analyse von Arbeitsplätzen in einem Handwerksbetrieb gewinnt, werden sich später gut bei der Analyse industrieller Arbeitsplätze verwenden lassen. Auch im Hinblick auf die spätere Berufswahl ist das Handwerk besonders interessant, denn es bietet besonders viele Ausbildungsplätze an.

Welche Aufgaben hat das Handwerk? Dazu drei Beispiele:
1. Der Fleischer/die Fleischerin produziert nicht nur, sondern berät seine/ihre Kunden und verkauft Produkte selbst.
2. Der Friseur/die Friseurin erbringt nicht nur Dienstleistungen, er/sie berät Kundinnen und Kunden und verkauft auch Pflegeartikel.
3. Ein Elektromeister/eine Elektromeisterin installiert nicht nur Lichtleitungen und Fernsehantennen, sondern er/sie hat auch meistens noch ein Elektrofachgeschäft, in dem Geräte und Zubehör verkauft werden. Zudem wartet und repariert er/sie elektrische Anlagen.

Daraus ergeben sich drei wichtige Aufgaben des Handwerks:
- Das Handwerk produziert.
- Das Handwerk bietet Beratungen an.
- Das Handwerk treibt Handel.

Mädchen in gewerblich-technischen Berufen

Statistiken zeigen, dass Mädchen vorrangig „typische“ Frauenberufe wie Bürofachkraft, Verkäuferin oder Arzthelferin wählen.
Warum aber sollte ein Mädchen nicht auch eine sehr tüchtige Elektronikerin sein oder nicht mit einem Computer so gut umgehen können wie ein Junge? „Mädchen spielen mit Puppen“ und „Jungen spielen mit technischen Baukästen“, so hört man. Muss ein Mädchen deshalb ein geringeres technisches Verständnis besitzen? Eher ist es wohl so, dass die Männer den Frauen technisches Verständnis einfach absprechen oder die Frauen es sich selbst nicht zutrauen. Je mehr Mädchen sich trauen, auch technische Berufe zu wählen und die Betriebe bereit sind, Mädchen in solchen Berufen zu akzeptieren, desto mehr wird sich das Vorurteil von den „untechnischen Mädchen“ verändern.
Auch das Argument der körperlichen Belastungen gilt nicht mehr uneingeschränkt.
Im Kfz-Handwerk sieht man, dass die technischen Hilfsmittel die körperlichen Belastungen erheblich mindern helfen.

Elektronikerin

Druckerei

Tischlerei

Großküche

Betriebliche Grundfunktionen
Was passiert in einem Betrieb?

Carlo: „Als ich am ersten Tag meinen Praktikumsbetrieb, eine Druckerei, betrat, standen um die Druckmaschinen Papierstapel herum, die Maschinen liefen und die Drucker hantierten an verschiedenen Stellen an den Maschinen. Manchmal zog einer von ihnen am hinteren Teil der Maschine einen Bogen heraus und kontrollierte ihn. Es war ziemlich laut. Erst als mein Betreuer mich an eine Maschine führte und mir den Ablauf kurz erklärte, sah ich, dass von einem Stapel Papier Bogen für Bogen angesaugt, etwas hochgehoben wurde und dann durch eine Straße von großen Rollen lief. Am Ende der Maschine stapelten sich dann die bedruckten Bogen."

Thea: „In der Tischlerei, in der ich arbeitete, durfte ich am ersten Tag helfen, mit einem elektrischen Schraubgerät vorgefertigte Teile zu Schränkchen zusammenzuschrauben. Dazu mussten zunächst in vorgebohrte Stellen Dübel eingesetzt werden. An der Ständerbohrmaschine, an der die Löcher vorgebohrt wurden, durfte ich nicht arbeiten."

Ingo: „In der Großküche, in der ich mein Praktikum machte, wurde mit vielen verschiedenen Küchenmaschinen gearbeitet. Ich half oft bei der Herstellung von Soßen. Genau abgewogene Mengen von Zutaten, z.B. Kartoffeln, Sellerie, Zwiebeln und Champignons wurden geputzt, kleingeschnitten und gar gedünstet. Dann wurde das Gemüse püriert. Zusammen mit Brühe und Gewürzen schüttete es der Koch in ein Gefäß und verquirlte die Masse in ihm. Dann wurde sie auf dem Ofen nochmals erhitzt."

Die drei Schüler haben in ganz unterschiedlichen Betrieben gearbeitet und von unterschiedlichen Arbeitsabläufen und -ergebnissen berichtet. Und doch kann man die Abläufe einheitlich beschreiben, wobei drei Schritte zu unterscheiden sind.

①	②	③
Carlo: – Papier wird bearbeitet.	– Verarbeitet wird es mit einer Druckmaschine, bedient hat sie ein Drucker.	– Ein bedruckter Bogen Papier ist fertig.
Thea: – Holzteile werden verschraubt bzw. Löcher vorgebohrt.	– Werkzeuge werden von einem Schreiner eingesetzt.	– Ein Schränkchen ist entstanden.
Ingo: – Soßenbestandteile werden zusammengegossen.	– Küchenmaschinen werden von einem Koch benutzt.	– Eine Soße kann serviert werden.

Verallgemeinern kann man für alle Betriebe:

Materialien werden **ver**braucht.	Werkzeuge und Maschinen werden von Arbeitskräften **ge**braucht.	Ein neues Produkt ist entstanden.

Ganz allgemein sagt man:

Input (Eingabe)	Verarbeitung	Output (Ausgabe)

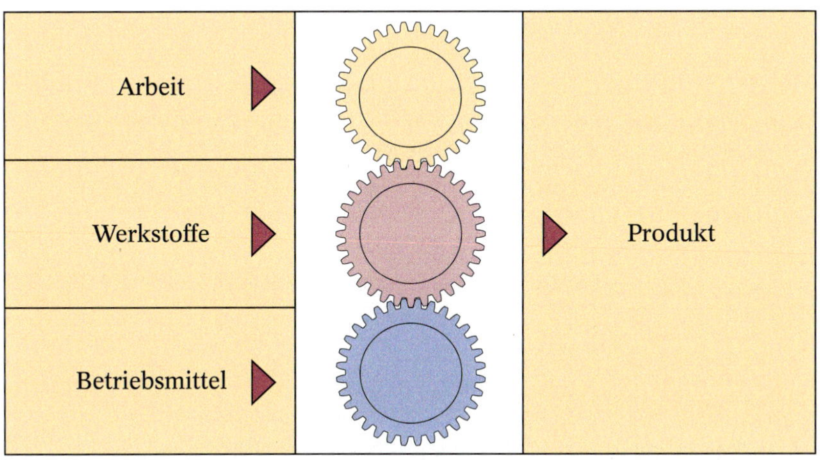

Das Produkt als Ergebnis der Kombination der Produktionsfaktoren

Bösartig, aber einprägsam hat Wilhelm Busch in Max und Moritz den Produktionsprozess dargestellt.

Produktionsfaktor Arbeit

Betriebsmittel Maschine

Werkstoff Papier zum Bedrucken

Betrachten wir den Input genauer: Zum Drucken benötigt der Drucker, der seine Arbeitskraft einsetzt, nicht nur Papier, sondern auch Farbe. Was Carlo nicht beschrieben hat, sind die Druckplatten, von denen Buchstaben und Bilder auf das Papier übertragen werden. Papier und Farbe werden, wie alle Materialien, im Produktionsprozess umgeformt. Die Maschine läuft nicht ohne Strom, die Walzwerke müssen nach dem Druck gereinigt werden, dazu braucht man auch Materialien usw. Schließlich werden die Leistungen der Maschine benötigt. Ordnet man auch hier wieder, dann ist das Ergebnis:

Input

Arbeitskraft	Maschinenleistung	– Papier als wichtigstes Material – Farbe als Hilfsstoff – Energie und Reinigungsmaterial zum Betrieb der Maschine

Da jeder Produktionsprozess in dieser Form abläuft, spricht man von den **betrieblichen Produktionsfaktoren**.

Arbeit	**Betriebsmittel** – Werkzeuge – Maschinen – Gebäude	**Werkstoffe** – Rohstoffe – Hilfsstoffe – Betriebsstoffe

Dieser Produktionsprozess, den ihr immer wieder in den Betrieben beobachten könnt, ist nicht isoliert, wie zwei Fragen zeigen:
- Woher kommen das Papier, die Beschäftigten, die Energie ...?
- Wie kommt das Produzierte zu dem, für den produziert wurde?

Die Antworten sind im Grunde genommen einfach:
- Das Papier, ganz allgemein die Werkstoffe, müssen ebenso beschafft werden wie die Arbeitskräfte, die Werkzeuge und Maschinen.
- Jeder Betrieb muss, wenn er Bestand haben will, seine Produkte absetzen.

Daraus ergeben sich die (überlebenswichtigen) betrieblichen Grundfunktionen.

Grundfunktionen

Beschaffung ▷ Produktion ▷ Absatz

2 Die Fertigung eines Werkstückes

Vorbereitung der Fertigung

Bei der Planung und Vorbereitung der Fertigung eines Werkstückes ist es zunächst sinnvoll, einige grundlegende Fragen zu klären, um sicher zu sein, dass das geplante Ergebnis auch erreicht werden kann.

Holzarten

Solche Fragen sind:

1. Welche Grundfertigkeiten, Fähigkeiten und Kenntnisse sind für die Fertigung dieses Werkstückes besonders wichtig?

So ist bei der Auswahl des zu fertigenden Gebrauchsgegenstandes zu beachten:
- Welche Fertigkeiten sind dazu erforderlich?
- Beherrschen alle Schüler diese Fertigkeiten?
- Sind die notwendigen Kenntnisse vorhanden?

2. In welche Teilschritte können wir unser Vorhaben zerlegen? Welche Arbeitsschritte sind notwendig?

Eine entscheidende Voraussetzung für den Erfolg der Fertigungsaufgabe ist eine gründliche Planung der Vorgehensweise. Für die Fertigung von Gebrauchsgegenständen ist es notwendig, die einzelnen Arbeitsschritte genau zu planen. Ganz gleich, ob ein Produkt für die Fertigung im Arbeitsunterricht oder für ein Unternehmen entwickelt wird, die Schrittfolge ist immer ähnlich.

Schulwerkstatt

3. Wer ist für welche Aktivitäten und anfallenden Arbeiten verantwortlich? Wer übernimmt welche Aufgaben?

Bei der Festlegung, wer welche Aufgaben bei der Planung, Fertigung und beim Verkauf des Gebrauchsgegenstandes übernimmt, sollten die Interessen der einzelnen Schüler berücksichtigt, aber auch ihre Fertigkeiten in der Werkstoffbearbeitung beachtet werden. Nur die notwendigen Fähigkeiten und Fertigkeiten sichern die Qualität des Produktes.

4. Welche Materialien und Hilfsmittel benötigen wir?

Es sind solche Fragen zu klären, wie:
- Welche Materialien und Werkstoffe benötigen wir für die Fertigung des Gebrauchsgegenstandes?
- Sind die Materialien kostengünstig zu beschaffen?
- Sind die notwendigen Werkzeuge und Maschinen in der Schulwerkstatt vorhanden?
- Müssen zusätzliche Vorrichtungen oder Schablonen hergestellt werden?
- Reichen die vorhandenen Kenntnisse oder sind zusätzlich Fachbücher notwendig?

Werkzeuge

5. Welche Personen, Institutionen und Organisationen können uns bei der Umsetzung unseres Vorhabens unterstützen?

Sind z.B. Unternehmen in der Region bereit, Materialabfälle günstig abzugeben, die für die Fertigung des Gebrauchsgegenstandes geeignet sind?

Stiftehalter

Kerzenständer

Getränketräger

6. Welche Probleme und Schwierigkeiten könnte es im Verlauf der Fertigung des Werkstückes geben?
Auf einige typische Probleme könnte man sich durchaus vorbereiten: Was machen wir,
- wenn das Material nicht preisgünstig beschaffbar ist?
- wenn zu viel Ausschuss produziert wird und dadurch das Material nicht ausreicht?

7. Wie lassen sich unsere Ergebnisse auswerten?
Die Auswertung könnte zunächst in den einzelnen Arbeitsgruppen und danach mit der gesamten Klasse erfolgen. Der Verlauf der Fertigung könnte in Videos oder Wandzeitungen festgehalten werden.

2.1 Bedarfsanalyse

Zunächst ist zu überlegen, welchen Gebrauchsgegenstand wir fertigen wollen. Dazu können verschiedene Vorschläge gemacht werden. Es sollten nur Gegenstände hergestellt werden, für die ein Bedarf vorhanden ist. Nur so kann ein eventueller Verkauf gesichert werden.
Von den auf der Randspalte dargestellten Beispielen (Stiftehalter, Kerzenständer, Getränketräger) sind sicherlich die Verkaufaussichten für den Getränketräger am günstigsten, da er vielseitig verwendbar ist. Nur so kann gesichert werden, dass die erzeugten Produkte auch verkauft werden. Andernfalls drohen dem Unternehmen große Verluste, die bis zur Insolvenz führen können.

2.2 Die Wahl von Werkstücken und Werkstoffen

Nach der Bedarfsanalyse der für die Fertigung vorgeschlagenen Werkstücke muss die Entscheidung für ein Werkstück fallen. Zugleich ist zu klären, aus welchem Werkstoff das Produkt gefertigt werden sollte. Bei der Werkstoffauswahl ist neben dem Materialpreis die Bearbeitbarkeit, die Belastbarkeit und das Gewicht zu beachten.
Zur Klärung der Auswahl könnte auch eine experimentelle Untersuchung verschiedener Werkstoffe durchführt werden (siehe dazu Seite 122f.).

Es muss weiterhin untersucht werden:
- Ist das notwendige Material preiswert zu beschaffen?
- Stehen die für die Fertigung notwendigen Werkzeuge und Maschinen zur Verfügung?
- Reichen unsere Fähigkeiten und Fertigkeiten zur Werkstoffbearbeitung aus, um das Werkstück qualitätsgerecht zu fertigen?

Um die Auswahl des zu fertigenden Produktes zu erleichtern, sollte man die verschiedenen Vorschläge nach bestimmten Kriterien vergleichen. So zum Beispiel: Die Fertigung von **Kerzenständern** wäre möglich. Vielfältige Formen sind denkbar. Eine ästhetische Gestaltung ist Voraussetzung für einen Verkaufserfolg. Sie erfordert aber handwerkliches Geschick. Als Material könnte Metall oder eine Kombination von Holz und Metall eingesetzt werden.

Ein **Getränketräger** kann in der Schulwerkstatt gefertigt werden. Der Materialaufwand wäre gering, wenn Reste von Brettern genutzt werden. Es könnte eine arbeitsteilige Fertigung organisiert werden. Da es ein praktischer Gebrauchsgegenstand ist, bestehen gute Verkaufschancen.

Eine weitere Möglichkeit ist die Fertigung eines **Stiftehalters**. Dabei sind unterschiedliche Formen denkbar. So könnten einzelne Schülergruppen unter Berücksichtigung ihrer praktischen Fertigkeiten unterschiedliche Stiftehalter entwerfen und fertigen. Als Material kann Holz, aber auch Metall oder Kunststoff genutzt werden. Eine Fertigung in der Schulwerkstatt wäre sicher möglich.

Ermittlung des für die Fertigung in der Schulwerkstatt geeigneten Erzeugnisses

Erzeugnis / Anforderungen	Kerzenständer	Getränketräger	Stiftehalter
Arbeitsaufwand			
Verkaufschancen			
Verkaufspreis			
Gebrauchswert			
Materialbedarf			
Eignung für Fertigung in der Schulwerkstatt			
++ sehr gut, sehr hoch; + gut, hoch; – ausreichend, gering; –– ungenügend, sehr gering			

Die möglichen Varianten können auf der Grundlage der oben stehenden Tabelle bewertet werden. Auf der Grundlage der Bewertung ist dann die Entscheidung zu fällen, welches Produkt in der Schulwerkstatt gefertigt werden soll.

2.3 Die Planungsunterlagen für die Gestaltung des Fertigungsprozesses

Wenn die Entscheidung gefallen ist, welches Werkstück gefertigt werden soll (z. B. der Getränketräger), kann die Planung für die Fertigung beginnen.
Zunächst wird eine **Skizze** von dem zu fertigenden Werkstück erstellt. Daraus wird eine **technische Zeichnung** entwickelt, in der die Form und die Maße der Bauteile für das Werkstück enthalten sind.
Der Getränketräger besteht aus mehreren Einzelteilen, die in unterschiedlicher Stückzahl benötigt werden. Um eine ständige Übersicht zu haben, welche Teile für das Werkstück benötigt werden, welche Abmessungen sie haben müssen und welcher Werkstoff dazu notwendig ist, wird eine **Stückliste** angefertigt.

A

1. Wählt nach den in der Tabelle aufgeführten Kriterien das für die Fertigung in der Schulwerkstatt geeignete Produkt aus. Ergänzt eventuell weitere Kriterien für die Werkstückauswahl.

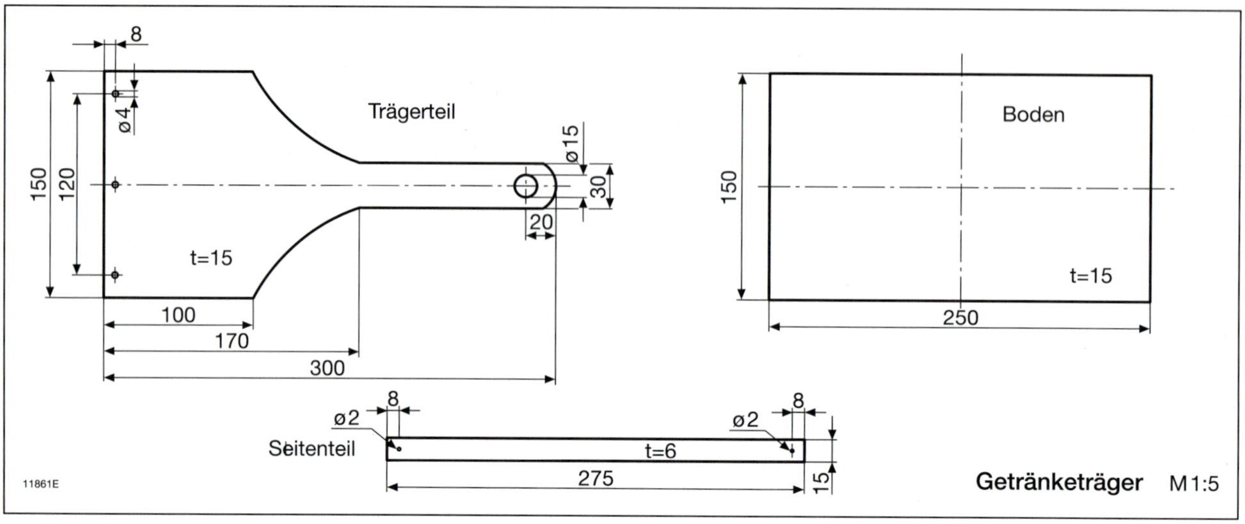

Technische Zeichnung des Getränketrägers

CAD-Arbeitsplatz

Stückliste für Getränketräger				
Lfd. Nr.	**Anzahl**	**Benennung**	**Material**	**Maße**
1	2	Trägerteil	Holz	300 x 150 x 15
2	1	Boden	Holz	250 x 150 x 15
3	6	Seitenteil	Holz	275 x 15 x 6
4	1	Tragestange	Holz	Ø 15 x 280
5	6	Holzschraube	Stahl verzinkt	3 x 35
6	12	Holzschraube	Stahl verzinkt	1,5 x 15

In der Vergangenheit mussten die Technischen Zeichnungen und Stücklisten in mühevoller Handarbeit von Konstrukteuren und Technischen Zeichner/-innen gefertigt werden. Heute wird diese Arbeit meist am Computer erledigt.

Die Werkstücke werden am Bildschirm mithilfe spezieller Computerprogramme (CAD = Computer Aided Design) konstruiert. Auf dieser Grundlage erstellt der Computer dann die Zeichnungen und die Stückliste.

Auf diese Weise können bei der Entwicklung neuer Produkte viel Zeit und Kosten gespart werden.

A

1. Welche Vorteile bietet die Konstruktion von Erzeugnissen mithilfe von CAD?

2. Wie verändern sich die Anforderungen an den Beruf der Technischen Zeichnerin mit der Einführung von CAD?

2.4 Materialkostenerfassung

Zur Vorbereitung des Fertigungsprozesses gehört auch die Erfassung der **Materialkosten**. Nur so kann ermittelt werden, welche Geldmittel notwendig sind, um das Material zu beschaffen und wie hoch die Materialkosten für einen Getränketräger sind.

Aus der Stückliste kann man den Materialbedarf für einen Getränketräger entnehmen.

Für ein Stück benötigen wir:

Bauteil	Material	Maße
Trägerteil	Brett aus Fichtenholz	2 Stück 300 x 150 x 15
Boden	Brett aus Fichtenholz	1 Stück 250 x 150 x 15
Seitenteil	Holzleisten	6 Stück 275 x 15 x 6
Tragestange	Rundstab aus Holz	1 Stück 15 x 280
Holzschraube	Stahl verzinkt	6 Stück 3 x 35
Holzschraube	Stahl verzinkt	12 Stück 1,5 x 15

Für einen Getränketräger wird also folgendes Material gebraucht:

1. Ein Brett 150 x 15 von einer Länge von 850 (Trägerteile plus Boden)
2. Eine Holzleiste 15 x 6 von einer Länge von 1650
3. Ein Rundstab von 15 Durchmesser mit einer Länge von 280
4. 6 Holzschrauben 3 x 35
5. 12 Holzschrauben 1,5 x 15

Um die Getränketräger möglichst kostengünstig produzieren zu können, ist es zweckmäßig, bei verschiedenen Anbietern (z. B. Baumärkten, Holzhandlungen) Angebote einzuholen.

Angebotsvergleich			
Artikel	**Preisgrundlage**	**Baumarkt A**	**Baumarkt B**
Brett 150 x 15	pro Meter		
Holzleiste 15 x 6	pro Meter		
Rundstab aus Holz	pro Meter		
Holzschrauben 3 x 35	50 Stück		
Holzschrauben 1,5 x 15	50 Stück		
Materialkosten insgesamt			

Grundfragen

Angebot

Angebotsvergleich

A

1. Es sollen 20 Getränketräger hergestellt werden. Berechnet den Materialbedarf. Berücksichtigt dabei einen Verschnitt von ca. 10 %.

2.5 Fertigungsablaufplan

A

1. Welche Vor- und Nachteile hat eine Einzelfertigung?
2. Nennt Beispiele für Produkte, bei denen eine Einzelfertigung sinnvoll ist.

Ein abgeholzter Regenwald

Einzelfertigung

Serienfertigung

Bei der Vorbereitung der Fertigung muss zunächst entschieden werden, ob der Getränketräger in **Einzel-** oder **Serienfertigung** hergestellt werden soll.
Bei der Einzelfertigung stellt jeder „sein" Produkt her. Bei der Serienfertigung stellt jeder nur bestimmte Teile her. Diese werden dann wiederum von anderen Schülern zusammengefügt. Die Einzelfertigung hat den Vorteil, dass jeder Schüler alle Arbeitsgänge durchführt und so den gesamten Fertigungsprozess kennenlernt. Es besteht allerdings die Gefahr, dass der Gebrauchsgegenstand entsprechend der unterschiedlichen Fähigkeiten eine sehr unterschiedliche Qualität hat.
Bei der Serienfertigung kann jeder entsprechend seiner Fähigkeiten eingesetzt werden. Da der Einzelne immer wieder das gleiche Einzelteil fertigt, können die Teile sicherlich schneller und in gleichmäßiger Qualität hergestellt werden.

Vor Beginn der Produktion sollten auch Überlegungen angestellt werden, welche **ökonomischen** und **ökologischen** Gesichtspunkte zu beachten sind. Zu den ökonomischen Fragen zählt, wo auf Baumärkten u. Ä. nach Brettresten nachgefragt werden kann, die dann billig zu erwerben sind. Beim Anreißen der einzelnen Bauteile ist darauf zu achten, dass möglichst wenig Abfall entsteht.
Aus ökologischen Gründen sollten auf jeden Fall einheimische Schnitthölzer und keine Tropenhölzer genutzt werden. Für die Oberflächenbehandlung der Bauteile sollten möglichst lösungsmittelfreie Anstriche gewählt werden. Damit wird eine Umweltbelastung vermieden.

Fertigungsplanung
Um ein Werkstück rationell und in der richtigen Reihenfolge herstellen zu können, ist eine Fertigungsplanung notwendig.
Damit wird Folgendes festgelegt:
- das Fertigungsverfahren (z. B. Bohren, Sägen),
- die Arbeitsmittel und Arbeitsplätze,
- die Arbeitsabläufe (Fertigungsformen und Fertigungstypen).

Diese Daten werden in einer Tabelle, dem Arbeitsplan, zusammengefasst. Zuerst ermittelt man die Arbeitsschritte, die für die Fertigung eines Bauteils notwendig sind.

1. Arbeitsschritt: Trägerteil anreißen
An einem Brettstück mit den Maßen von mindestens 310 x 160 werden zunächst zwei Seiten rechtwinklig zueinander gesägt. Sie werden dann mit der Raspel oder Schleifpapier weiterbearbeitet, um die notwendige Genauigkeit zu erreichen. Damit sind zwei Maßbezugsebenen vorhanden. Davon ausgehend werden mit Lineal und Bleistift zunächst die Mittellinie und die weiteren Maße des Trägerteils angerissen.

2. Arbeitsschritt: Aussägen der Grundmaße
Die Grundmaße 300 x 150 werden ausgesägt.

3. Arbeitsschritt: Aussägen der Form des Trägerteils
Die angerissene Form des Trägerteils (siehe Zeichnung auf Seite 38) wird an beiden Seiten ausgesägt. Die Bögen sollten abschnittsweise ausgesägt und dann mit der Raspel bzw. Feile nachgearbeitet werden.
Dazu ist es sinnvoll, eine Schablone von der Form der Bögen anzufertigen und sie dann als Prüfmittel zu nutzen. Sie erleichtert die Arbeit und sichert die Genauigkeit der Bögen.

4. Arbeitsschritt: Anreißen der Bohrungen
Die Bohrungen werden erst mit einem Bleistift angerissen und anschließend vorgestochen.

5. Arbeitsschritt: Bohren der Durchbrüche für die Tragestange und die Holzschrauben
Mit der Bohrmaschine werden die Bohrungen für die Holzschrauben und anschließend für die Tragestange angebracht.

6. Arbeitsschritt: Säubern und Glätten der Schnittflächen
Mit einer Feile werden alle Schnittflächen nachbearbeitet, um die Maßgenauigkeit zu sichern. Um eine ebene und glatte Oberfläche zu erhalten, werden alle Schnittflächen mit Schleifpapier bearbeitet.

7. Arbeitsschritt: Qualitätskontrolle
Alle Maße des fertigen Werkstückes werden überprüft. Abschließend wird die Oberflächenbeschaffenheit durch Vergleich mit einem bereits kontrollierten Werkstück überprüft.

Arbeitsplan

Benennung: Trägerteil **Werkstoff**: Holz **Abmessungen**: 300 x 150 x 15		**Zeichnungs-Nr.**: 1 **Losgröße:** 2	
Arbeits-folge	**Arbeitsvorgang**	**Arbeitsplatz**	**Werkzeug Vorrichtung**
1	Trägerteil anreißen	Werkbank	Stahlmaßstab, Winkel, Schablone, Bleistift
2	Aussägen der Grundmaße	Werkbank	Schraubstock, Feinsäge
3	Aussägen der Form des Trägerteils	Werkbank	Schraubstock, Feinsäge
4	Anreißen der Bohrungen	Werkbank	Bleistift, Lineal, Vorstecher
5	Bohren	Werkbank, Ständerbohrmaschine	Bohrmaschine, Bohrer
6	Säubern und Glätten der Schnittflächen	Werkbank	Feile, Schleifpapier
7	Qualitätskontrolle	Werkbank	Lineal, Winkel

Nach der Erstellung aller Arbeitspläne muss die Fertigungsform ausgewählt werden. Bei einer **Insel-/Gruppenfertigung** werden alle Einzelteile in Inseln/Gruppen gefertigt werden und anschließend montiert.
Eine andere Fertigungsform ist die **Reihenfertigung**. Die Materialien und Werkzeuge sind in der Reihenfolge der Arbeitsgänge angeordnet. Es werden keine Gruppen gebildet, sondern jeder Schüler hat eine kleine Aufgabe bei der Fertigung des Produktes.

Die einzelnen Fertigungsformen haben Vor- und Nachteile:
Bei der Inselfertigung entwickelt sich eine echte Teamarbeit. Die Arbeitsaufgaben können gewechselt und damit abwechslungsreicher gestaltet werden.
Bei der Reihenfertigung können Werkzeuge und Maschinen rationell genutzt und die unterschiedlichen Fähigkeiten der Schüler beachtet werden.
Nach der Montage erfolgt die Farbgebung durch eine Lasur.

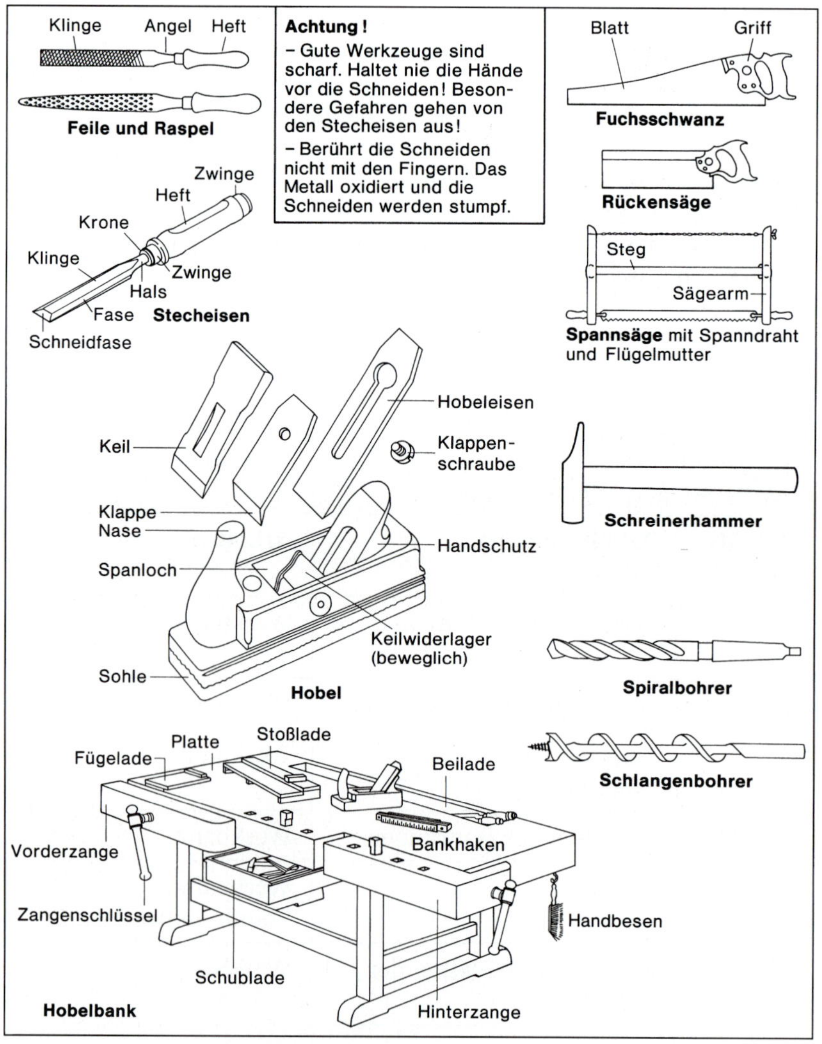

Werkzeuge zur Holzverarbeitung

A

1. Legt die Arbeitsschritte für einen in der Schulwerkstatt herzustellenden Gebrauchsgegenstand fest.

2. Übertragt die Arbeitsschritte in einen Arbeitsplan.

3. Erstellt eine Fertigungsplanung für ein Produkt, das ihr fertigen wollt.

2.6 Arbeitssicherheit und Arbeitsschutz

Eine ganz „normale“ Technikstunde
Nachdem die Fachlehrerin den Technikraum aufgeschlossen hatte, warfen die Schüler ihre Jacken und Taschen schnell an ihre Plätze. Jeder wollte zuerst an Material und Werkzeug heran. Einige liefen schon eilig mit ihrem Werkzeug zu den Tischen. Ein Schüler, der sich mit Werkzeug beladen aus dem Gedrängel vor den Werkzeugschränken befreite, stolperte über eine hinter ihm liegende Schultasche. Dabei bohrte er einem Mitschüler einen Vorstecher ins Bein. Dieser wich vor Schmerz zurück, stieß dabei einen weiteren Mitschüler von hinten an, der in einem Stapel Holzabfällen auf seinem Arbeitstisch nach einem passenden Stück Holz suchte und durch den Anstoß seinen Daumen in die Klinge eines darunter verborgenen Stechbeitels rammte.

Sicherheit im Technikraum
Im Technikraum deiner Schule können sich, wie die kleine Geschichte zeigt, Unfälle ereignen, wenn, ja wenn … Häufigste Gründe für Unfälle sind oftmals Unordnung, Hektik und immer wieder leichtfertiger und unsachgemäßer Umgang mit scharfen Werkzeugen und elektrischen Maschinen. Deshalb müssen im Technikraum bestimmte Regeln eingehalten werden, die DEINE Gesundheit schützen helfen. Regel Nummer 1: Den Weisungen der Fachlehrerin/des Fachlehrers ist unbedingt Folge zu leisten.

Beim Aufenthalt und der Arbeit im Technikraum gelten folgende Grundregeln:
- Angemessenes Verhalten: Herumtoben, Schubsen, Drängeln und Stoßen von Mitschülern im Technikraum und besonders im Bereich von Maschinen ist strengstens verboten! Essen und Trinken sind ebenfalls verboten. Dies gilt besonders bei Lötarbeiten. Hier können giftige Schwermetalle in den Körper gelangen.
- Ordnung und Sauberkeit verhüten Unfälle: Werkzeuge, Material oder Unterlagen, die nicht unmittelbar gebraucht werden, bleiben in Schränken und Taschen. Herumliegende Materialreste und Staub auf Fußboden und Arbeitstischen sorgen für Unübersichtlichkeit. Deswegen: rechtzeitig beseitigen.
- Feuerlöscheinrichtungen: Feuerlöscher und Löschdecken sind nicht zum Spielen! Wenn sie im Notfall nicht einsatzbereit sind, kann dies tödliche Folgen haben!

Blick in den Technikraum einer Schule

- *Werkzeuge nur bestimmungsgemäß einsetzen*
- *sicherheitsbewusst arbeiten*
- *Gefährdungen erkennen*

Ordnungsgemäße Werkzeugübergabe

Falscher Werkzeugtransport

Regeln für den Umgang mit Werkzeugen

Entnahme:

- Achtet auf Spitzen und Schneiden. Von ihnen droht Verletzungsgefahr. Werkzeuge deshalb nur an den Griffen anfassen und vor allem nicht vor den Werkzeugschränken herumdrängeln!
- Vor Beginn der Arbeit werden Werkzeuge auf festen Sitz, Beschädigungen und Funktionsfähigkeit geprüft. Besonders elektrische Geräte, wie z.B. Lötkolben, müssen vor jedem Einsatz auf Beschädigungen der Netzkabel überprüft werden.

Transport:

- Spitzen und Schneiden der Werkzeuge werden nach unten und niemals in Richtung Körper oder gar auf Mitschüler gerichtet.
- Werkzeuge zum Transport nie in Hosen- oder Jackentaschen stecken.
- Bei der Übergabe von Werkzeugen an Mitschüler werden diesen immer die Griffteile zugereicht. Und sie werden schon gar nicht geworfen!
- Maschinen, z.B. Handbohrmaschinen, werden nur abgeschaltet weitergereicht.

Verwendung:

- Werkzeuge werden nur bestimmungsgemäß verwendet. Z.B. mit dem Beitel keine Schrauben ein- oder herausdrehen und gehärtete Metallflächen niemals gegeneinander schlagen (Hammer gegen Hammer). Es könnten leicht Metallsplitter abfliegen und dein Augenlicht zerstören. Weitere Informationen zum Umgang mit Werkzeugen bekommst du von deinem Techniklehrer bzw. deiner Techniklehrerin.

Rückgabe:

- Werkzeuge und Maschinen werden nur gereinigt in den Werkzeugschrank einsortiert.
- Maschinen müssen vor der Reinigung abgeschaltet werden.
- Beschädigte oder zerstörte Werkzeuge werden zur Begutachtung von einem Fachmann aussortiert.

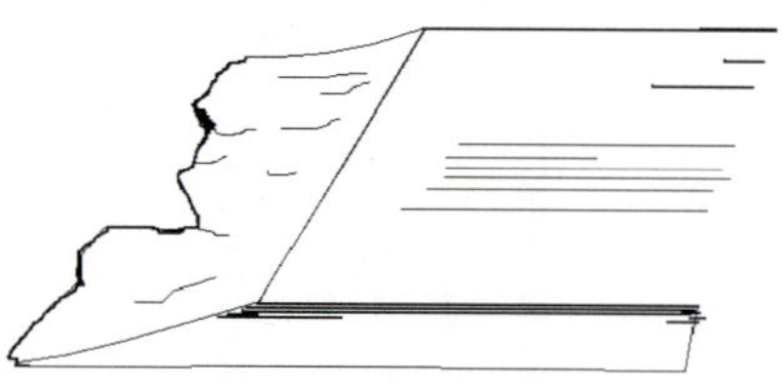

Hier hat jemand den Beitel als Schraubendreher verwendet. Er ist damit reif für die Mülltonne. Auch Bohrer, deren Schneiden blau angelaufen oder verformt sind, werden entsorgt.

Ein gut geordnetes Werkzeugbrett

Gefahren- und Sicherheitshinweise
Auf besondere Gefahren oder notwendige Arbeitsschutzmaßnahmen weisen i.d.R. genormte Schilder hin, die nicht nur im Technikraum, sondern auch in Werkstätten, Handwerksbetrieben oder Fabriken zu finden sind. Auf Gefahren wird häufig in Form von Piktogrammen hingewiesen, man erkennt sofort die Gefahr und die notwendigen Vorsorgemaßnahmen.
VDE, GS und CE sind Prüfzeichen, die u.a. auf elektrischen Maschinen zu finden sind. Sie sagen aus, dass die Maschine oder das Werkzeug Sicherheitsüberprüfungen unterzogen wurde, damit bei sachgemäßem Umgang keine Gefahren davon ausgehen.

A

1. Welche Bedeutung haben die Symbole? Wo findet ihr sie im Technik- bzw. im Maschinenraum?

2. Welche weiteren Gefahren- oder Arbeitsschutz-Symbole kennt ihr? Über Arbeitsschutz und Unfallverhütung, häufige Unfälle und ihre Ursachen könnt ihr euch beispielsweise bei Handwerkskammern informieren.

Wir erwerben den Bohrmaschinenführerschein

Teil 1: Aufbau einer Ständerbohrmaschine
In der Technik werden Anlagen, Gegenstände, Motoren etc. durch Verschrauben oder Vernieten zusammengehalten. Zur Aufnahme von Schrauben und Nieten oder als Lagerung von Wellen sind kreisrunde Löcher erforderlich. Bereits in der Steinzeit wurden Äxte zur Aufnahme eines Stiels mit einem Loch versehen. Dazu benutzten die Urmenschen einen Bohrapparat, der bereits einige Bauteile und Elemente heutiger Bohrmaschinen enthielt.

Eine moderne Tischbohrmaschine besteht im Wesentlichen aus folgenden Elementen:
① Elektrische Einrichtung: Dazu gehören die Zuleitung, der Ein- und Ausschalter und eventuell ein Not-Aus-Schalter.
② Ständer, Fuß: Sie dienen zur Aufnahme der einzelnen Baugruppen.
③ Bohrtisch: Er dient der Werkstückaufnahme.
④ Motor: Er dient als Antrieb.
⑤ Stufen- oder Riemenscheibengetriebe: Es überträgt die Kraft des Motors auf die
⑥ Bohrspindel: Sie nimmt das
⑦ Bohrfutter auf. Dieses nimmt den eigentlichen Arbeitsteil auf, den
⑧ Bohrer.
⑨ Vorschubeinrichtung: Mit ihr werden Bohrspindel-, Futter und Bohrer gegen das Werkstück gedrückt.
⑩ Tiefenanschlag: Er erleichtert das Bohren von Löchern mit gleicher Tiefe.

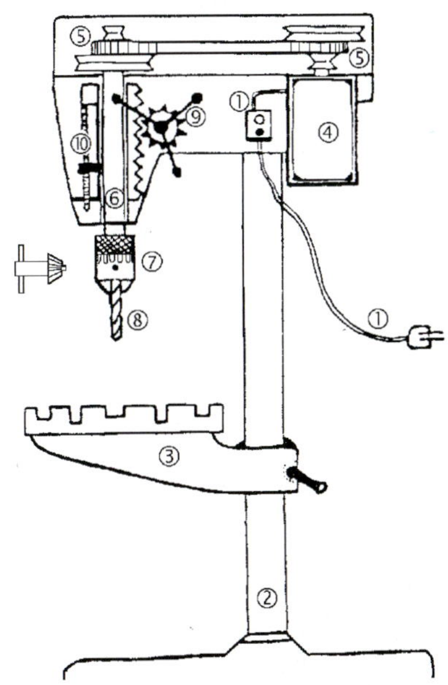

Schema: Ständerbohrmaschine

Steinzeitlicher Bohrer mit Fiedelantrieb

Das Zubehör einer Ständerbohrmaschine besteht hauptsächlich aus Spannschlüssel und Maschinenschraubstock mit Spannschrauben. Die Person, die die Bohrmaschine bedient, muss mit einer Schutzbrille ausgestattet sein. Da am Arbeitsplatz Sauberkeit herrschen muss, benötigt sie auch einen Handfeger.

Das wichtigste Zubehör sind natürlich die Bohrer. Der Wendel- oder Spiralbohrer ist der verbreitetste Typ. An seiner Spitze befinden sich die Schneiden, durch die Wendelnuten werden die Späne aus dem Bohrloch befördert, am Schaft wird er in das Bohrfutter eingespannt. Es gibt eine Vielzahl unterschiedlicher Typen und Größen von Bohrern. Für saubere Löcher in Holz eignen sich besonders gut Bohrer mit Zentrierspitze. Die in der Schule häufig verwendeten Bohrertypen und ihr Einsatzgebiet findest du in der Tabelle.

Es gibt natürlich noch viele weitere Bohrertypen, der bekannteste ist der Hartmetallbohrer. Hier sind an den Schneiden Hartmetallplättchen angebracht. Diese Bohrer werden vor allem zum Bohren von Mauerwerk und Beton verwendet. Dazu benötigt man Schlagbohrmaschinen. Diese werden im Technikunterricht aber kaum verwendet. Schlangenbohrer gibt es bestimmt in deinem Technikraum, sie dürfen aber nur in handbetriebene Bohrmaschinen eingesetzt werden. Mehr Informationen über Bohrer kannst du in einem Technik-Lexikon oder ähnlichen Nachschlagewerken finden.

A

1. Abgebildet ist ein Bohrapparat mit Fiedelantrieb aus der Steinzeit. Versucht zu erklären, wie diese Apparatur funktionierte. Hinweis: Der runde Stab in der Mitte ist ein hohler Knochen, der mit Sand gefüllt wurde.

2. Vergleicht die elektrische Tischbohrmaschine mit dem Steinzeit-Bohrapparat. Welche Elemente finden sich an beiden Maschinen?

Teil 2: Sicherheitsregeln für den Umgang mit der Ständerbohrmaschine

Beim Umgang mit einer Ständerbohrmaschine sind folgende Regeln (siehe Seite 47) unbedingt zu beachten. Ihr müsst sie in- und auswendig kennen und natürlich auch anwenden. Am besten, ihr hängt sie zusätzlich gut sichtbar an der Wand über der Bohrmaschine auf.

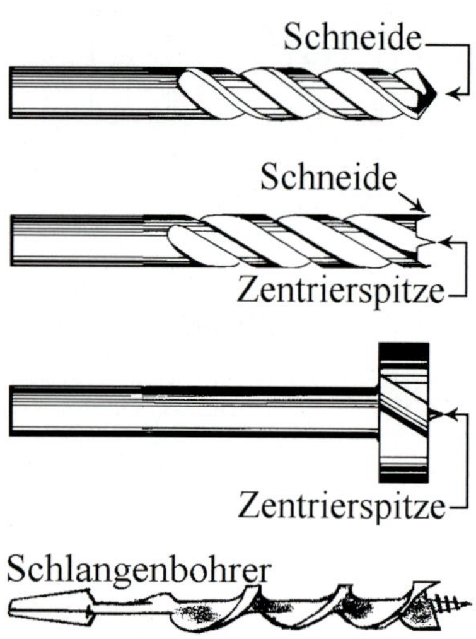

Die wichtigsten Bohrertypen

Bezeichnung	Eignung
Spiralbohrer	Für Holz, Metall, Kunststoff, Löcher mit 1–25 mm Ø
Spiralbohrer mit Zentrierspitze	Besonders gut für Holz und beschichtetes Holz; Löcher mit 4–20 mm Ø
Forstnerbohrer (oder Kunstbohrer)	Für Holz und beschichtetes Holz; Löcher mit 8–70 mm Ø

Schlangenbohrer
Dieser Bohrer gehört weder in eine elektrische Hand- noch in eine Tischbohrmaschine!

1. Nur eng anliegende Pullover oder Arbeitskleidung tragen.
2. Schals, Halstücher, lose Bänder, Ringe, Armbanduhren unbedingt ablegen.
3. Lange Haare durch Haarspangen oder eng anliegende Zöpfe sichern.
4. Keine (Arbeits-)Handschuhe tragen.
5. Beim Bohren von sprödem Material Schutzbrille tragen.
6. Werkstück vor Herumschlagen oder Umkippen sichern. Dazu Maschinenschraubstock und/oder Anschläge benutzen.
7. Nie den Spannschlüssel im Bohrfutter stecken lassen.
8. Späne nicht mit der Hand entfernen, sondern immer Handfeger, Pinsel oder Spänehaken verwenden.
9. Zum Reinigen nicht an der laufenden Spindel vorbeigreifen.
10. Nur eine Person arbeitet an der Maschine. Andere halten mindestens einen Meter Abstand.

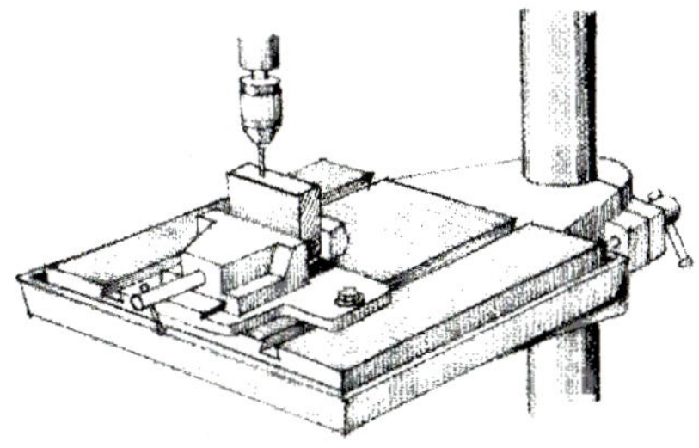

So wird ein Werkstück in den Maschinenschraubstock eingespannt und gegen Herumschlagen oder Wegkippen gesichert.

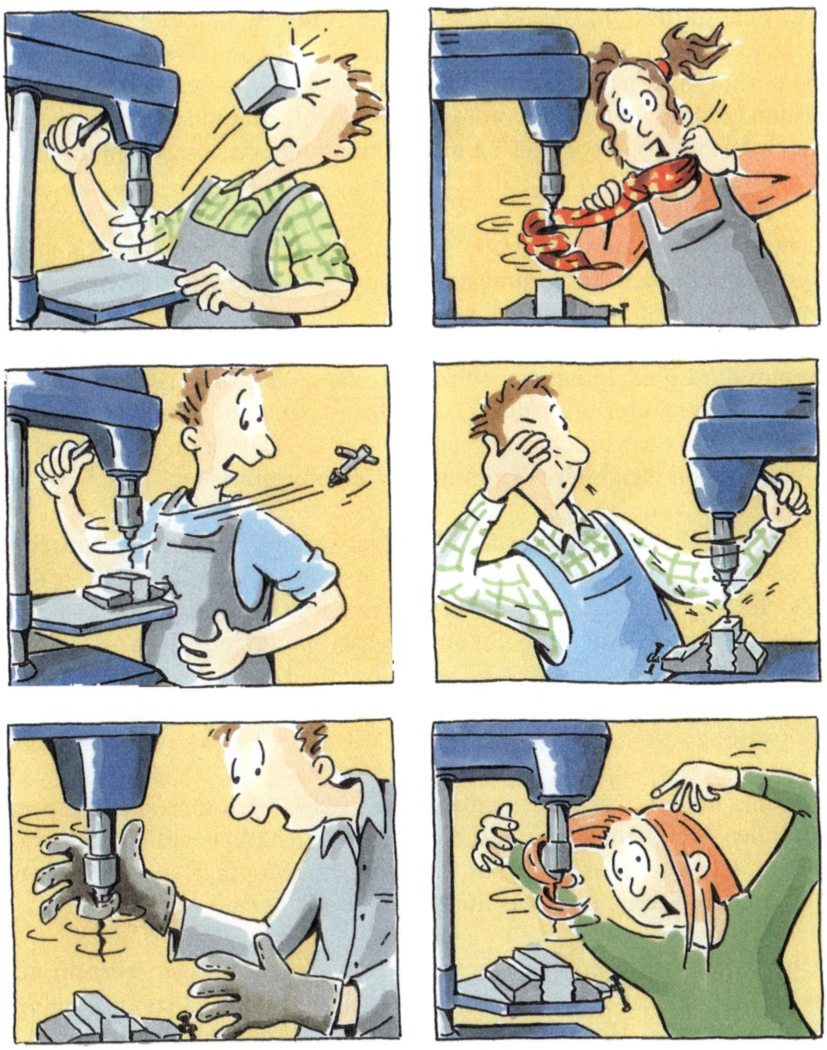

Gefahrenquellen an der Ständerbohrmaschine

A

1. Beschreibt den Inhalt der Bilder.
2. Wie hätten die Unfälle vermieden werden können?

i

Die richtigen Drehzahlen und Schnittgeschwindigkeiten für andere Lochgrößen und wie man sie errechnet, erfährst du von deinem Techniklehrer.

Achtung: Wenn du später einmal Löcher bohren willst, die durch das Material hindurchgehen, musst du zusätzlich eine Holzunterlage benutzen. Das bewahrt Bohrer und Bohrtisch vor Schäden!

2.7 Berufsbilder

Bei der Fertigung des Getränketrägers ist sicher deutlich geworden, dass dafür unterschiedliche Fähigkeiten benötigt werden.

In der betrieblichen Praxis ist es nicht möglich, dass alle diese verschiedenen Tätigkeiten von einem Einzelnen erledigt werden. Dafür sind auch die notwendigen Fähigkeiten zu unterschiedlich. Deshalb sind in Betrieben an der Entwicklung, Fertigung und dem Absatz von Produkten Menschen mit sehr unterschiedlichen Berufen beteiligt.

Assistent für Produktdesign

Durch die laufende Verbesserung der Technik verändern sich die Anforderungen an die Berufe. Deshalb erfordert eine erfolgreiche berufliche Tätigkeit eine ständige Weiterbildung.

Für die Entwicklung eines Produktes sind Konstrukteure und Designer zuständig. Sie werden häufig unterstützt von **Assistenten/Assistentinnen für Produktdesign**. Diese wirken bei der Entwicklung und Gestaltung von Produkten mit. Sie helfen als Teil eines Teams Gestaltungsvarianten zu entwerfen, Werkstoffe und Farben auszuwählen. Für ihre Tätigkeit brauchen sie technologisches Wissen, damit sie die Produkte auch fertigungsgerecht gestalten. Sie müssen auch wissen, ob die neu entwickelten Erzeugnisse absetzbar sind.

Die Ausbildung zum/zur Produktdesign-Assistent/in erfolgt im Rahmen einer schulischen Ausbildung und dauert zwei Jahre. Voraussetzung ist ein mittlerer Bildungsabschluss.

Technischer Zeichner

Wenn die Entwicklung eines Produktes abgeschlossen ist, muss seine Fertigung vorbereitet werden. Dazu müssen zunächst technische Zeichnungen von dem Produkt angefertigt werden. Das ist die Aufgabe von **Technischen Zeichnern/Technischen Zeichnerinnen**.

Sie setzen die Entwürfe der Konstrukteure bzw. Designer in technische Zeichnungen und andere Planungsunterlagen um. Sie erstellen die Zeichnungen und Stücklisten für die Fertigung meist am Computer mit CAD-Systemen (spezielle Computerprogramme zum Entwerfen und Zeichnen von technischen Gegenständen). Da solche Zeichnungen häufig sehr komplex sind, ist ein gutes Raumvorstellungsvermögen notwendig.

Technische Zeichner/-innen müssen die Zeichnungsnormen der entsprechenden Fachrichtung (Holztechnik, Elektrotechnik) beherrschen sowie technologische Kenntnisse zur Fertigung und Montage von Produkten besitzen, um fertigungsgerechte Zeichnungen herstellen zu können.

Um den unterschiedlichen betrieblichen Anforderungen gerecht zu werden, wird die Ausbildung in folgenden Fachrichtungen angeboten: Elektrotechnik, Heizungs-, Klima- und Sanitärtechnik, Holztechnik, Maschinen- und Anlagentechnik, Stahl- und Metalltechnik.

Die Ausbildung erfolgt sowohl im Handwerk als auch in der Industrie und dauert dreieinhalb Jahre. Technische Zeichner/-innen arbeiten in der Regel in Konstruktionsbüros von Betrieben oder in speziellen Ingenieurbüros, aber auch in Heimarbeit, was durch Computer und Internet ermöglicht wurde.

Nachdem alle Produktionsunterlagen erstellt sind, kann die Fertigung beginnen. Da unser Produkt Getränketräger aus Holz hergestellt werden soll, ist das die Aufgabe des **Tischlers/der Tischlerin**.

Die Arbeit des Tischlers/der Tischlerin ist sehr vielfältig. So können sie in der Möbelfertigung, aber auch im Innenausbau von Gebäuden und bei Restaurierungsarbeiten von Möbeln und Inneneinrichtungen tätig sein. Sie erledigen oft auch vorbereitende Arbeiten wie Kundenberatung und Materialeinkauf. Der Arbeitsplatz von Tischler/-innen sind meist kleinere und mittlere Handwerksbetriebe.

Die Ausbildung erfolgt im Handwerk und dauert drei Jahre.

Für die industrielle Fertigung von Produkten aus Holzwerkstoffen gibt es eine spezielle Ausbildung als **Holzmechaniker/Holzmechanikerin**. Sie wird in verschiedenen Fachrichtungen sowohl in der Industrie als auch im Handwerk angeboten und dauert ebenfalls drei Jahre.

Die Fertigung von Gebrauchsgütern in Betrieben ist nicht nur eine technische Aufgabe. Genau so wichtig ist die exakte Berechnung der Produktionskosten, die Kalkulation des Verkaufspreises und das Marketing. Nur wenn der Verkaufserlös höher ist als die Produktionskosten, lohnt sich die Produktion für den Betrieb, im umgekehrten Fall würde der Betrieb Verluste machen und früher oder später pleitegehen.

Deshalb beschäftigen die Betriebe immer Mitarbeiter, die diese kaufmännischen Aufgaben erledigen. Ein typischer Ausbildungsberuf für dieses Aufgabengebiet ist der/die **Kaufmännische Assistent/Kaufmännische Assistentin**. Sie können im Finanz- und Rechnungswesen, aber auch im Einkauf und Vertrieb tätig werden. Für ihre Tätigkeit nutzen sie meist moderne Informationsverarbeitungstechnik. In der Ausbildung spielen daher neben betriebswirtschaftlichen Problemen die Datenverarbeitung und Fremdsprachen eine wichtige Rolle.

Die Ausbildung erfolgt an Berufsfachschulen und dauert in der Regel zwei Jahre. Voraussetzung ist ein mittlerer Bildungsabschluss.

Unser Beispiel zeigt die Vielfalt beruflicher Tätigkeit bei der Fertigung eines relativ einfachen Gebrauchsgegenstandes. Durch neue Technologien (z.B. IT) entstehen neue Anforderungen und damit neue Berufsrichtungen.
Im Rahmen der Arbeit am Getränketräger und anderen Produkten könnt ihr erste Erfahrungen erwerben, welche Berufsrichtung euren Interessen und Fähigkeiten am ehesten entspricht.

Tischler

Mehr Informationen zu den Berufen erhaltet ihr beim Berufsinformationszentrum der Bundesagentur für Arbeit (BIZ) oder im Internet im BERUFEnet unter www.arbeitsagentur.de.

BIZ Berufs-Informations-Zentrum

1. Informiert euch bei der Bundesagentur für Arbeit über die Ausbildungsmöglichkeiten für die genannten Berufe in Sachsen.
2. Ermittelt für weitere Produkte aus eurer Schulwerkstatt die beteiligten Berufe. Nutzt dazu die Broschüre „BERUF AKTUELL“ bzw. das Internet.

2.8 Bewertung des Fertigungsprozesses

Wenn die Fertigung erfolgreich abgeschlossen ist, sollte der Fertigungsablauf nochmals analysiert werden. Das ist wichtig, um bei zukünftigen Arbeiten die Erfahrungen nutzen zu können und aufgetretene Mängel und Fehler zukünftig zu vermeiden.
Trotz guter Planung erkennt man oft erst im Verlaufe der Fertigung, was man eventuell besser oder anders machen könnte.
Eine solche Bewertung hilft auch, die eigene Arbeit kritisch einzuschätzen und aus den Erfahrungen der Anderen zu lernen.

Um eine systematische und begründete Bewertung vornehmen zu können, ist es sicher notwendig, sich entsprechende Bewertungskriterien zu erarbeiten.

1. Arbeitsorganisation
- Waren die Arbeitsunterlagen (Zeichnungen, Stückliste) vollständig und richtig?
- Welche Verbesserungen oder Ergänzungen der Arbeitsunterlagen werden vorgeschlagen?
- Waren die notwendigen Werkzeuge, Maschinen, Mess- und Prüfmittel sowie andere Hilfsmittel (z. B. Vorrichtungen) vorhanden?
- Waren alle Arbeitsmittel für das zu fertigende Werkstück geeignet oder hätte man andere Arbeitsmittel nutzen sollen?
- Wurde die Fertigung richtig organisiert (z. B. Einzelfertigung, Serienfertigung) oder wäre eine andere Fertigungsorganisation effektiver gewesen?
- War die Ausstattung der Arbeitsplätze mit Arbeitsmitteln richtig und vollständig?

Werkraumordnung

2. Arbeitsweise
- Haben alle Schüler die Arbeitsmittel richtig eingesetzt?
- Erfolgte eine ständige Kontrolle des Arbeitsergebnisses, um die qualitätsgerechte Fertigung des Werkstückes zu sichern?
- War der Arbeitsrhythmus bei der Handhabung der Werkzeuge richtig, was muss noch verändert werden?

3. Arbeitssicherheit
- Welche Arbeitsschutzvorschriften mussten bei der Fertigung beachtet werden, wurden sie eingehalten?
- Welche Verstöße gegen die Arbeitssicherheit gab es?
- Was ist zu verbessern, um zukünftig die Arbeitssicherheit zu erhöhen?

4. Werkstoffeinsatz
- War der Werkstoff für das zu fertigende Werkstück geeignet?
- Durch welche Werkstoffe hätte er ersetzt werden können?
- Wurde der Werkstoff sparsam eingesetzt?
- Wo gäbe es Einsparmöglichkeiten?
- Wie hoch sind die Verluste durch Verschnitt und Ausschuss?

Sicher gibt es noch weitere Kriterien für die Bewertung des Fertigungsprozesses. Dabei sollten aber nur solche auswählt werden, die für die zukünftige Arbeit nützlich sind.

Neben dem Fertigungsprozess sollte man auch das Arbeitsergebnis einer kritischen Wertung unterziehen. Vor allem ist zu untersuchen, ob die vorgesehenen Gebrauchseigenschaften erreicht worden sind.

Neben der Selbstbewertung sollte auch eine Fremdbewertung des Arbeitsergebnisses erfolgen.

Auf diese Weise kann die Wertung objektiver werden. Die Fremdbewertung könnte durch Eltern und Bekannte, aber auch durch Fachleute (z.B. Tischler) erfolgen.

Um einheitliche Bewertungsmaßstäbe zu sichern, könnte eine Bewertungstabelle erarbeitet werden.

Schüler entwerfen eine Bewertungstabelle

Bewertungstabelle für den Gebrauchsgegenstand

Eignung / Eigenschaft	sehr gut	gut	ausreichend	ungenügend
Aussehen				
Abmessungen				
Farbe				
Handhabung				
Funktionssicherheit				
Fertigungsqualität				

3 Wir produzieren eine Dekorationsvase

Mit der Arbeit in technischen Berufsfeldern sind die unterschiedlichsten Tätigkeiten verbunden. Welche das sind, könnt ihr erfahren, wenn ihr im Rahmen eines Projektes die Aufgaben übernehmt, die in einem Produktionsbetrieb anfallen. Es muss beispielsweise entschieden werden, welches Produkt in welcher Menge hergestellt wird und wie viel es kosten soll. Material muss beschafft und verarbeitet, Pläne angefertigt und umgesetzt werden, und es muss Werbung für das hergestellte Produkt gemacht werden, um es im erwarteten Maße absetzen zu können.
An dieser Beschreibung seht ihr schon, dass für die Herstellung eines Produktes viele Fähigkeiten neben den eigentlich technischen notwendig sind. Denn zu den handwerklichen Fähigkeiten kommen z.B. solche aus den Fächern Deutsch und Kunst (Werbung anfertigen), Mathematik (Kosten kalkulieren) und WTH/S (Planung von Beschaffung, Produktion und Absatz).

Die folgenden Seiten informieren euch, wie ihr ein solches Projekt durchführen könnt.

Mathematik ▼

▼ Kunst

▲ Technik und Computer

▲ WTH/S

▲ Deutsch

Für die Herstellung eines Produktes werden unterschiedliche Fähigkeiten benötigt.

Das Ziel wird festgelegt
Im Laufe des Schuljahres gibt es viele Anlässe, um eure Produkte sowie euer Können, besonders aus dem Unterrichtsfach WTH/S, den Mitschülern, Eltern und Gästen zu zeigen. Neben dem alljährlichen Sommerfest, dem Weihnachtsbasar, den Klassenfesten ist der Tag der offenen Tür ein solcher Höhepunkt im Schuljahr, um eben auch diese Produkte erfolgreich zu verkaufen.

Auf den nächsten Seiten zeigt euch die 7. Klasse der Mittelschule Gesundbrunnen an einem Beispiel, wie ein Projekt vorbereitet, durchgeführt, dokumentiert und ausgewertet wird. Es wird gezeigt, wie die Schüler innerhalb und außerhalb der Schule arbeiten, so, wie es die Betriebe und ihre Mitarbeiter im beruflichen Alltag tun und auch wie an die Lösung einzelner Probleme, die dabei auftreten können, herangegangen werden kann.

Was soll unternommen werden?
Für den Tag der offenen Tür sollen ausreichend viele Produkte hergestellt und dann verkauft werden.
Aufgeregt brach in der Klasse eine große Diskussion aus, da die Schüler die verschiedensten Ideen hatten. Diese reichten von einem Handyhalter über Kuscheltiere sowie Schreibgerätehalter bis hin zu Dekorationsvasen.
Um sich aber nun für ein bestimmtes Werkstück zu entscheiden, müssen einige Vorüberlegungen angestellt werden.
Zunächst ist zu überlegen, welche Personengruppe hauptsächlich die „Kunden" sein könnten, welche Bedürfnisse diese Zielgruppe eventuell hat und was die anderen Klassen bereits geplant haben. Ebenfalls muss recherchiert werden, welche schulischen Einrichtungen problemlos genutzt werden könnten und welche materielle Ausstattung vorhanden ist (Maschinen, Werkzeuge, PCs).

Im vorliegenden Beispiel haben sich die Schüler fast einstimmig für die Dekorationsvasen entschieden. Erfahrungen haben nämlich ergeben, dass hauptsächlich viele Eltern den Tag der offenen Tür besuchen. Außerdem findet dieser Basar kurz vor Weihnachten statt, sodass sich eine Möglichkeit für den Kauf eines kurzfristigen Geschenks bietet.

Wie soll der Plan realisiert werden?
Jetzt ging es darum, den Plan in die Tat umzusetzen. Bei der Diskussion darüber, wer was machen könnte, gab es zunächst ein großes Durcheinander, denn alle wollten überall mitmachen. Katharinas Vorschlag beendete die Diskussion: „Wir bilden wie in einem richtigen Betrieb drei Abteilungen – Beschaffungsgruppe, Produktionsgruppe und Absatzgruppe. Jeder entscheidet sich für eine Gruppe und arbeitet darin. Von Zeit zu Zeit treffen sich alle und besprechen Probleme." Gut wäre es, wenn eine Reportergruppe das Projekt von Anfang an dokumentieren würde. Dies erleichtert die Nachbesprechung (Kontrolle).

Plüschhase

Dekovase mit Blume

Patchworkrahmen

Die Materialien werden beschafft

Die Einzelheiten werden ermittelt

Für den Verkauf anlässlich des Tages der offenen Tür sollen 40 Dekorationsvasen in vier verschiedenen Varianten hergestellt werden. Als Ausgangsmaterial für eine Vase stehen Holzleisten mit den Abmessungen

- 14,5 x 14,5 x 500
- 19,5 x 20 x 475
- 40 x 15 x 400 (oder 300 oder 200)

sowie der eigentliche Glaskörper zur Verfügung.

Die benötigte Materialmenge muss nun berechnet werden.
Weil mit Verschnitt beim Zuschneiden, Materialfehlern oder evtl. gar mit Abfall bei der Bearbeitung (z. B. Bohren) gerechnet werden muss, ist beim Einkauf der Holzleisten unbedingt etwas Mehrbedarf an Material einzuplanen.
Da die Vasen gut aussehen sollen, muss ein gemasertes Holz eingesetzt werden. Die Klasse einigt sich auf Buchen- oder Kirschholz.

Wo beschaffen?

Die Beschaffungsgruppe zieht drei verschiedene Möglichkeiten in Betracht. Neben dem Einkauf im Versandhandel werden weitere Bezugsquellen z. B. aus den Gelben Seiten und dem Internet ausfindig gemacht. Ortsansässige Holzhandlungen und Baumärkte werden besucht, um sich einen Überblick über die verschiedenen Preise zu verschaffen. Mithilfe der Angebotsvergleiche soll dann die günstigste Bezugsquelle für den Ankauf der Materialien ermittelt werden.

Angebotsvergleich

Kirschholzleiste 19,3 x 20 x 500

Lieferer: Preis eingeholt am:	Holz Maier 12.09.20...	Baumarkt Groß 18.09.20...	Versandhandel Hobby & Freizeit 20.09.20...
Quantitätsvergleich: Ladenpreis Minus Rabatt Minus sonstige Vergünstigungen	 3 %		
Qualitätsvergleich: Kundendienst Lieferzeit Sonstiges	 Anlieferung 1 Woche	 Anlieferung 14 Tage 5 EUR Porto	
Bestellung bei:			

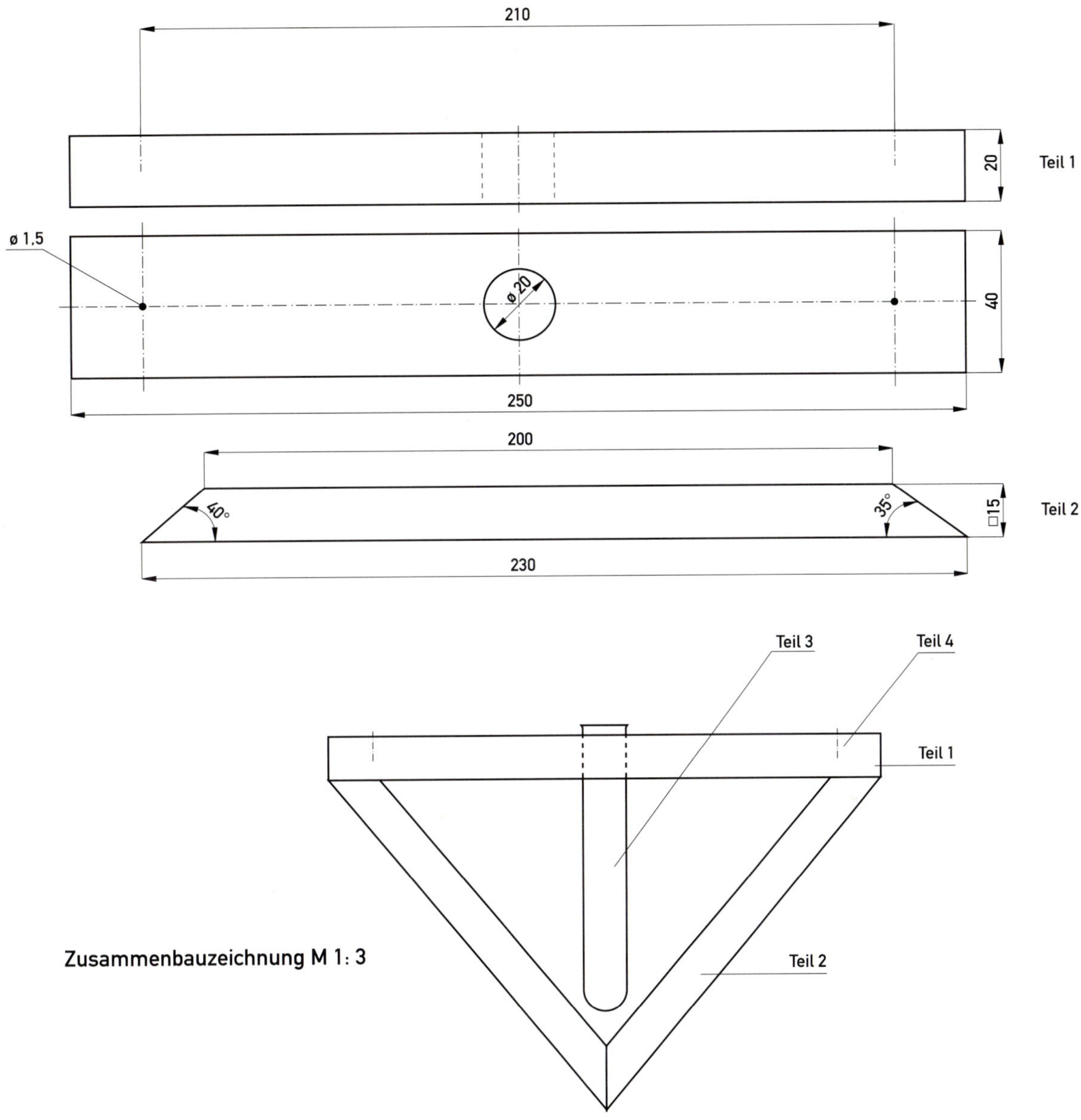

Zusammenbauzeichnung M 1: 3

2	Haken	4	Metall	
1	Reagenzglas	3	Plexiglas	ø 20
2	Seitenteil	2	Holz	230 x 15 x 15
1	Querleiste	1	Holz	250 x 40 x 20
Stück	Benennung	Teil	Werkstoff	Rohmaße
Gez.:	*Datum* / *Name*	*MS Gesundbrunnen*		*Klasse*
Gepr.:				
M 1: 2 M 1: 3	**Dekorationsvase**			*Blatt Nr.*

Fertigungstypen:
Wir unterscheiden hier Einzelfertigung (Herstellung von Einzelstücken) und Serienfertigung (Herstellung größerer Stückzahlen).

Fertigungsform:
Für dieses Projekt kommen Inselfertigung und Reihenfertigung infrage (siehe Seite 42).

Die Dekovasen werden hergestellt
Einige Entscheidungen, die für die Produktionsgruppe wichtig sind, sind bereits getroffen worden. Das allgemeine Produktionsprogramm steht fest:
- was hergestellt wird,
- wie viele Vasen produziert werden,
- wo gearbeitet wird (in der Schule, in den WTH Fachkabinetten),
- und wann dies geschehen soll.

Nun muss es zur Konkretisierung unserer Arbeitsabläufe kommen. Daraus ergibt sich eine weitere Frage:

Wie soll gefertigt werden?
Die ersten Schritte bei der Planung der Produktion sind:
- Anfertigung der Konstruktionszeichnung für einen Prototyp,
- Festlegung des Fertigungsablaufplanes.

Geplant werden muss auch die Fertigungsart. Hierfür eignen sich zwei Verfahren: Einzelfertigung und Serienfertigung (siehe Seite 40).

In der betrieblichen Großproduktion gibt es außerdem noch die **Massenfertigung**, wobei ein Erzeugnis über einen längeren Zeitraum oder ständig in sehr hohen Stückzahlen hergestellt wird. Typische Beispiele hierfür sind die Fertigung von Stecknadeln, Unterlegscheiben, Folien usw.
Entscheidend für die Wahl der geeigneten Fertigungsart und des Fertigungsverfahrens für unser Produkt werden in erster Linie aber die materielle Ausstattung der Schule und das Aufgabenziel sein.

Ablaufplan bzw. Technologie zur Herstellung einer Dekovase:

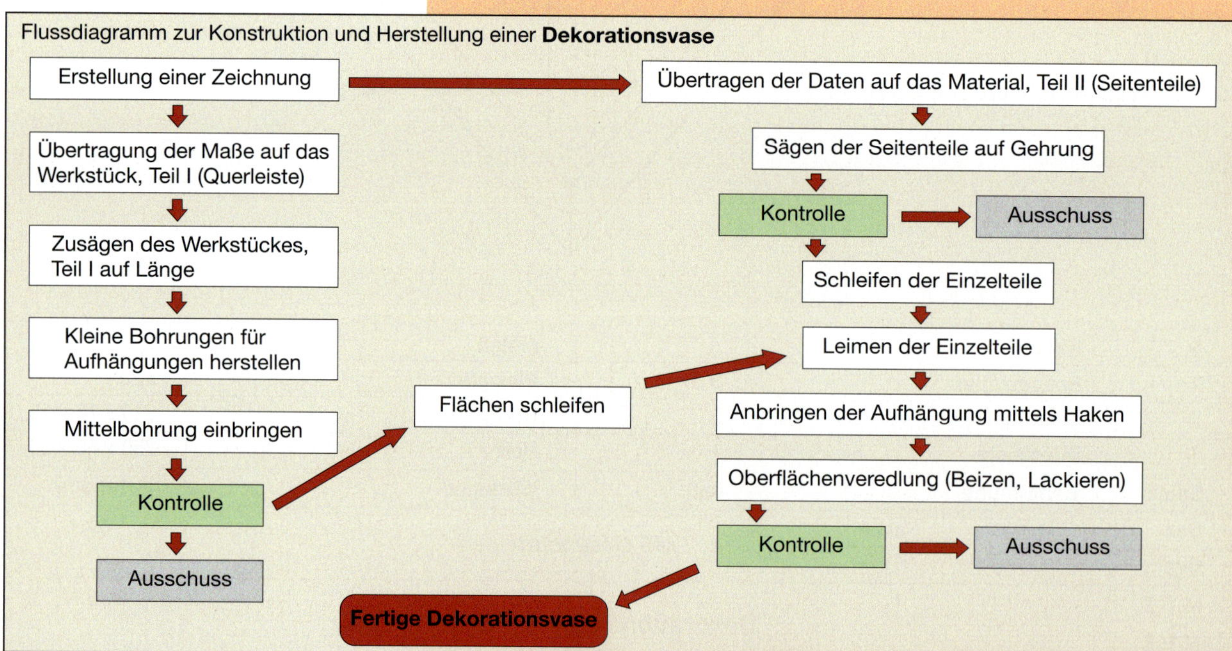

Einzelfertigung

Werkstück 1	Werkstück 2	Werkstück 3	Werkstück ...
Erstellen einer Zeichnung			
Übertragen der Maße auf Teil 1 (Querleiste)			
Zusägen des Werkstückes, Teil 1 auf Länge			
Kleine Bohrungen für die Aufhängung herstellen			
Mittelbohrung einbringen			
Kontrolle			
Flächen schleifen			
Übertragen der Maße auf das Material, Teil II (Seitenteile)			
Sägen der Seitenteile auf Gehrung			
Kontrolle			
Schleifen der Seitenteile			
Leimen der Einzelteile			
Anbringen der Aufhängung mittels Haken			
Oberflächenveredlung (Beizen, Lackieren)			
Kontrolle			
Fertige Dekovase			

Serienfertigung in 14 Arbeitsgängen
Bei jedem weiteren Werkstück wiederholen sich die Arbeitsgänge.

	Arbeitsgang 1	Arbeitsgang 2	Arbeitsgang 3	Arbeitsgang 4–12	Arbeitsgang 13	Arbeitsgang 14
Werkstück 1	Übertragen der Maße auf Teil I, Querleiste	Zusägen des Werkstückes, Teil I auf Länge	Kleine Bohrungen für Aufhängungen herstellen	...	Oberflächen-Veredlung (Beizen, Lackieren)	Kontrolle
Werkstück 2	Übertragen der Maße auf Teil I, Querleiste	Zusägen des Werkstückes, Teil I auf Länge	Kleine Bohrungen für Aufhängungen herstellen	...	Oberflächen-Veredlung (Beizen, Lackieren)	Kontrolle
Werkstück 3	Übertragen der Maße auf Teil I, Querleiste	Zusägen des Werkstückes, Teil I auf Länge	Kleine Bohrungen für Aufhängungen herstellen	...	Oberflächen-Veredlung (Beizen, Lackieren)	Kontrolle

Dekorationsvasen

i

Unter **Gewinn** versteht man hierbei die Differenz von Erträgen hinsichtlich (abzüglich) der Aufwendung für die Herstellung eines Produktes.

Die Dekovase soll abgesetzt werden

Der Markt wird erkundet

Schon während der Produktion der Dekovasen erkundete die Arbeitsgruppe „Absatz“ den Markt. Sie befragte die Schülerinnen und Schüler der Schule, aber auch Freunde und Bekannte, ob sie selbst oder die Eltern die Vasen kaufen würden. Das Ergebnis war, dass überwiegend die Eltern Interesse am Kauf hätten.
Da zu einer Markterkundung auch gehört, die Preise anderer Anbieter zu kennen, besuchten die Arbeitsgruppenmitglieder verschiedene Geschäfte, studierten Kataloge oder befragten Erwachsene, um sich über die Preise von vergleichbaren Vasenmodellen zu informieren.

Der Preis wird festgelegt

Auf Grund dieser Markterkundung legte die Gruppe den Preis fest. Man erkannte sehr schell, dass der Preis auf alle Fälle höher sein muss, als der Betrag der Ausgaben für das Material und der sonstigen Unkosten. Da die Käufer vor allem die Eltern sein würden, entschloss man sich, einen noch höheren Preis anzusetzen, als man es bei der Zielgruppe Schüler getan hätte.

Werben für die Dekorationsvasen

Nach der Preisfestlegung überlegte die Gruppe lange, wie sie für ihre Produkte werben sollte. Die Zielgruppe stand fest: die Eltern. Als Werbeträger, so beschlossen sie, sollten Handzettel und Flyer verfasst und allen Mitschülern für deren Eltern mit nach Hause geben werden. Des Weiteren sollte auf Aushängen und Ankündigungsplakaten auf diese Verkaufsaktion aufmerksam gemacht werden.

Erfolg oder Misserfolg?

Nach dem Verkaufsbasar wurde geprüft, ob das Projekt so verlaufen ist, wie es sich die Klasse gedacht hatte. Ein wichtiger Punkt hierbei war die Frage, ob ein Gewinn erzielt werden konnte.
Zu diesem Zweck wurde eine einfache Gewinn- und Verlustrechnung aufgestellt. Außer den Materialkosten waren keine weiteren Aufwendungen (Maschinen-, Personal- oder Energiekosten usw.) zu begleichen. Diese Ausgaben liefen über die Schule. Es wurden außer dem Umsatz am Verkaufsstand keine weiteren Erträge erzielt, sodass die Aufstellung dafür vereinfacht so aussieht:

Aufwand	**Ertrag**
Materialkosten – Holzleisten – Haken – Leim – Beize, Lacke	Umsatzerlöse – Verkauf der Vasen
Summe:	Summe:
Gewinn	(Verlust)

Auswertung
Nach dem Tag der offenen Tür sollte überprüft werden, ob das Projekt so verlaufen war, wie es geplant wurde. Jetzt konnte die „Reportergruppe" auftreten. Während der Arbeit der drei Gruppen waren die Reporter nicht untätig: Sie haben die einzelnen Gruppen besucht, an den Besprechungen teilgenommen, sich Notizen gemacht und fotografiert. Sie haben recherchiert.

Die Dokumentation
All das, was sie zusammenstellte, war nur Rohmaterial, jetzt galt es,
- Notizen und Bilder zu ordnen und
- die Arbeit der Gruppen darzustellen.

Nach einer längeren Diskussion über die Gestaltung entschlossen sich die Reporter, eine dreiteilige Wandzeitung herzustellen, auf der die Arbeit der drei Gruppen gesondert dargestellt wurde. Um die Zusammenhänge zu zeigen, wurde mithilfe von großen Pfeilen der Arbeitsablauf dargestellt.

Was können wir für die Zukunft lernen?
Als die Wandzeitung fertig gestellt war, diskutierte die Klasse anhand der Darstellung den Ablauf des Projekts.
Dieser Schritt ist aus drei Gründen wichtig:
- Während der Arbeit kann es leicht passieren, dass man den Überblick verliert und die wichtigen Zusammenhänge vergisst.
- Kaum eine Arbeit verläuft fehlerfrei. Nur wenn man sich selbst kritisch betrachtet, kann man die Wiederholung von Fehlern vermeiden.
- Schlussfolgerungen für künftige, ähnliche Vorhaben ziehen.

Auswertung mithilfe einer Wandzeitung

Recherchieren
Das Wort kommt aus dem Französischen und heißt nachforschen.

1. Überlegt andere Möglichkeiten, euer Projekt auszuwerten und skizziert, wie ihr eure Ideen umsetzen könnt.

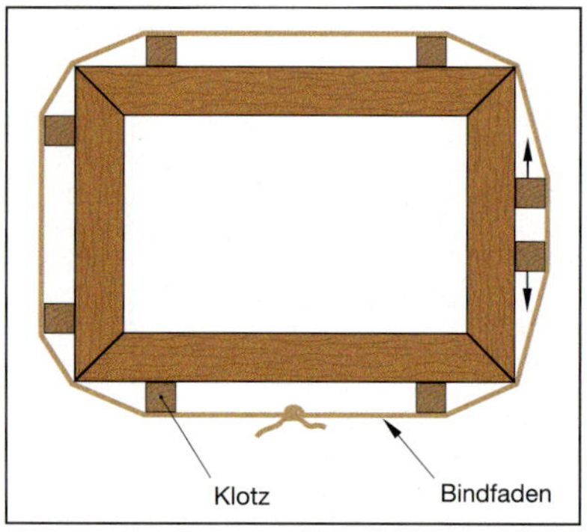

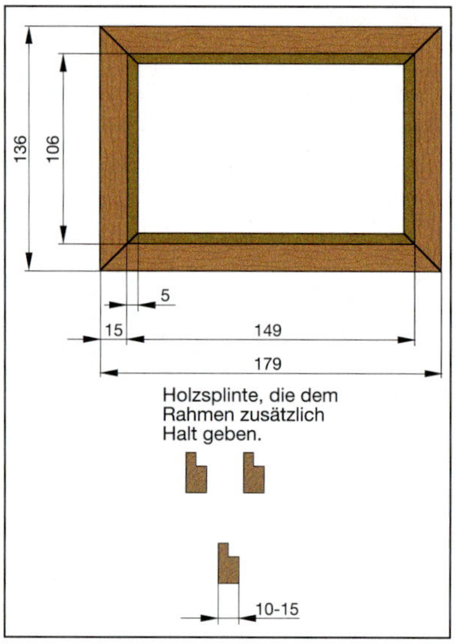

Spannen und Bemaßung des Rahmens

Am Ende dieses Buchabschnittes solltet ihr wissen,

- was wirtschaftliche Güter sind und nach welchen Gesichtspunkten ihre Gebrauchseigenschaften bestimmt werden.
- wie eine Bedarfsanalyse für ein zu fertigendes Produkt vorgenommen wird.
- nach welchen Gesichtspunkten die Werkstoffauswahl erfolgt und wie die Werkstoffeigenschaften ermittelt werden.
- wie die Materialkosten für ein Produkt erfasst und minimiert werden können.
- wie eine Fertigungsplanung erfolgt und welche Unterlagen dazu erstellt werden müssen.
- nach welchen Gesichtspunkten die Arbeitsmittel ausgewählt und wie sie sachgerecht gehandhabt werden.
- wie der Fertigungsablauf rationell organisiert werden kann.
- welche Vorschriften der Arbeitssicherheit und des Arbeitsschutzes bei der Fertigung beachtet werden müssen.
- nach welchen Gesichtspunkten man den Fertigungsprozess bewerten kann.
- wie eine Bewertung der gefertigten Werkstücke erfolgen kann.

Folgende Aufgaben, die auch arbeitsteilig in Gruppen gelöst werden können, sollen helfen, das vorhandene Wissen nochmals zu überprüfen:

Aufgabe 1: Es sollen im Unterricht Bilderrahmen gefertigt werden. Ermittelt die Gebrauchseigenschaften eines Bilderrahmens.

Aufgabe 2: Untersucht, welche Werkstoffe für die Bilderrahmen geeignet sind.

Aufgabe 3: Erarbeitet die Planungsunterlagen (technische Zeichnung, Stückliste, Fertigungsablauf, Arbeitsmittel) für die Fertigung des Bilderrahmens.

Aufgabe 4: Ermittelt den Materialbedarf und analysiert in verschiedenen Baumärkten den Preis für das Material, um die Bilderrahmen kostengünstig herstellen zu können.

Aufgabe 5: Stellt die Bestimmungen des Arbeitsschutzes und der Arbeitssicherheit zusammen, die bei der Fertigung des Bilderrahmens zu beachten sind.

Aufgabe 6: Erarbeitet Bewertungskriterien zum Vergleich mit industriell hergestellten Bilderrahmen.

Aufgabe 7: Entwickelt ein Konzept zur Präsentation und zum Verkauf der Bilderrahmen.

III Umgang mit Gütern und Geld

Um verantwortungsvoll mit Textilien umzugehen, benötigen wir Kenntnisse über die wichtigsten Faserarten, ihre Verarbeitung und Ausrüstung. Beim Kauf von Textilien gibt uns die Textilkennzeichnung wichtige Informationen über Art und Herkunft der Rohstoffe. Dieses Kapitel soll euch Hilfen für ein kritisches Verbraucherverhalten sowie Anregungen für eine kreative Weiterverwendung gebrauchter Textilien geben.

Bekleidung von Jugendlichen

Heimtextilien

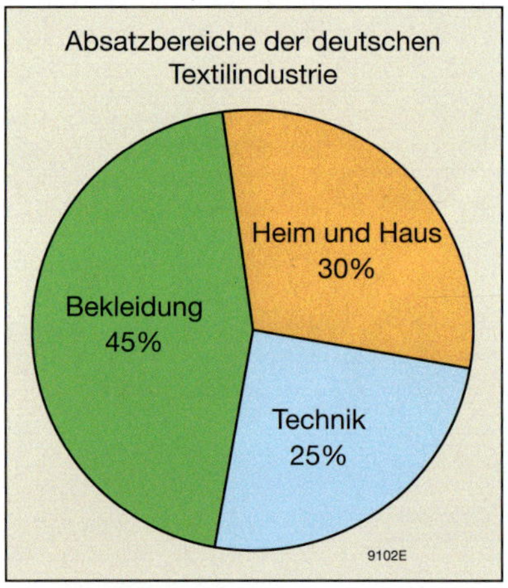

1 Merkmale und Bedeutung von Textilien

Textilien braucht jeder! Stell dir ein Leben ohne Textilien vor:
Was würdest du anstelle deiner Kleidung zum Schutz vor Kälte und Regen anziehen?
Womit würdest du dich im Bett zudecken, dich abtrocknen, etwas abwischen?
Wie kahl und ungemütlich wäre eine Wohnung ohne Vorhänge, Tischdecken, Kissen, Auslegeware, Teppiche.
Wenn du an deine Freizeit denkst: Ohne Textilien gäbe es keine Zelte, keine Rucksäcke, kein Segelboot, kein Netz für ein Fußballtor.
Auch technische Textilien wie Planen, Säcke, Polstermaterial würde es nicht geben.
Wir würden uns noch wie die Steinzeitmenschen mit Fellen bekleiden und in kahlen Räumen wohnen, wenn es keine Textilien gäbe.

Merkmale von Textilien sind, dass sie aus Textilfasern bestehen und in Form von Webwaren, Maschenwaren oder Filz verarbeitet werden. Sie können aus Natur- oder Chemiefasern hergestellt sein.

Man kann den großen Bereich der Textilien in drei Gruppen gliedern, in Bekleidungstextilien, Heimtextilien und technische Textilien. Die anteilmäßige Herstellungsmenge verdeutlicht das nebenstehende Schaubild. Demnach haben die Bekleidungs- und Heimtextilien den Hauptanteil an der Produktion.

Textilien haben für uns alle eine große Bedeutung, auch wenn wir sie mit der größten Selbstverständlichkeit benutzen. Sie bestehen aus Rohstoffen, die aus der Natur gewonnen, zu Garnen und Stoffen weiterverarbeitet werden und aus denen verschiedene Waren hergestellt sind. Wie wir als Verbraucher diese Waren einkaufen, nutzen und entsorgen, hat große Auswirkungen auf unsere Natur und Umwelt.

Viele Jahrtausende lang stellten Menschen ihre Textilien zum Kleiden und Wohnen mit einfachen Geräten her. Dabei entstanden ganz schlichte, robuste Stoffe und Strickwaren. Die Rohstoffe, wie Wolle vom Schaf und Leinen aus Flachs, wurden selbst erzeugt. Zum Teil gab es aber auch sehr kunstvolle Textilien, die in monatelanger Arbeit durch Stickereien verziert wurden. Es war der Stolz einer jeden Frau, die Truhe oder den Wäscheschrank mit selbst hergestellten Textilien gefüllt zu haben, die möglichst ein Leben lang hielten. In den Textilabteilungen von Heimatmuseen kann man noch Kleidung und Heimtextilien aus diesen Zeiten bewundern.

Heute werden fast alle textilen Produkte industriell aus verschiedenen Fasern und Fasermischungen hergestellt. Um aus der Vielfalt des Angebotes Textilien sinnvoll auswählen zu können, müssen wir uns einen Überblick über die wichtigsten Faserarten verschaffen und ihre Eigenschaften sowie Verwendungsmöglichkeiten kennenlernen.

A

1. Beschreibt den Unterschied zwischen Textilien und Nichttextilien wie z.B. Leder, Kunststoff, die auch für Kleidung Verwendung finden.
2. Schreibt aus den Bereichen Bekleidungs- und Heimtextilien je zehn verschiedene Arten von Waren auf, die ihr tragt bzw. zu Hause benutzt.

Textile Rohstoffe			
Naturfasern		**Chemiefasern**	
pflanzliche	tierische	cellulosische	synthetische
Baumwolle	Wolle	Viskose	Polyester
Leinen	Kamelhaar	Acetat	Polyamid
Jute	Angora (Kaninchen)	Modal	Polyacryl
Hanf	Seide		Polyurethan
Sisal	Mohair (Ziege)		(Elasthan)
	Kaschmir (Ziege)		

Übersicht über die wichtigsten Textilfasern

Flachsfeld mit blauen Blüten (Leinen)

Schaf (Wolle)

Textile Rohstoffe im Wandel

Noch vor 200 Jahren bestanden hierzulande die wenigen Textilien, die jeder zur Verfügung hatte, bei Oberbekleidung zu etwa 70% aus Wolle und zu 30% aus Leinen. Unterwäsche und Haushaltswäsche waren nahezu ausschließlich aus Leinen.

Um die Wende vom 19. zum 20. Jahrhundert waren 74% aller Textilien aus Baumwolle, 20% aus Wolle und nur noch 6% aus Leinen.

Mit dieser Entwicklung sind tiefgreifende soziale, wirtschaftliche und ökologische Veränderungen verbunden. Die Verdrängung von Leinen durch die Massenfaser Baumwolle im 19. Jahrhundert war nur durch den arbeitsintensiven Plantagenbau in den Südstaaten Nordamerikas möglich, was wiederum die Einführung schwarzafrikanischer Sklaven zur Voraussetzung hatte.

Im Jahre 1960 deckten die Naturfasern noch 75% des gesamten Faserbedarfs.

Durch die Entwicklung der synthetischen Chemiefasern in den 1960er Jahren veränderte sich der Verbrauch erheblich. Markennamen wie Nylon und Perlon z.B. für Strümpfe und Unterwäsche oder Trevira und Dralon für Oberbekleidung wurden zum Inbegriff moderner pflegeleichter Kleidung (siehe Seite 73).

Heute liegen die Chemiefasern bei Bekleidung in Deutschland bereits mit 66% an der Spitze neben Baumwolle und Wolle mit je 17%. Alle übrigen Fasern wie Leinen, Seide liegen in ihrer Gesamtmenge unter 1% und werden in der Statistik nicht mehr erfasst.

Im Bereich der Heimtextilien werden sogar 86% Chemiefasern verwendet, 9% Baumwolle und nur 5% Wolle.

Technische Textilien werden fast ausschließlich aus Chemiefasern hergestellt. Sie sind aus der Luft- und Raumfahrt, im Bauwesen und in der Chirurgie nicht mehr wegzudenken.

Bei der Frage der Gesundheits- und Umweltverträglichkeit ist heute noch ein großer Teil der Bevölkerung der Ansicht, dass Naturfasern den Chemiefasern vorzuziehen sind.

Der Weltbedarf an Textilfasern hat sich im Zeitraum von 1960 bis heute verdreifacht und wird in den nächsten Jahren weiterhin zunehmen. Die Anbauflächen für Pflanzenfasern werden zunehmend für die Welternährung gebraucht. Eine Versorgung der Weltbevölkerung mit Textilien wird nur durch eine steigende Chemiefaserproduktion zu erreichen sein.

A

1. Welche Fasern sind euch aus der Übersicht bekannt?
2. Von welchen Textilien kennt ihr sie?
3. Schaut im Etikett eurer Kleidung nach. Aus welchen textilen Rohstoffen bestehen deine Kleidungsstücke?
4. Diskutiert anhand der prozentualen Angaben der Textilfasererzeugung im Laufe der letzten 200 Jahre mögliche Ursachen, die zu den Veränderungen geführt haben.

Hinführung

Erarbeitung

Sicherung

1. Nenne die drei wichtigsten Hauptanbaugebiete der Baumwolle und finde weitere Anbaugebiete.
2. Suche die betreffenden Länder auf der Weltkarte und kennzeichne sie mit einem Baumwollsymbol.
3. Beschreibe die wesentlichen Folgen des Baumwollanbaus am Aralsee.
   a) Folgen für die Umwelt
   b) Folgen für die Menschen
   Notiere die Ergebnisse auf deinem Laufzettel.

Die wichtigsten Faserarten unter der Lupe

Bei der Methode „**Lernen an Stationen**" werden euch Lernmaterialien und Laufzettel mit Arbeitsaufgaben an die Hand gegeben, mit deren Hilfe ihr euch selbstständig einen Unterrichtsinhalt erarbeitet. Ihr könnt in Einzel-, Partner- oder Gruppenarbeit jede Station bearbeiten und die Ergebnisse auf Laufzetteln notieren. Die Reihenfolge der Bearbeitung ist dabei beliebig.
Ziel ist auf möglichst viele Arten zu lernen, z. B. Sehen, Fühlen, Untersuchen, Ausprobieren, Dokumentieren. Die Arbeitsaufträge können sehr unterschiedlich ausgerichtet sein, z. B.
- Informationen verarbeiten und zusammenfassen,
- zeichnen, beschriften,
- Bilder, Texte bearbeiten,
- Versuche durchführen und Beobachtungen notieren.

Die textilen Rohstoffe Baumwolle und synthetische Chemiefasern werden, wir ihr erfahren habt, am häufigsten für Textilien verarbeitet. Deshalb wollen wir diese beiden Textilfasern genauer kennenlernen und untersuchen. Die grundlegenden Informationen zu den Rohstoffen sollt ihr anhand von Sachinformationen und Aufgabenstellungen zu verschiedenen thematischen Schwerpunkten selbstständig erarbeiten. Die Ergebnisse werden auf Laufzetteln festgehalten, um sie der Lerngruppe anschließend vorstellen zu können.

2 Der textile Rohstoff Baumwolle

Station 1: Rohstoff und Herkunft der Baumwolle

Baumwollsträucher mit aufgesprungenen Baumwollkapseln

Die Baumwolle gehört zu den Naturfasern. Sie wird von einer Baumwollpflanze gewonnen. Sie ist ein sehr alter textiler Rohstoff. Erste Baumwollstoffreste wurden in einer mexikanischen Höhle aufgefunden und auf die Zeit 5800 v. Chr. zurückdatiert. Daran ist zu erkennen, dass Textilien aus Baumwolle die Menschen schon seit vielen Jahrtausenden bekleiden.
Die meisten Baumwollpflanzen sind einjährige Strauchpflanzen, die zwischen 25 cm und 2 m groß werden. Es gibt auch in manchen Gebieten baumartige Baumwollgewächse, die bis zu 6 m hoch werden. Diese können sogar 15 Jahre alt werden.

Baumwollanbau in der Welt

Die Baumwollpflanze benötigt bei der Aussaat Feuchtigkeit, im Stadium der Reife viel Wärme und Sonne. Aus diesem Grund befinden sich ihre Anbaugebiete in den Tropen und Subtropen. Besonders gut wächst die Pflanze auf sandigen, lockeren und nährstoffreichen Böden. Große Temperaturschwankungen oder Frost verträgt sie dagegen nicht. Die Hauptanbaugebiete der Baumwolle sind daher China, USA, Kasachstan und Indien.

Der Baumwollanbau am Aralsee und seine Folgen

Kaum 30 Jahre ist es her: An den schilfbestandenen Ufern des „Blauen Meeres“ in Kasachstan und in den angrenzenden, mehrere Kilometer breiten Wäldern lebten zahlreiche Vogelarten, Tiger und Wildschweine. Aus dem See wurden reichlich Karpfen, Hechte und Zander gefangen. Urlauber erholten sich an dem viertgrößten Binnenmeer der Welt, das rund 120 mal größer als der Bodensee ist.
Heute ist vom „Blauen Meer“ Aralsee nicht mehr viel übriggeblieben. Fische gibt es hier nicht mehr. Gemüse und Obst werden hier nicht mehr geerntet. Schuld ist der Mensch. Um riesige Baumwollplantagen zu bewässern, wurden die einzigen Zuflüsse gnadenlos angezapft und auf die Felder umgeleitet.
Durch den Einsatz von Düngemitteln, Pflanzenschutzmitteln und Entlaubungsmitteln für die maschinelle Ernte sind die Böden belastet, ein Teil geht ins Grundwasser. Ehemalige Baumwollanbaugebiete sind nahezu unbewohnbar geworden. Die intensive Bewässerung hat zu einer Versalzung der Böden und Versteppung weiter Gebiete geführt.
Die verbliebene Bevölkerung leidet zu 80% an Krankheiten, die durch aufgewirbelte Chemikalien verursacht sind. Chronische Beschwerden nehmen zu, die Lebenserwartung ist drastisch gesunken, die Säuglings- und Kindersterblichkeit ist sehr hoch, zumal kaum brauchbares Trinkwasser zur Verfügung steht.
Dieselben Probleme bestehen in anderen Baumwollanbaugebieten.

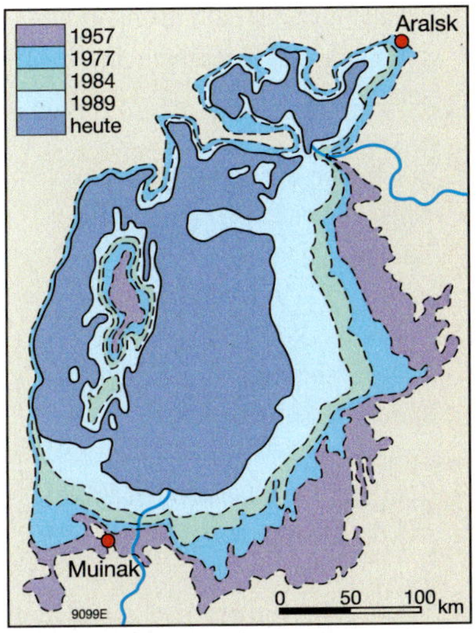

Aralsee 1957–2000

M

Handernte

Pflückmaschine

A

Medien: Baumwollstiel mit Kapseln (gibt es im Blumenladen zu kaufen)

1. Schaue dir eine Baumwollkapsel genau an und beschreibe ihr Aussehen.
2. Beschreibe die notwendigen Arbeitsgänge zur Gewinnung der Baumwolle.
3. Nenne die Vor- und Nachteile
   a) der Handernte,
   b) der Maschinenernte.
4. Überlege dir, was nach der Ernte mit der Baumwolle passiert.
5. Nenne zehn Nutzungsmöglichkeiten der Baumwolle.

Blüte und Frucht

Aufgesprungene Kapsel

Station 2: Anbau und Gewinnung der Baumwolle

- Der Baumwollsamen wird je nach Anbaugebiet zwischen Februar und Oktober ausgesät. Nach ca. einer Woche keimt der Samen und 5–7 Wochen später bilden die Pflanzen Knospen. Kurze Zeit danach beginnt die Baumwolle zu blühen. Nach dieser Blüte verwandelt sich der im Kelch sitzende Fruchtknoten zu einer länglichen Kapsel (siehe Abbildung).
- Diese springt auf und lässt ihre Samenhaare herausquellen. Eine Baumwollkapsel enthält rund 30 Samen. An jedem Samen sitzen 2000 bis 7000 Samenhaare. Diese Samenhaare sind die Baumwolle. Ein einzelnes Samenhaar wird auch als Baumwollfaser bezeichnet. Die gesamte Zeitspanne von der Aussaat bis zur Reife der Baumwolle beträgt 175 bis 225 Tage.
- Der Zeitpunkt der Ernte richtet sich nach der Reife der Baumwollkapseln. Die Ernte kann von Hand oder mithilfe von Erntemaschinen erfolgen.
  Handernte: Weil die Baumwollkapseln nicht gleichmäßig reifen, besteht bei der Handernte die Möglichkeit, nur die tatsächlich reifen Kapseln einzusammeln. Ein Nachteil der Handernte ist, dass pro Tag und Person nur 80 bis 120 kg Baumwolle geerntet werden können.
  Maschinenernte: Bei dieser Ernteform werden die Baumwollfaserbüschel von den durch Entlaubungsmittel künstlich entblätterten Sträuchern mit mechanischen Spindelfingern abgezogen (siehe Abbildung). Mit einer Maschine können in einer Stunde 700 bis 1500 kg Baumwolle geerntet werden. Der Nachteil ist, dass nicht nur reife, sondern auch unreife Baumwollkapseln abgezogen werden und die eingesetzten Chemikalien Mensch und Umwelt belasten (siehe Baumwollanbau am Aralsee).
- Die geerntete Baumwolle wird zum Nachreifen und Trocknen rund 30 Tage gelagert und kommt dann auf Entkörnungsmaschinen, die die Fasern von den Samenkörnern trennen. Aus 100 kg Samenbaumwolle erhält man ca. 35 kg. Fasern, 62 kg Samenkörner und ca. 3 kg. Abfall. Weitere Verwendungsmöglichkeiten könnt ihr aus der Übersicht entnehmen.
- Zuletzt werden die Baumwollfasern mit großen Pressen zu schweren Ballen geformt und mit Jute und Stahlbändern verpackt. In dieser Form wird die Baumwolle gelagert und in andere Länder verschifft und dort weiterverarbeitet.
  Ein bekannter deutscher Überseehafen für Baumwolle ist Bremen.

Die vielseitige Nutzung der Baumwolle-Pflanze		
SPINNBAUMWOLLE **Für Bekleidung**	**Im Haus** **Inkl. Heimtextilien**	**Weitere Verwendungen**
Oberbekleidung Sport-Freizeit-Beruf Regen-/Spezialbekleidung Unterwäsche/Strümpfe Zubehör	Bett-/Tischwäsche Hand-/Badetücher etc. Teppiche/Läufer/Bodenbeläge Deko-/Gardinen-/Möbelstoffe	Planen/Zelte/Markisenstoffe Segel/Netze/Säcke Verbandsmull Watte/Polstervlies Staub-/sonstige Tücher Handstrick-/Handarbeitsgarne Industriezwirne/Nähgarne
SAMEN **Raffiniertes Öl für**	**Raffinierrückstand**	**Ölkuchen und Samenschalen für**
Margarine Backfett Salate und Speisen Mayonnaise	Seife, Pharmazeutika Kosmetika, Fettsäuren Gummi/Kunststoffe Beschichtung von Leder	Viehfutter, Schrot Dünger Verpackungen Kleie

Querschnitt durch die Baumwollfaser

Station 3: Eigenschaften der Baumwolle

- Die einzelnen Baumwollfasern sind unterschiedlich lang. Diese Länge bezeichnet man als Stapellänge. Es ist das wichtigste Qualitätsmerkmal der Baumwolle. Die Stapellänge liegt im allgemeinen zwischen 18 und 42 mm.
- Baumwollfasern sind im trockenen Zustand schon reißfest. Die Nassreißfestigkeit ist noch höher.
- Die Baumwolle ist kaum elastisch und hat nur eine schwach ausgeprägte Kräuselung. Die Knitterneigung ist hoch.
- Ihre Feuchtigkeitsaufnahme ist sehr hoch, sie kann bis zu 32 % des Eigengewichts aufnehmen, ohne sich nass anzufühlen.
- Je nach Sorte unterscheidet sich die Baumwolle in ihrem Griff. Manche Fasern fühlen sich seidig weich an, andere eher hart.
- Unterschiedlich ist auch die Farbigkeit der Rohbaumwolle. Sie kann weiß, gelblich, leicht fleckig, bräunlich oder grünlich sein.
- Der Glanz der Baumwollfaser ist gering, lange Fasern glänzen etwas mehr als kurze.

Baumwollfaser

- Die Abbildung zeigt eine 2000fache Vergrößerung einer Baumwollfaser. Sie sieht wie ein schlauchartig gewundenes Bändchen aus, in dessen Inneren ein Hohlraum zu erkennen ist.
- Die seitliche Abbildung zeigt den Querschnitt einer Baumwollfaser unter dem Mikroskop. Er sieht aus wie ein Baumstamm mit vielen Jahresringen. Bei den Baumwollfasern handelt es sich um Tagesringe.

A

Medien: Mikroskop mit Baumwollfasern

1. Schaue dir die Vergrößerung der Baumwollfaser an.
2. Zeichne eine Vergrößerung und einen Querschnitt der Baumwollfaser.
3. Beschreibe die gezeichneten Bilder.
4. Erstelle einen „Steckbrief" mit den typischen Eigenschaften der Baumwolle:
   - Länge und Aussehen
   - Festigkeit
   - Griff
   - Feuchtigkeitsaufnahme
   - Einsatzbereiche
5. Begründe: Weshalb werden Sommerkleidung, Unterwäsche, Nachtwäsche und Handtücher zum großen Teil aus Baumwolle hergestellt?

Damasttischtuch

T-Shirts

Medien: Verschiedene Baumwollstoffproben, die unterschiedlich ausgerüstet wurden.

1. Sieh dir die Stoffe an und befühle sie. Welche besonderen Eigenschaften haben die Stoffe aufgrund ihrer Ausrüstung?

2. Beschreibe zu jedem Ausrüstungsverfahren:
   a) Was versteht man darunter?
   b) Was wird durch das Ausrüstungsverfahren erreicht?
   c) Welches Mittel wird eingesetzt, das gesundheits- oder umweltschädlich ist?
   d) Für welche Textilien wird es hauptsächlich verwendet?

Station 4: Veredelung der Baumwolle – Auswirkungen auf Gesundheit und Umwelt

Die Unzufriedenheit mit den ursprünglichen Fasereigenschaften, den Drang sie zu verbessern, hat es zu allen Zeiten in allen Kulturen gegeben. Die frühesten angewandten Verfahren waren Bleichen, Färben, Bedrucken, Bemalen, um das Aussehen der von Natur aus gelblichen Baumwolle zu verbessern. Um Baumwolle weiß zu bekommen, wurde die nasse Wäsche zum Trocknen auf die Wiese, die sogenannte „Bleiche", gelegt und von der Sonne geblichen. Gefärbt wurde mit natürlichen Farben aus Färberpflanzen wie Ringelblumen (gelb), Walnussschalen (grün), Waid (blau), Rote Bete (rot), Zwiebelschalen (braun). Das Bedrucken mit Modeln oder Bemalen erfolgte in Handarbeit. Alle diese Verfahren waren nicht umweltschädlich. Heute sind unsere Stoffe, die am Markt angeboten werden, so gut wie nie naturbelassen. Jede verkaufsfertige Ware hat in der Regel mehrere Veredlungsschritte hinter sich. Die Textilveredlung gehört zu den abwasserintensivsten Industriezweigen. Bleichmittel und Chemikalien zur Herstellung pflegeleichter Baumwolle sind wesentlich an der Umweltbelastung beteiligt.

Bleichen: Um leuchtend weiße bzw. pastellfarbene Textilien zu erhalten, wird die Baumwolle unter Einwirkung von Chemikalien aufgehellt. Gebleicht wird häufig mit dem für die Arbeiter gesundheitsbelastenden und auch umweltschädlichen Chlorbleichen. Weniger schädlich ist das Sauerstoffbleichen, ähnlich wie beim Bleichen in der Sonne. Umweltschonend wäre, ganz darauf zu verzichten. Manche Ökokollektionen bieten „naturweiße" Textilien an mit der Aussicht, dass sie bei der Pflege immer heller werden. Einige Betriebe färben auch ungebleichte Textilien und senken so die Umweltbelastung.

Mercerisieren: Als eines der ältesten Verfahren bei Baumwolle dient das Mercerisieren zur dauerhaften Steigerung des Glanzes. Bereits 1844 hat John Mercer dieses Verfahren erfunden. Baumwolle wird mit starker Natronlauge behandelt und unter Spannung getrocknet. Hierbei quillt die Baumwollfaser auf und erhält einen dauerhaften Glanz. Sie wird dadurch reißfester, saugfähiger, lässt sich besser einfärben und läuft nicht ein. Das Verfahren ist für die Umwelt wenig problematisch, da schon aus Kostengründen die hochprozentige Natronlauge weiterverwendet wird. Diese wird neutralisiert und ausgewaschen, sodass keine Rückstände in den Textilien bleiben. Verwendung findet mercerisierte Baumwolle bei Leibwäsche, Babywäsche, Tisch- und Bettwäsche.

Sanforisieren: Nicht behandelte Baumwollgewebe können nach der ersten Wäsche einlaufen. Beim Sanforisieren wird die Baumwolle mit Wasserdampf unter Spannung erhitzt und das Einlaufen vorweggenommen. Dieses Verfahren ist weder umweltbelastend noch gesundheitsschädlich. Das Warenzeichen „Sanfor" garantiert, dass das Gewebe bei Haushaltswäsche nicht mehr als 1 % einläuft.

Färben: Neue Modetrends werden immer wieder durch neue Farben bestimmt. Die Farbstoffproduktion für die Textilindustrie belastet Boden und Wasser. Das zu färbende Material wird so lange in das Farbbad getaucht, bis der gewünschte Farbton erreicht ist. Nur 60 % der Farben haften an den Fasern, der Rest gelangt in das Abwasser. Diese Farben können durch normale Kläranlagen nicht entfernt werden. Für das Färben von 1 kg Baumwolle werden 60–100 l Wasser benötigt. Nach dem Färben werden die Textilien gewaschen, hierdurch soll überschüssiger Farbstoff von den Fasern genommen werden. Bei kräftigen Farben, z. B. rot oder blau, bleiben häufig Farbreste auf den Fasern, die zu Farbstoffallergien führen können. Sie werden erst durch häufiges Waschen entfernt.

Hochveredlung: Sie ist die umweltschädlichste Ausrüstung. Dadurch werden Oberhemden, Blusen aber auch T-Shirts knitterarm, pflegeleicht und bügelarm bzw. bügelfrei gemacht. Dies geschieht durch Einlagerung von formaldehydhaltigen Kunstharzen in die Hohlräume der Fasern, deren gesundheitliche Bedenklichkeit seit Jahren diskutiert wird. Pflegeleicht ausgerüstete Textilien nehmen weniger Wasser auf, trocknen leichter und sind schmutz- und fleckenabweisend.

Tipps zum Umgang mit Kleidung aus veredelter Baumwolle
- Kleidung vor dem ersten Tragen immer waschen.
- Schwarz und rot gefärbte Kleidung ist besonders mit giftigen Stoffen belastet, daher besser darauf verzichten.
- Mit dem Hinweis „pflegeleicht" gekennzeichnete Kleidung ist spezialbehandelt, also auf jeden Fall vor dem ersten Tragen waschen oder erst gar nicht kaufen.
- Am besten zeitlose und langlebige Kleidung kaufen, die man lange tragen kann.

Station 5: Vom Anbau bis zur Konfektionierung

- **Anbau**
  - hohe Bodenansprüche,
  - Monokulturen mit Anbauproblemen
  - Pestizideinsatz
  - hoher Wasserverbrauch
- **Ernte**
  - vor der Maschinenernte Welkemittel
  - Handernte mühsam; schlechte Bezahlung der Erntehelfer

Transport

- **Rohbaumwolle**
  - Entkernen, Säubern
  - geringe Preise für den Erzeuger

Transport

- **Garnherstellung**
  - auf die Garne werden vor der Weiterverarbeitung schwer zu entsorgende Schlichtmittel aufgebracht
  - Lärm
  - Atembelastung

Transport

- **Herstellung von Geweben und Maschenwaren**
  - Lärm- und Atembelastung

Transport

- **Veredelung**
  - vor der Veredelung: **Beuchen:** bis zu 1/5 Gewichtsverlust durch Entfernen des äußersten Häutchens. Entsorgungsprobleme groß.
  - Bleichen, Färben, Mercerisieren, Hochveredeln mit
    - hohem Chemikalieneinsatz
    - sehr großem Wasserverbrauch

Transport

Konfektionierung

A

Im Schaubild sind Probleme bei der Verarbeitung der Baumwolle von der Faser zum Stoff aufgezeigt. Außerdem wird für den Transport von einer Verarbeitung zur anderen per LKW oder Schiff viel Energie benötigt.
Trage die aufgezeigten Probleme entsprechend folgender Übersicht in deinen Laufzettel ein:

Baumwolle: Von der Faser zum Stoff

1. Baumwollanbau
…
2. Ernte
…
3. Fasergewinnung
…
4. Spinnen
…
5. Weben/Stricken
…
6. Veredeln
…

Levi's 501

Markenzeichen der Levi's Jeans

Station 6: Jeans – das blaue Wunder

Die Geschichte der Jeans
Schaut euch einmal um: Ob schlabbernd oder knalleng als Schlaghose, ob als No-Name oder Markenjeans, für Jungen oder Mädchen – Jeans sind allgegenwärtig. „Blue Jeans" heißen sie der Farbe wegen.
Die Geschichte der Jeans ist keine Erfindung unserer Zeit, sondern geht viel weiter zurück. Das Wort Jeans bezeichnet nicht nur die berühmte Hose, sondern auch den Stoff, aus dem sie angefertigt ist. Schon im 16. Jahrhundert wurde in der südfranzösischen Stadt **Nimes** dieses blaugefärbte und strapazierfähige Baumwollgewebe hergestellt. In Europa war der Stoff unter dem Namen **„Serge de Nimes"** bekannt. In der amerikanischen Umgangssprache wurde daraus **Denim**. Vorbild für die Jeans waren praktisch geschnittene Arbeitshosen der Matrosen aus der Hafenstadt Genua, die sogenannten **„Genes"**. Aus dem Wort entwickelte sich im Laufe der Zeit der Name **„Jeans"**.

Der eigentliche Erfinder der Jeans war **Levi Strauss**. Er wanderte 1850 zur Zeit des Goldrausches in Amerika von Deutschland nach San Francisco aus. Dort kam er auf die Idee, aus dem strapazierfähigen Köpergewebe (siehe Seite 77) „Serge de Nimes" für die Goldgräber, Bergleute und später Cowboys robuste Arbeitskleidung herzustellen. So entstand die berühmte **Denim Jeans**. Die Strapazierfähigkeit wurde noch durch die robuste Machart, durch Nieten und Doppelnähte verstärkt. Das Markenzeichen der **Levi's Hosen** zeigt zwei Pferde, die in die gegengesetzte Richtung reiten und die festgezurrte Hose nicht zerreißen können. Es soll die besondere Haltbarkeit des Stoffes und der Verarbeitung symbolisieren. Die berühmte Levi's 501 ist noch die originale Jeans, die sogenannte **Five-Pocket-Jeans**. Sie hat sich seit ihrer Erfindung 1850 kaum verändert, es wurden lediglich die Nieten auf den Gesäßtaschen und unten am Knopfverschluss weggelassen. Diese wurden den Cowboys beim Reiten durch die Reibung zu heiß. Die fünfte kleine Tasche war ursprünglich als sicherer Ort für die Nuggets, die gefundenen Goldstücke der Goldgräber, gedacht.

Medien: Möglichst eine gebrauchte Levi's 501
Werbematerial aus einem Levi's-Store über die 501

1. Erzähle in einem kurzen Text mit eigenen Worten die Geschichte der Jeans und gestalte die Seite evtl. mit Werbematerial, das du dir in Jeansläden besorgst, die Levi's Hosen anbieten.
   a) Erläutere die Herkunft des Namens „Blue-Denim-Jeans".
   b) Wie kam es zur Erfindung der Jeans durch Levi Strauss?
   c) Warum nennt man wohl die Jeans das blaue Wunder?

2. Sichte verschiedenes Werbematerial der Firma Levi's.
   a) Welches Image wird über die Werbung verbreitet?
   b) Welche weiteren Informationen erhältst du über die Hose?

Den Umweltsünden auf der Spur

Anbau und Ernte: Für eine Jeans müssen zwei Kilogramm Baumwolle angebaut werden. Für die Bewässerung dieser Baumwolle wird in den sehr trockenen Anbaugebieten, z. B. am Aralsee oder im Sudan (siehe Seite 65) so viel Wasser verbraucht, wie ein Mensch in Deutschland durchschnittlich im Jahr benötigt.
Der Einsatz von Dünge- und Schädlingsbekämpfungsmitteln ist ebenso wie die Entlaubungsmittel zur maschinellen Ernte notwendig. Die vielen Maschinen, die für den Baumwollanbau und die Ernte eingesetzt werden, verbrauchen viel Treibstoff.

Färbungen: Für die Jeans wird nicht der Stoff gefärbt, sondern schon vor dem Weben werden die Garnstränge für die Kettfäden eingefärbt. Nach dem Färben werden blaue Kettgarne und naturweiße Schussgarne in Köperbindung (siehe Seite 77) verwebt.
Früher wurde das Jeansgarn mit Indigo, einem umweltfreundlichen Pflanzenfarbstoff, gefärbt. Indigo ist einer der ältesten Naturfarbstoffe und war schon 3000 v. Chr. bekannt. Heute wird dieses Blau künstlich hergestellt. Je intensiver die Farbe einer Jeans ist, um so häufiger sind die Kettgarne in Tauchbädern gefärbt worden, manchmal bis zu 12-mal.
Durch die starke Verzwirnung des Garnes dringt die Farbe nicht sehr tief ein, sie legt sich wie ein Mantel um die Faser. Die „Seele" des Garnes bleibt weiß. So ist es möglich, dass die Farbe bei der Benutzung der Hosen abscheuert oder sich bei den Waschverfahren löst. Jeanshosen müssen von links und gesondert gewaschen werden, weil sich bei jeder Wäsche Farbe löst, „ausblutet" und sie abfärben.

Waschverfahren: Eine unbehandelte Jeans aus der Fabrik sieht dunkelblau aus, der Stoff fühlt sich hart und fest an. So war es noch in den 1950er Jahren, als die ersten Jeanshosen von Amerika zu uns nach Deutschland kamen. Erst durch häufiges Waschen wurden sie heller und weicher.
Neue Jeans sollen heute bei der sogenannten **„used-look"-Mode** gleich abgenutzt aussehen und sich weich anfühlen. Deshalb werden die Hosen in der Fabrik mit Bimssteinen, Bleichmitteln und viel Wasser in riesigen Waschmaschinen gewaschen. Für stärkere Auswascheffekte werden die Hosen sandgestrahlt. Die Oberfläche des Stoffes wird dabei beschädigt und somit beim Tragen schneller verschlissen. Bezeichnungen solcher Waschverfahren sind:
Stone-washed mit Bimssteinen bearbeitet, **Bleached-washed** mit Chlorbleiche behandelt, **Moon-washed** mit Bimssteinen und Bleichmitteln gewaschen, **Used-washed** mit Sandstrahl behandelt.
Schadstofffrei sind die Jeans häufig erst nach mehreren Wäschen.
Schwarze Jeans sind in Verruf geraten. Schwarze Farben können Blei, Quecksilber und Nickel enthalten.
Umweltfreundlich sind Blue-Denim-Jeans nur durch ihre lange Haltbarkeit. Veraltete Jeans können sehr gut modisch aufgepeppt bzw. die schönsten Teile einer Jeans weiterverwendet werden.

A

Medien:
- Unterschiedlich behandelte Jeanshosen der Schüler, z. B. dunkle Schlaghose mit Sandstrahl bearbeitet, helle bleached-washed Hose
- ein Stück Jeansstoff (neu) für Probestücke zur genauen Betrachtung
- evtl. eine Lupe
- 1 Stück Bimsstein

1. Schaue dir die verschiedenen Jeanshosen genau an und schreibe die Beobachtungen auf.
   a) Betrachte die Oberseite. Welches Muster kannst du im Gewebe erkennen?
   b) Drehe die Innenseite der Jeans nach außen. Vergleiche die Innen- und Außenseite. Welchen Unterschied stellst du fest?
   c) Schneide ein Stück Jeansstoff ab. Ziehe mehrere Kettfäden (blau) heraus und beobachte den Verlauf der Fäden. Wie kommt die helle und dunkle Seite zustande?
   d) Beschreibe das Besondere der Köperbindung. Nimm dazu die Informationen von Seite 77 zu Hilfe.

2. Mit welchen Waschverfahren wurden die Hosen wohl bearbeitet? Ordne zu!

3. Reibe mit dem Bimsstein über die Oberfläche des Stückes Jeansstoff. Was stellst du fest? Klebe das Stück Stoff auf deinen Laufzettel.

Peruanischer Bauer

Anhänger

A

Medien: Weltkarte

1. Suche auf der Landkarte das Cańete-Tal in Peru südlich von Lima.

2. Erstelle eine Tabelle, in der du den Baumwollanbau im Cańete-Tal früher und heute miteinander vergleichst.

3. Der Anteil aus kontrolliert ökologischem Anbau ist heute noch verschwindend klein. Das nebenstehende Beispiel eines T-Shirts aus kbA-Baumwolle ist ein begrüßenswerter Schritt von Textilfirmen für verantwortungsbewusstes Handeln. Mache Vorschläge, was du als Verbraucher tun kannst, damit sich ein umweltgerechter Anbau mehr durchsetzt.

Station 7: Es geht auch anders – kontrolliert biologischer Baumwollanbau

Baumwolle anzupflanzen und dabei die Umwelt zu schonen ist möglich. Ein Beispiel dafür ist das **Cańete-Tal** in der peruanischen Wüste in der Nähe von Lima. Entlang vieler Flussläufe ist die Wüste grün und fruchtbar. Dort wird Baumwolle angebaut. 100 Bauern mit ihren Familien bewirtschaften ca. 500 Hektar Land. Das entspricht ungefähr einer Größe von 750 Fußballfeldern. Zwei Textilfirmen haben sich bei diesem Projekt zusammengeschlossen und den Versuch unternommen, Baumwolle möglichst natürlich zu produzieren. Die Bewässerung geschieht auf natürliche Weise durch das Wasser des Cańete-Flusses. Ein Cańete-Bauer berichtet:

„Baumwolle ohne chemische Mittel anzubauen – das war für uns Bauern im Cańete-Tal die letzte Rettung. Früher haben wir künstlichen Dünger verwendet und das ganze chemische Zeug gegen den Baumwollblattwurm und die Zikaden. Das war ja auch eine große Arbeitserleichterung für uns. Man brauchte nur alles auf die Pflanzen zu versprühen und die Ernte besorgten die Maschinen. Aber gerade das war schlecht. Mit der Chemie haben wir unsere Flüsse vergiftet, aus denen wir auch das Trinkwasser beziehen. Viele von uns Bauern haben auch Schulden gemacht, um die Dünge- und Schädlingsbekämpfungsmittel kaufen zu können. Und die Erntemaschinen mussten auch bezahlt werden. Heute pflücken wir die Baumwolle mit der Hand. Das ist zwar mühsamer, aber für uns auch billiger. So haben es schon unsere Vorfahren gemacht. Auch die Natur hat sich erholt. Man kann unbesorgt im Fluss baden und das Wasser daraus trinken. Die Schadinsekten machen uns immer noch Sorgen. Manchmal vermehren sie sich stark, dann haben wir schon etwas Angst um unsere Ernte. Aber es gibt auch Tricks, wie man verhindert, dass sie sich zu sehr ausbreiten. Z. B. schneiden wir nach der Ernte die Sträucher ab und graben die Wurzeln aus. So können Insekten, die ihre Eier auf den Pflanzen oder an den Wurzeln abgelegt haben, gar nicht erst ausschlüpfen."

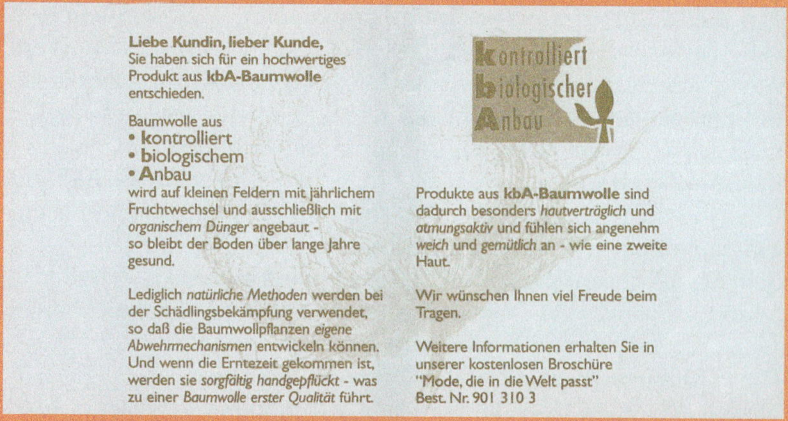

Liebe Kundin, lieber Kunde,
Sie haben sich für ein hochwertiges Produkt aus **kbA-Baumwolle** entschieden.

Baumwolle aus
- **k**ontrolliert
- **b**iologischem
- **A**nbau

wird auf kleinen Feldern mit jährlichem Fruchtwechsel und ausschließlich mit *organischem Dünger* angebaut - so bleibt der Boden über lange Jahre gesund.

Lediglich *natürliche Methoden* werden bei der Schädlingsbekämpfung verwendet, so daß die Baumwollpflanzen *eigene Abwehrmechanismen* entwickeln können. Und wenn die Erntezeit gekommen ist, werden sie *sorgfältig handgepflückt* - was zu einer *Baumwolle erster Qualität* führt.

kontrolliert biologischer Anbau

Produkte aus **kbA-Baumwolle** sind dadurch besonders *hautverträglich* und *atmungsaktiv* und fühlen sich angenehm *weich* und *gemütlich* an - wie eine zweite Haut.

Wir wünschen Ihnen viel Freude beim Tragen.

Weitere Informationen erhalten Sie in unserer kostenlosen Broschüre "Mode, die in die Welt passt"
Best. Nr. 901 310 3

Innenseiten eines T-Shirt-Anhängers

3 Der textile Rohstoff Chemiefaser

Station 1: Geschichte der Chemiefaser

Zu den menschlichen Grundbedürfnissen gehört der Wunsch sich zu kleiden. Der wachsende Wohlstand in den Industrieländern und die stark zunehmende Weltbevölkerung haben zu einer großen Nachfrage nach Textilien geführt. Der wachsende Bedarf an Textilien konnte nicht mehr durch Naturfasern gedeckt werden, da Anbau- und Weideflächen nicht beliebig erweitert werden können.
Deshalb wurden Fasern künstlich geschaffen. Vor hundert Jahren gelang es im Labor und dann in der Fabrik, Fäden künstlich herzustellen. Die ersten Chemiefasern auf Cellulosebasis waren erfunden.
1941 wurde das Patent zur Herstellung von **Polyester**, der heute wichtigsten synthetischen Chemiefaser, angemeldet. Markennamen sind z. B. Diolen, Trevira, Dacron. Ein Jahr später wurde in Deutschland die Faser **Polyacryl** erfunden. Sie erhielt den Namen „Dralon“. Eine weitere wichtige Faser ist **Polyamid** mit den Markennamen Nylon und Perlon. Alle synthetischen Chemiefasern beginnen mit **Poly...**, daran kannst du sie erkennen.

Station 2: Herkunft und Verarbeitung des Rohstoffes

- Ausgangsmaterial für die künstlich geschaffene Faser sind Erdöl oder Kohle, also begrenzte Rohstoffe, deren Vorräte irgendwann erschöpft sein werden. Allerdings werden zur Zeit nur 0,8 % der Rohölförderung für die Herstellung von Chemiefasern verwendet, also ein sehr geringer Anteil.
- Je nach Faserart werden unter Zusatz von Chemikalien verschiedene Verarbeitungssstufen durchlaufen, bis der synthetische Faserrohstoff entsteht. Bei diesen Umsetzungen fällt eine Reihe von schwer zu entsorgenden Chemikalien an. Da aber die gesamte Produktion in einem Betrieb in geschlossenen Systemen abläuft, müsste eine vorschriftsmäßige Entsorgung garantiert sein, sodass es zu einer geringen Umweltbelastung führt. Produktionsabfälle werden in der Regel sofort recycelt.
- Der so entstandene Faserrohstoff ist ein glasklares Kunstharzgranulat, das bei Temperaturen von ca. 280 Grad Celsius geschmolzen und dann versponnen wird. Die flüssige Spinnmasse wird unter Druck durch feine Spinndüsen, die einer Duschbrause ähnlich sind, gepresst. Es entstehen Fasern in unendlicher Länge. Diese müssen in kalter Luft erstarren, damit sie hart werden (Filament).
- Die endlosen Fasern werden nun gestreckt, damit sie sich später nicht mehr dehnen. Sie können sehr fein ausgesponnen werden.
- Man kann die Fasern auch zu Spinnfasern zerschneiden und sie dann wie Baumwolle verspinnen. Durch verschiedene Verfahren versucht man, die Struktur der Naturfasern nachzuahmen.
- Chemiefasern haben eigentlich eine glatte Oberfläche. Sie können aber auch künstlich gekräuselt und dadurch wollartig werden. Diesen Vorgang nennt man Texturieren (siehe Abbildung Seite 74).

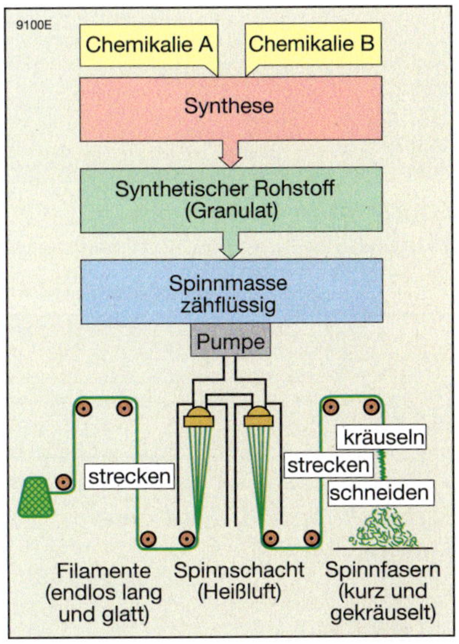

Herstellungsprozess der Synthesefasern

Chemiefasergranulat

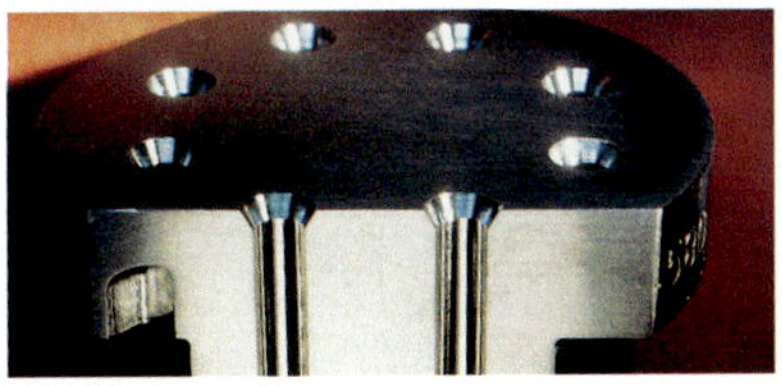

Spinndüse

Medien: Chemiefasergranulat (Bastelladen als Füllmaterial), Füllwatte aus Chemiefasern

1. Erzähle kurz die Geschichte der synthetischen Chemiefasern.

2. Beschreibe die einzelnen Verarbeitungsschritte und erläutere sie anhand der Schaubilder im Buch.

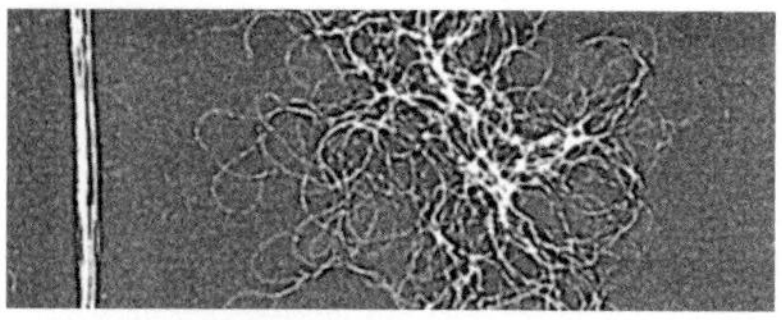

Glattes und texturiertes Filamentgarn

Mikroskopisches Bild einer Synthesefaser

A

Medien:
- Mikroskop
- Kleidung aus den verschiedenen Chemiefasern, möglichst mit Textilkennzeichnung

1. Betrachte die Vergrößerung der synthetischen Chemiefaser (glatte Spinnfaser) unter dem Mikroskop genau.

2. Zeichne eine Vergrößerung der Faser und beschreibe das Bild.

3. Sieh dir die verschiedenen Textilien aus Chemiefasern an und befühle sie. Welche Unterschiede kannst du erkennen?

4. Erstelle einen Steckbrief mit den typischen Eigenschaften der Chemiefasern:
   - Griff
   - Reiß- und Scheuerfestigkeit
   - Dehnbarkeit
   - Knitterfestigkeit
   - Feuchtigkeitsaufnahme
   - Wärmehaltevermögen
   - Witterungsbeständigkeit
   - Einsatzbereiche

Station 3: Arten und Verwendung der Chemiefasern

Chemiefasern werden unterteilt in
- **cellulosehaltige Chemiefasern**, die hauptsächlich aus Holz in Verbindung mit Chemikalien gewonnen werden und
- **synthetische Chemiefasern**, die aus Erdöl oder Kohle gewonnen werden.

Der Anteil an cellulosehaltigen Chemiefasern liegt bei 10 % der Weltproduktion. Markennamen dieser Fasern sind Viskose, Acetat, Tencal und Modal. Da sie insgesamt für Textilien keine große Bedeutung haben, wird auf diese Fasern hier nicht näher eingegangen.
Im Wesentlichen sind es vier **Gruppen von synthetischen Chemiefasern**, die in der Bekleidung eine Rolle spielen:
- **Polyester** ist mit einem Anteil von 54 % die wichtigste synthetische Faser. Sie garantiert für Oberbekleidung Formstabilität, Pflegeleichtigkeit und ein geringes Gewicht. Außerdem ist es eine reißfeste Faser. Nähgarne werden heute fast ausschließlich aus Polyester hergestellt.
- **Polyamid**, als die scheuerfesteste Faser, ist mit 16 % vertreten. Man findet sie vor allem bei allen Sportbekleidungen, bei Regenutensilien und im gesamten Fußbereich als Strumpfhosen oder als Zusätze zu allen Arten von Socken und Strümpfen. Textile Fußbodenbeläge wie Teppichböden sind ebenfalls aus Polyamid.
- **Polyacryl** hat einen Anteil von 10 %. Es ist die Faser, die sich wollähnlich herstellen lässt und für alle wolligen Artikel rein oder als Fasermischungen ihre Anwendung findet. Die Faser ist außerdem witterungsbeständig und von daher für Vorhänge, Markisen und Gartenmöbelbezugsstoffe gut geeignet.
- **Elastan** (Polyuretan) wird als Endlosfaden hergestellt und ist extrem elastisch. Er wird nur für Mischgewebe verwendet. Durch die Zugabe von Elastan bekommt ein Gewebe Stretcheigenschaften, d.h. der Stoff wird sehr elastisch und formbeständig. Elastan findet vor allem für Bade- und Sportmoden Verwendung.

Station 4: Eigenschaften der Chemiefasern

- Synthetische Chemiefasern sind strapazierfähig, einlauffest und pflegeleicht, laden aber elektrostatisch auf.
- Sie sind weich im Griff, sehr reiß- und scheuerfest.
- Die Dehnbarkeit ist sehr hoch. Sie sind knitterarm und formbeständig.
- Das Wärmehaltevermögen ist gering. Eine Ausnahme bilden die texturierten, gekräuselten Fasern.
- Die Wasseraufnahmefähigkeit ist gering. Schmutz und Feuchtigkeit können nicht in die Fasern eindringen, sie nehmen also keinen Schweiß auf. Das ist ein Nachteil, hat aber auch etwas Gutes: Synthetiks lassen sich leicht waschen und trocknen schnell.
  Die Saugfähigkeit wird erhöht durch gekräuselte Fasern.
- Gegenüber Witterungseinflüssen sind sie lichtbeständig, wetterbeständig, mottensicher und verrotten nicht!

Atmungsaktive, wind- und wasserabweisende Kleidung

Station 5: Chemiefasern mit neuen Eigenschaften

Mikrofasern: Sie werden aus Polyester oder Polyamid hergestellt. Es handelt sich dabei um Endlosfäden, die zehnmal so fein sind wie die Fäden einer Seidenraupe. 100 Mikrofasern passen in den Querschnitt eines Haares. Ein Gramm (1 g) ist mindestens 10 km lang. Aus dem Grund sind Mikrofasern extrem leicht. Sie werden zu dichten Stoffen mit feinsten Poren verarbeitet, die 3000 mal kleiner als ein Wassertropfen sind. Ein Mikrofasergewebe erfüllt erstaunlich viele Funktionen. Es bietet Schutz vor Kälte und Wind und ist außerdem wasserabweisend. Man spricht von **W-W-A = windabweisend, wasserabweisend, atmungsaktiv**. Mikrofasern sind reißfest und pflegeleicht. Sie fühlen sich seidig-weich an und sehen edel aus. Deshalb werden sie häufig für Oberbekleidung wie Jacken, Freizeit- und Sportbekleidung, für Unterwäsche und modische Textilien verwendet.

Mehrschichttextilien: Gore-Tex ist eine Membran, die häufig bei Mehrschichttextilien verarbeitet wird. Diese Kunststoffmembran ist meist aus Teflonmaterial. Sie besteht aus winzig kleinen Poren, die Luft- und Wasserdampf nach außen entweichen lassen. Wind und Regen können jedoch nicht nach innen dringen. Gore-Tex wird bei Textilien zwischen Ober- und Futterschicht eingearbeitet. Durch die Kunststoffmembran ist Gore-Tex wind- und wasserabweisend und durch die Poren gleichzeitig extrem atmungsaktiv. Gore-Tex findet für Sport- und Freizeitbekleidung sowie Schuhe Verwendung. Ein Nachteil ist, dass die Kunststoffmembran Teflon nicht verrottet, und beim Verbrennen hochgiftige Gase entstehen. Deshalb müssen abgetragene Kleidungsstücke zum Recyceln wieder an die Firma zurückgegeben werden. Beim Tragen muss man darauf achten, dass die Membran nicht durchstochen wird, da sonst Wasser eindringen kann. **Sympatex** gilt als umweltfreundlichere Alternative zu Gore-Tex. Die wasserdichte Membran besteht zu 100 % aus Polyester, das beim Verbrennen keine giftigen Gase entwickelt.

Klimafasern (Doppeltextilien): Sie bestehen auf der Innenseite aus einem luftigen Polyestergestrick, das den Schweiß an den Fasern entlang an die saugende Außenschicht aus Baumwolle ableitet. Die Baumwolle nimmt den Schweiß auf, dieser kann verdunsten und der Körper bleibt trocken. Sportbekleidung und Sportunterwäsche werden aus diesen Textilien hergestellt.

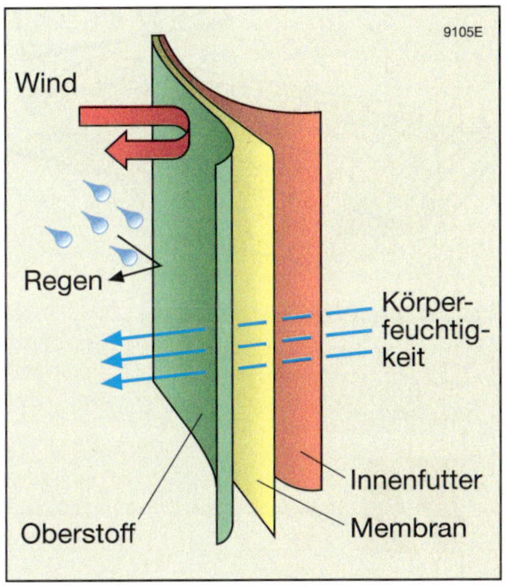

Gore-Tex

A

Medien:
Je ein Kleidungsstück aus Mikrofaser und Gore-Tex
1 Lupe

1. Schaue dir die Textilien mit der Lupe genau an und befühle sie. Vergleiche sie mit den beschriebenen Eigenschaften.
2. Überprüfe deine Sport- und Regenkleidung. Aus welchem Material besteht sie?
3. Schreibe die wesentlichen Merkmale der Mikrofasern auf.

4 Textilkennzeichnung

Verschiedene Stoffballen

Wenn ihr die Etiketten in Kleidungsstücken einmal genau anseht, werdet ihr feststellen, dass viele Textilien nicht nur aus einem Rohstoff, sondern häufig aus mehreren Rohstoffen bestehen.

Das hat verschiedene Gründe: Man kann gute Gebrauchseigenschaften verschiedener Fasern in einem Stoff kombinieren, zum Beispiel:

- die Saugfähigkeit von Baumwolle mit der Pflegeleichtigkeit der Chemiefasern, bei Hemden und Blusen,
- die wärmende Eigenschaft der Wolle mit der Haltbarkeit der Chemiefasern bei Pullovern oder Strümpfen,
- die Strapazierfähigkeit von Baumwolljeans mit der Elastizität von Elastan.

Laut **Textilkennzeichnungsgesetz** müssen alle zum Kauf angebotenen Textilien Angaben über Art und Gewichtsanteile der verwendeten textilen Rohstoffe aufweisen. Besteht ein textiler Gegenstand nur aus einem Rohstoff, so kann die Bezeichnung „100%", „rein" oder „ganz" ergänzt werden. Folgende Kennzeichnungen sind bei einem reinen Baumwollprodukt zugelassen:

100% Baumwolle	Reine Baumwolle	Ganz Baumwolle

Besteht ein textiler Gegenstand aus mehreren Rohstoffen, so unterscheidet man zwei **Kennzeichnungsvorschriften**:

1. Ein Rohstoff ist mindestens zu 85% enthalten:
Dieser Rohstoff braucht nur mit seinen Gewichtsanteilen angegeben zu werden. Die Angabe der sonstigen Rohstoffe kann unterbleiben, ist aber nicht untersagt.

90% Baumwolle	90% Baumwolle 10% Polyester	Baumwolle 85% Mindestgehalt

2. Kein Rohstoff ist zu 85% und mehr enthalten:
In diesem Fall müssen die zwei Rohstoffe mit den größten Gewichtsanteilen angegeben werden. Die übrigen Rohstoffe werden in absteigender Reihenfolge aufgeführt, ihre genauen Gewichtsanteile müssen nicht angegeben werden. Ein Textilerzeugnis besteht z.B. aus 50% Baumwolle, 30% Polyester, 20% Leinen. Folgende Kennzeichnungen sind zugelassen:

50% Baumwolle 30% Polyester Leinen	50% Baumwolle 30% Polyester 20% Leinen

Enthält ein textiler Gegenstand einen oder mehrere Rohstoffe mit Gewichtsanteilen unter 10%, so werden diese mit „sonstige Fasern" gekennzeichnet.

Achtet beim Einkauf von Textilien auf die Textilkennzeichnung. Ihr könnt davon die Stoffeigenschaften ableiten!

1. Schaut euch die Textilkennzeichnung in eurer Kleidung an.
   a) Aus welchen textilen Rohstoffen besteht sie?
   b) Wie sind die prozentualen Anteile der Fasern?
2. Erläutert die Textilkennzeichen an den Stoffballen. Für welche Verwendungszwecke sind die Stoffe geeignet?

Leinwandbindung

Maschenware

Filz

5 Unterschiedliche Arten textiler Flächen

Webwaren: Das Weben ist eine uralte Technik, um textile Flächen herzustellen.
Für die Herstellung eines Gewebes werden Kettfäden und Schussfäden miteinander verkreuzt.
Beim Handweben mit einfachen Webrahmen werden die Kettfäden senkrecht gespannt und die Schussfäden dann waagerecht mit den Kettfäden verkreuzt. Man wickelt dazu den Schussfaden auf ein Schiffchen und führt ihn abwechselnd unter einem Kettfaden hindurch bzw. darüber hinweg. An der Seite entsteht beim Umwenden eine feste Kante, die sogenannte Webekante. Die entstandene feste Bindung heißt **Leinwandbindung**. Aus ihr sind die meisten handgewebten Textilien hergestellt.
In der industriellen Fertigung gibt es dafür Webautomaten.
Eine bekannte Webart ist die **Köperbindung**, wie ihr sie beim Jeansstoff kennengelernt habt. Vor dem Weben werden die Kettfäden in ein Indigobad getaucht und erhalten die typische blaue Farbe. Bei einem echten Denim-Stoff wird nur der Kettfaden eingefärbt. Der Schussfaden bleibt weiß. Beim Weben wird der Schussfaden unter drei Kettfäden hindurch geführt und taucht über dem vierten wieder auf. Durch diese Webart sieht man auf einer Seite mehr von den Kettfäden. Das ist dann die blaue Außenseite der Jeans.
Auf der anderen Seite ist mehr von den weißen Schussfäden zu sehen. Daher ist die Innenseite der Jeans heller. Wenn ihr euch einen Jeansstoff genau anschaut, werdet ihr feststellen, dass er ein diagonales Muster hat. Dieses Muster entsteht, weil der Schussfaden bei jeder neuen Reihe um einen Kettfaden versetzt eingewebt wird. Durch diese Webart wird das Gewebe dicht und strapazierfähig (vgl. Seite 71).

Maschenwaren: Beim Stricken werden aus einem fortlaufenden Faden Maschen gebildet. Miteinander verschlungen ergeben diese Maschen den Stoff, auch Jersey genannt, oder den textilen Gegenstand, z. B. T-Shirts, Pullover, Strümpfe. Durch unterschiedliche Maschenarten werden Muster gebildet. Maschenwaren sind besonders weich, anschmiegsam und elastisch.

Verbundstoffe: Neben Vlies, bei dem Fasern oder Fäden verschweißt oder verklebt werden, ist der bekannteste Verbundstoff **Filz**. Dieser wird durch Walken von Wollfasern unter Einwirkung von warmer Seifenlauge hergestellt.Dadurch entsteht eine dicke und dichte Fläche. Textilien aus Filz wie Jacken, Mützen, Hüte und Hausschuhe wärmen besonders gut und sind wasser- und windabweisend.

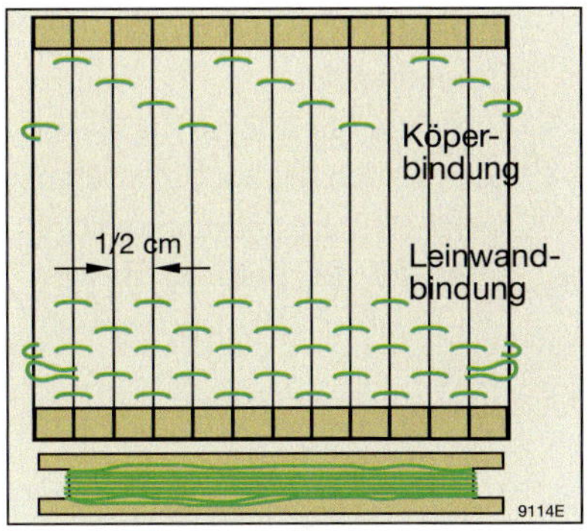

Leinwand- und Köperbindung

A

Medien: 4 Stoffproben:
Leinwandbindung, Köperbindung, Maschenware, Filz
Lupe oder Fadenzähler

1. Vergleicht Webware, Maschenware und Filz
   a) in ihrem Aussehen.
   b) in ihrem Griff.

2. Versucht
   a) eine Leinwandbindung
   b) evtl. eine Köperbindung
   nachzuweben.
   Fertigt euch dazu aus Pappe (Postkartengröße DIN A6) einen kleinen Webrahmen und ein kleines Schiffchen an.

3. Filzt aus Rohwolle eine kleine Fläche. Legt dazu die Wollfasern dachziegelartig zu einer Fläche, zwei Lagen in entgegengesetzter Richtung. Verreibt Seifenlauge an der Oberfläche so lange, bis diese geschlossen und fest wird.

Vorschlag für die Anlage eines Laufzettels:
- Schreibt die Bezeichnung der Stationen auf die linke Seite in einer Spalte untereinander.
- Daneben schreibt ihr die Ergebnisse der Versuche in zwei Spalten für Baumwolle und Chemiefasern.
- Ganz rechts könnt ihr dann noch zu den beiden Rohstoffen geeignete Verwendungszwecke aufgrund der herausgefundenen Eigenschaften zusammentragen.

6 Vergleich der Trage- und Pflegeeigenschaften von Baumwolle und Chemiefasern

1. Hinführung: Bekanntmachung mit der Arbeitsaufgabe
Nachdem wir die typischen Eigenschaften der Rohstoffe Baumwolle und synthetische Chemiefasern herausgearbeitet haben, wollen wir nun die beiden Rohstoffe als textile Flächen genauer unter die Lupe nehmen, die Rohstoffe in Versuchen bestimmen und ihre Gebrauchseigenschaften näher kennenlernen und vergleichen.

2. Erarbeitung: Erläuterung der Stationen und des Laufzettels
- Lest euch die Versuchsanleitung zur jeweiligen Station durch.
- Ihr könnt die Stationen in Einzel- oder Partnerarbeit bearbeiten. Tragt die Beobachtungsergebnisse auf dem Laufzettel ein.
- Ihr könnt je nach Zeit und Interesse alle Versuche durchführen, aber auch arbeitsteilig nur ein bis zwei Versuche bearbeiten und anschließend als Experten den Mitschülerinnen und Mitschülern eure Untersuchungsergebnisse vorstellen.
- An jeder Station findet ihr in ausreichender Anzahl die Materialien, die auf der Versuchsanleitung genannt sind. Lasst die untersuchten Gewebeproben für eine spätere Vorstellung der Ergebnisse an den Stationen liegen.

3. Sicherung: Überprüfung der Ergebnisse des Laufzettels
Wertet eure Beobachtungen im Klassengespräch an den Stationen aus und vergleicht die Ergebnisse. Ergänzt mögliche Verwendungszwecke der beiden Rohstoffe. Überprüft die Ergebnisse mit den Angaben in euren erstellten Steckbriefen zu den Rohstoffen.

Station 1: Rohstoffbestimmung

Materialien: Teelichter, Streichhölzer, Zeitung als Unterlage, 2 gleichlange Fäden aus Baumwolle und Chemiefaser, z. B. Häkel- oder Strickgarn, ca. 20 cm lang

Versuchsanleitung (Brennprobe): Halte die Garnstücke ca. 5–6 cm von der Hand entfernt kurz seitlich in die Flamme. Vorsicht! Verbrennungsgefahr.

Beobachtung:

	Baumwolle	Chemiefaser
Wie brennt die Flamme und wie lange brennt sie? Z. B. brodelnd, ruhig, flackernd, schnell, langsam		
Wie riecht der Ascherückstand?		
Wie sieht der Ascherückstand aus?		

Station 1

Station 2: Saugfähigkeit

Materialien: 2 gleichgroße Maschenwarenproben Baumwolle und Chemiefaser
1 Pipette, 1 Glas mit Wasser

Versuchsanleitung: Gib mit der Pipette jeweils 1 Tropfen Wasser auf beide Stoffe.

Beobachtung: Beobachte, welcher Stoff das Wasser schneller aufsaugt.

Ergebnis: Notiere das Ergebnis auf deinem Laufzettel.

Station 3: Wärmehaltevermögen

Materialien: 2 gleichgroße Maschenwarenproben Baumwolle und Chemiefaser

Versuchsanleitung: Lege nacheinander beide Stoffe je 1 Min. zwischen die Handflächen.

Beobachtung: Überprüfe, welcher Stoff wärmt.

Ergebnis: Notiere das Ergebnis auf dem Laufzettel.

Station 4: Scheuerfestigkeit

Materialien: 2 gleichgroße Gewebeproben aus Baumwolle und Chemiefaser
Bimsstein oder Schmirgelpapier

Versuchsanleitung: Scheuere nacheinander kräftig auf den Gewebeproben.

Beobachtung: Welcher Stoff scheuert mehr auf?

Ergebnis: Notiere das Ergebnis auf dem Laufzettel.

Station 5: Knitterverhalten

Materialien: 2 gleichgroße Gewebeproben Baumwolle und Chemiefaser

Versuchsanleitung: Nimm die Gewebeproben in die Hände, drücke sie einige Sekunden fest zusammen und lege sie auf den Tisch.

Beobachtung: Welcher Stoff knittert mehr?

Ergebnis: Notiere das Ergebnis auf dem Laufzettel.

Versuche zu Trageeigenschaften

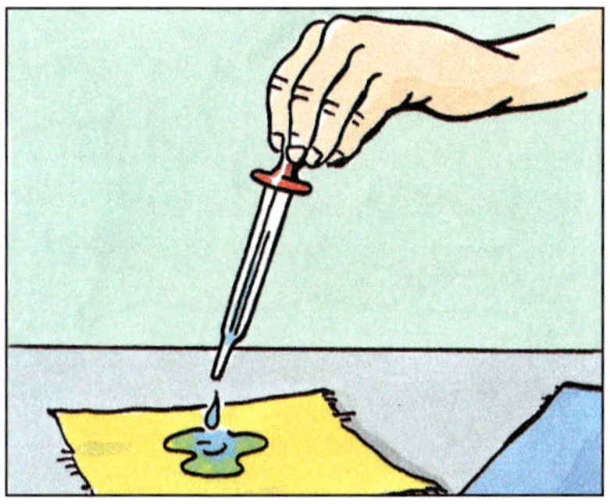

Station 2

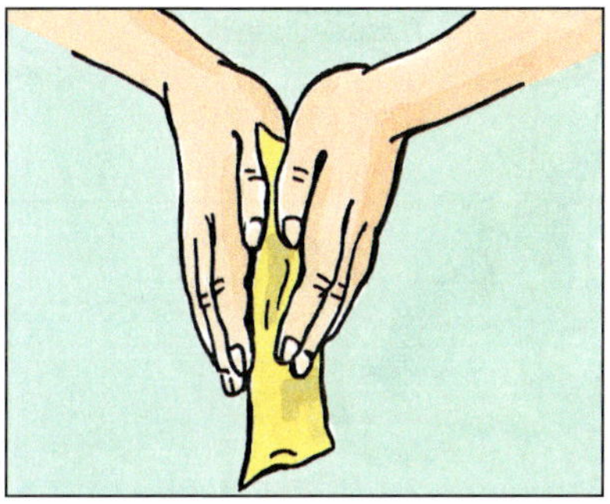

Station 3

Station 4

Station 5

Station 6

Station 7

Versuche zu Pflegeeigenschaften

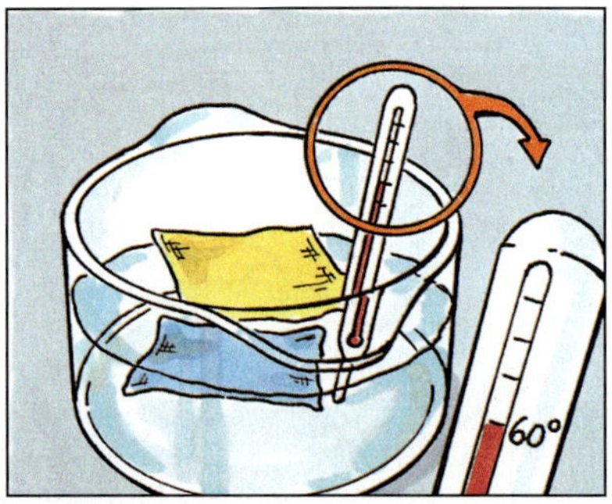

Station 8

Station 9

Station 6: Dehnbarkeit

Materialien: 2 gleichgroße Gewebeproben aus Baumwolle und Chemiefaser

Versuchsanleitung: Dehne die Gewebeproben in Längs-, Quer- und Schrägrichtung.

Beobachtung: Welcher Stoff dehnt sich mehr?

Ergebnis: Notiere das Ergebnis auf dem Laufzettel.

Station 7: Reißfestigkeit

Materialien: 2 gleichlange Fäden aus Baumwolle und Chemiefaser

Versuchsanleitung: Zerreiße die Garnstücke zwischen den Händen.

Beobachtung: Welches Garn reißt eher?

Ergebnis: Notiere das Ergebnis auf dem Laufzettel.

Station 8: Waschbarkeit

Materialien: 2 gleichgroße Gewebeproben aus Baumwolle und Chemiefaser
Kochtopf, Herdplatte, Kochlöffel

Versuchsanleitung: Erhitze die beiden Gewebeproben in einem Topf mit Wasser bis 60 °C und bewege sie 5 Min. darin.

Beobachtung: Wie verändert sich das Gewebe?

Ergebnis: Notiere das Ergebnis auf dem Laufzettel.

Station 9: Bügelfestigkeit

Materialien: 2 gleichgroße Gewebeproben aus Baumwolle und Chemiefaser

Versuchsanleitung: Bügele beide Gewebeproben bei 2 Punkten (Wolle) und 3 Punkten (Baumwolle).

Beobachtung: Wie verändert sich das Gewebe?

Ergebnis: Notiere das Ergebnis auf dem Laufzettel.

7 Verantwortungsbewusster Umgang mit Textilien

7.1 Textilverbrauch bei uns und anderswo

Der Textilverbrauch pro Kopf ist zu einem Gradmesser des Wohlstandes und Anspruchsdenkens eines Volkes geworden.
1985 wurden in Indien 2,2 kg Textilien pro Jahr verbraucht, in Deutschland waren es 19,7 kg, die USA lagen mit 23,8 kg an der Weltspitze. 1994 waren wir mit 26,1 kg an der Weltspitze vor den USA mit 26 kg. Der weltweite Durchschnitt lag bei 8,1 kg.
Inzwischen wird unser Verbrauch mit über 27 kg angegeben, mit immer noch steigender Tendenz.
Insgesamt rechnet man damit, dass sich der gesamte Weltbedarf an Textilien in den nächsten Jahrzehnten vervielfachen wird.
Solange der Textilkonsum ein individuelles Problem war, wurde nicht weiter darüber nachgedacht. Erst die Erkenntnis, dass damit zunehmend ökologische und soziale Folgen verbunden sind, lässt den Verschleiß zu einem gesellschaftlichen Problem mit öffentlichem Interesse werden.

Junge Konsumprofis

Mein Handy! Meine Designerjeans! Mein Computerspiel! Kinder in Deutschland haben mehr Geld in der Tasche als je zuvor, so das Ergebnis der aktuellen Kids Verbraucheranalyse des Egmont Ehapa-Verlages.
Die jungen Konsumenten sind häufig schon erfahrene Konsum-Profis mit ausgeprägten Vorlieben für bestimmte Marken und Produkte. Mit dem wachsenden Interesse der Kids am Konsum sind Kinder und Jugendliche auch zu einer bedeutenden Zielgruppe für die Werbeindustrie geworden. Kinder haben ein immer größeres Bedürfnis, ihre Einkäufe und Investitionen individuell zu tätigen, um sich damit von den Erwachsenen abzugrenzen. Der Konsum ist dabei gepaart mit einem hohen Markenbewusstsein. Die Marke ist besonders wichtig bei Turnschuhen, gefolgt von Rucksäcken/Taschen und Bekleidung. Mit dem Tragen eines ganz bestimmten Markenprodukts ist der Wunsch verbunden, soziale Anerkennung und Prestige in einer Gruppe zu finden. Zugleich steht aber auch das Gefühl im Vordergrund, die Persönlichkeit durch ausgewählte Markenprodukte zu stärken und auszudrücken.
Doch Trends gerade bei Kleidung wechseln sehr schnell und dadurch kommt es oft dazu, dass „alte" Kleidung, die nicht mehr aktuell ist, weggegeben wird, oft bevor sie zerschlissen ist. Kleidung wird heutzutage in den meisten Fällen nicht mehr durch mehrere Hände gereicht, bevor sie weggeworfen wird, sondern der Weg gleich zu einer Altkleiderspende ist wesentlich kürzer.

Nach: Hamburger Abendblatt, 08.08.2007 (6,5 Milliarden! Was deutsche Kinder kaufen) Welt, 08.08.2007 (Junge Konsumprofis) Kids Verbraucheranalyse 2007

A

1. Führt eine Umfrage in der Klasse durch:
   - Wie viel Geld gebt ihr im Jahr für Kleidung aus?
   - Woher erfahrt ihr, was „in" ist?
   - Was passiert mit eurer Kleidung, wenn ihr sie nicht mehr tragt?

2. Diskutiert in der Klasse die Pressemitteilung „Junge Konsumprofis"
   - Warum ist der Textilverbrauch bei uns so hoch?
   - Welche Folgen hat der hohe Konsum?

3. Macht Vorschläge, was ihr dagegen tun könnt.

Die Textile Kette

7.2 Der lange Weg unserer Kleidung – die Textile Kette

Deutschland ist zum weltweit zweitgrößten Textilimporteur geworden. Zwei Drittel aller Bekleidungsartikel und Textilien, die bei uns gekauft werden, stammen aus ausländischer Produktion. Die meisten Baumwollkleidungsstücke haben bereits eine halbe Weltreise hinter sich, wenn sie bei uns auf dem Ladentisch liegen. Diesen Produktions- und Transportweg nennt man die „Textile Kette".

Sie beginnt mit dem Anbau der Baumwolle und endet auf Kleiderstangen und in Regalen der Kaufhäuser, Jeansläden und Boutiquen.

Dazwischen liegen viele Arbeitsschritte, in deren Verlauf das zukünftige Kleidungsstück, z. B. eine Jeans, oft eine Reise von mehr als 50.000 Kilometern kreuz und quer über den Erdball zurücklegt.

Hier ein Beispiel dafür, welche Stationen eine Jeans auf ihrer Weltreise durchlaufen könnte:

Los geht es mit dem Auftrag einer Firma in Deutschland an eine Fabrik auf den Philippinen, die Jeanshosen näht. Diese beauftragt die Fabrik mit der Herstellung von 5.000 Jeanshosen. Bis dahin ist in Sachen Jeans aber einiges passiert …
Kasachstan: Hier wächst die Baumwolle auf großen Plantagen.
Türkei: Die Baumwolle aus Kasachstan wird zu Garn gesponnen.
Taiwan: In der Färberei wird das Garn gefärbt: entweder in blau oder jeder anderen beliebigen Farbe.
Polen: Die Weberei stellt aus dem Baumwollgarn der Türkei den Jeansstoff her.
Frankreich: Hier werden die Waschanleitungen, Nieten usw. produziert.
Philippinen: Schneider nähen die Jeans mit Knöpfen und Niete aus Frankreich zusammen.
Griechenland: Die Jeans wird z. B. mit Bimssteinen gewaschen, um einen bestimmten Look zu erzielen.
In **Deutschland** wird die Jeans verkauft und vom Käufer getragen.

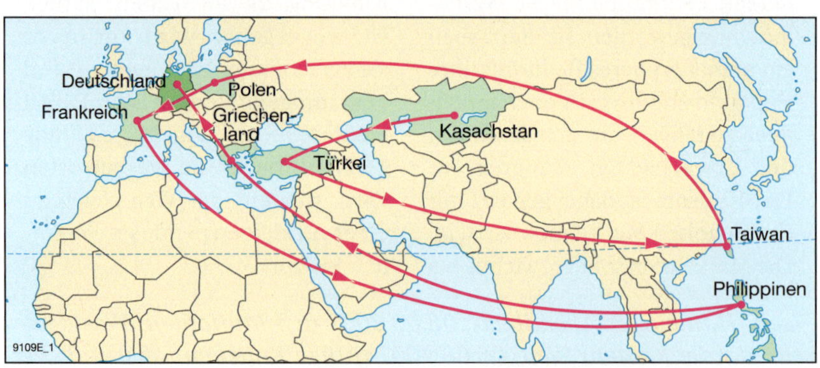

Der lange Weg einer Jeans nach www.e-globalisierung.org

1. Verfolgt auf einer Weltkarte die einzelnen Stationen der Textilen Kette und nennt dazu die Arbeitsschritte, die in den Ländern ausgeführt werden.

2. Findet Gründe, wie es kommt, dass unsere Kleidung die halbe Welt bereist, ehe wir sie endlich kaufen können.

3. Warum sind gleich so viele Länder an der Herstellung einer einfachen Jeans beteiligt?

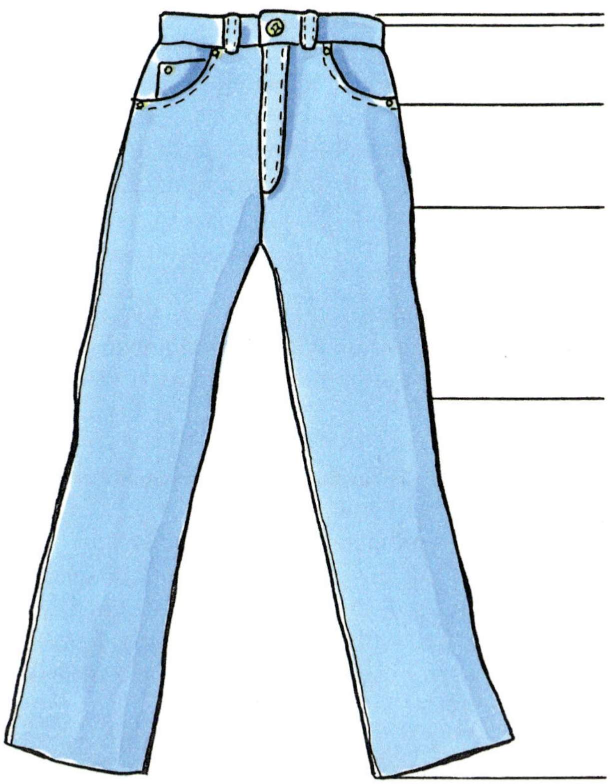

ca. 1 % Löhne (z. B. für das Zuschneiden, Nähen)

11 % Gebühren, Transport

13 % Materialkosten

25 % Forschung, Entwicklung, Design

50 % Einzelhandel (Personalkosten, Ladenmiete, Verwaltung, Gewinn)

Preiszusammensetzung für eine Jeanshose, die in Asien hergestellt wurde

Soziale und ökologische Folgen unseres Textilkonsums

Durch den „Umweg" von 50.000 km können die Produktionskosten für unsere Jeans und andere Kleidung gesenkt werden. Die Lohnkosten in Deutschland sind zu hoch für die vielen preiswerten Textilien, die wir für unsere ständig wechselnde Mode benötigen.

Vom Verkaufspreis einer Jeans bekommen die Arbeiterinnen, die sie herstellen, nur etwa 1 % Lohn. Und wo bleibt der Rest?

Eine Jeans, die im Laden 75 Euro kostet, wird in ca. einer halben Stunde genäht. In Deutschland bekommt eine Näherin dafür ungefähr 4 Euro. Zu viel, denn Näherinnen in Osteuropa und Asien sind viel billiger, dort bekommen sie 50 Cent pro Jeans. Für die Textilkonzerne in Deutschland also ein gutes Geschäft.

Die Näherinnen in der fernöstlichen Textilindustrie arbeiten im Akkord, sechs Tage in der Woche, 12 Stunden am Tag. Einen Kündigungsschutz gibt es nicht. Auch für die dortigen Verhältnisse ist die Entlohnung so gering, dass die ganze Familie, Kinder eingeschlossen, arbeiten muss, um den Lebensunterhalt zu verdienen.

Der Transport mit Bahn und Schiff ist noch relativ umweltfreundlich. Lange Strecken werden jedoch per Lkw oder Flugzeug zurückgelegt. Das führt zu einem hohen Energieverbrauch und zu einer Schadstoffbelastung unserer Umwelt (siehe auch Seite 71). Die ökologischen Folgekosten, die Umweltschäden, die durch den Kleidertransport entstehen, werden wir früher oder später teuer bezahlen müssen.

1. 1 % des Jeanspreises für die Löhne der Arbeiterinnen!
   Wer verdient an der Produktion der Jeans am meisten? Warum wohl?

2. Erkundigt euch in Geschäften nach Marken und Preisen.
   Wie teuer ist die billigste/teuerste Jeans? Gibt es Preisunterschiede bei derselben Marke in verschiedenen Geschäften?

3. Führt eine Umfrage bei den Mitschülerinnen und Mitschülern in der Klasse durch:
   - Wie häufig kauft ihr euch eine neue Jeans?
   - Wie viel Geld gebt ihr dafür in der Regel aus?
   - Gibt es Unterschiede bei Mädchen und Jungen?

Öko-Label

„Faire Kleidung" – eine Lösung des Problems?
Faire Kleidung meint gerecht produzierte Kleidung. Bei der Herstellung in den Billiglohnländern müssen folgende Kriterien beachtet werden:

Umweltverträglichkeit
- Rohstoffe (Rohbaumwolle) aus kontrolliert biologischem Anbau
- umweltfreundliche Herstellung der Kleidung (mit wenig Einsatz von Chemie, wenig Energie- und Stromverbrauch)
- langlebige Kleidung mit hoher Qualität und guter Verarbeitung
- möglichst kurze Transportwege

Gesundheitsschutz der Arbeiterinnen
- keine gesundheitsschädlichen Pestizide im Baumwollanbau
- keine krebserregenden, Allergie auslösenden, ätzenden Farben und Hilfsmittel

Sozialverträglichkeit
- Existenz sichernde Entlohnung, Einhaltung der Arbeitszeiten, keine Kinderarbeit
- Einhaltung von Gesundheits- und Sicherheitsvorschriften

Woher weiß man, welche Kleidung fair hergestellt wurde? Sogenannte **„Öko-Label"** geben Auskunft, z. B. **Naturtextil**: Das Zeichen wird vom internationalen Verband der Naturtextilwirtschaft vergeben. Die Textilfirmen müssen dafür strenge Vorgaben erfüllen. Alle Schritte der Textilen Kette werden auf Umwelt- und Sozialverträglichkeit geprüft.

A

1. Nach allem, was ihr jetzt über die Herstellung in Billiglohnländern wisst: Wann ist Kleidung für euch „faire", also gerechte Kleidung?
2. Erkundigt euch in Geschäften nach Öko-Marken und Labels für Textilien. Fragt nach, was dahinter steckt.
3. Diskutiert: Welchen Mehrpreis wärt ihr bereit für eure Kleidung auszugeben, wenn es sich dabei um „faire" Kleidung handeln würde?
4. Führt die einzelnen Phasen eines Kaufentscheidungsprozesses für den Kauf eines T-Shirts durch. Notiert, wie ihr vorgegangen seid. Für welches T-Shirt hättet ihr euch entschieden? Begründet!

7.3 Verantwortungsvoller Kauf von Textilien

Stellt euch vor, ihr wollt euch ein neues T-Shirt kaufen. Was könnt ihr tun, um die Umwelt nicht so zu belasten und soziale Gerechtigkeit zu fördern? – Beim Kauf von Textilien kritisch und planvoll vorgehen! Solch einen planvollen Kauf kann man in mehrere Schritte unterteilen:

1. Problemphase – Bedürfnisse erkennen
Zunächst heißt es, eure Bedürfnisse zu erkennen, d. h. zu überlegen, welche Fragen für euch wichtig sind. Solche Fragen können sein:
- Welche Anforderungen stelle ich an das T-Shirt in Bezug auf Aussehen, Material, Qualität, Umweltverträglichkeit, Gebrauchsnutzen?
- Wie viel Geld steht mir zur Verfügung und welches Angebot gibt es in der Preislage?
- Welche Marken kommen infrage?
- Welche Einkaufsmöglichkeiten bieten sich mir?

2. Informationsphase – Welche Informationen benötige ich?
Um die Fragen zu Punkt 1 beantworten zu können, müsst ihr euch Informationen beschaffen. Informationsquellen können sein: persönliche Beratung in Fachgeschäften, sachkundige Freunde und Bekannte, Informationsmaterial z. B. über faire Kleidung in Textilfachgeschäften, Eine-Welt-Läden, Naturtextilläden, Versandkataloge.

3. Entscheidungsphase – wie entscheide ich mich?
Wenn schließlich nach allem Abwägen die Entscheidung gefallen ist, müsst ihr euch überlegen, wo ihr am günstigsten kaufen könnt.

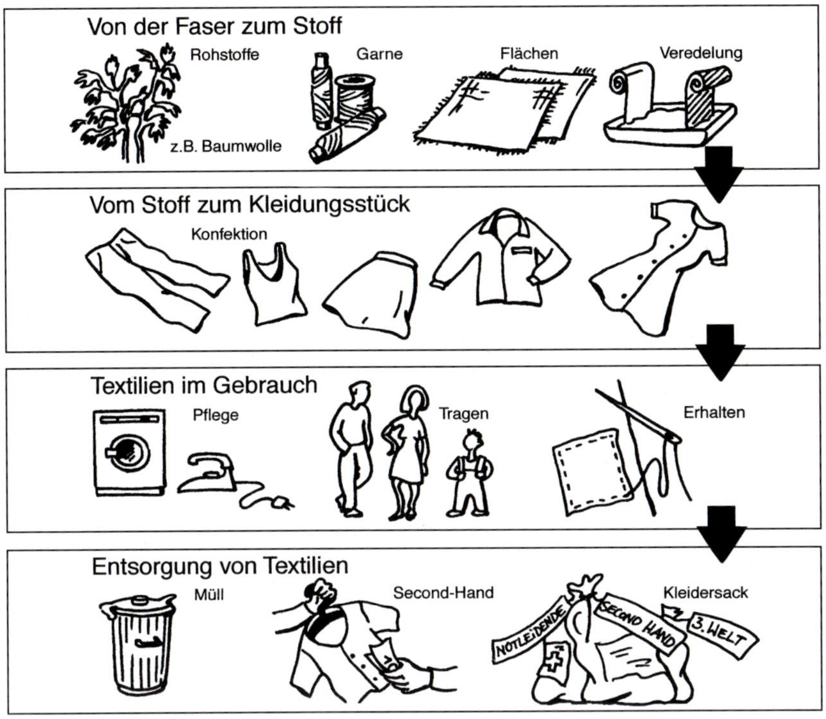

Alle Stufen der Textilen Kette beachten!
Es bringt für einen verantwortungsbewussten Umgang mit Textilien sehr viel, wenn wir die beiden ersten Stufen der Textilen Kette – von der Faser zum Stoff, vom Stoff zum Kleidungsstück – nach sozialen und ökologischen Gesichtspunkten kritisch betrachten und beim Kauf entsprechend berücksichtigen. Das reicht aber nicht aus.
Die Deutschen sind, wie ihr bereits erfahren habt, Vizeweltmeister im Textilkonsum. Von den 27 kg Textilien pro Kopf und Jahr werden 17–20 kg als Kleidung, 7–9 kg als Haus- und Heimtextilien verbraucht. Diese Menge wird irgendwann wieder weggegeben. Rund 870.000 Tonnen Altkleider und Schuhe fallen pro Jahr in Deutschland an. Im Durchschnitt gibt jeder Bundesbürger 15 Kleidungsstücke jährlich zur Altkleidersammlung. Die meisten Menschen haben dadurch ein gutes Gewissen. Doch was passiert mit den abgelegten Kleidern und Schuhen?
Ein großer Teil unserer Altkleiderspenden wird von Zwischenhändlern an die Länder der dritten Welt und nach Osteuropa verkauft. Dorthin also, wo sie eigentlich herstammen. Weil unsere gespendete Kleidung gegenüber der einheimisch hergestellten viel billiger ist, schadet sie der Textilindustrie in der Dritten Welt. Im Sinne eines verantwortungsbewussten Umganges mit Textilien muss es also das Ziel sein, den hohen Textilverbrauch zu verringern und Textilien möglichst in guter Qualität zu kaufen und durch sachgemäße Pflege und Instandhaltung lange zu gebrauchen. Abfallvermeidung ist die umweltfreundlichste Lösung!
Wir wollen uns im Folgenden mit den beiden letzten Stufen, dem Gebrauch und der Entsorgung von Textilien näher befassen, um auch hier ein kritisches Verbraucherbewusstsein zu entwickeln und Hilfen für die praktische Umsetzung zu erhalten.

A

1. Begründet: Warum hört die Textile Kette für den Verbraucher nicht beim fertigen Produkt auf, sondern muss den Gebrauch und die Entsorgung der Textilien mit berücksichtigen?

2. Schaut zu Hause in euren Kleiderschrank:
   Wie viele Kleidungsstücke besitzt ihr ungefähr?
   Wenn ihr Lust habt, erstellt eine Liste von allen Sachen.

3. Fragt eure Eltern und Großeltern:
   - Wie sah der Inhalt ihrer Kleiderschränke aus, als sie in eurem Alter waren?
   - Wie häufig wurde neue Kleidung angeschafft?
   - Was passierte mit abgetragener Kleidung?
   - Was hat sich geändert? Woran liegt das eurer Meinung?

7.4 Gebrauchswerterhaltung von Textilien

Sachgemäße Pflege mithilfe internationaler Pflegekennzeichnung
Der Gebrauchswert von Textilien kann zum Teil durch eine sachgemäße Pflege erhalten werden. Beim Waschen, Bügeln, Reinigen und Trocknen sollte man die Pflegekennzeichnung beachten.
Neben der Textilkennzeichnung, die für jeden textilen Gegenstand gesetzlich vorgeschrieben ist (siehe Seite 87), beruht die Pflegekennzeichnung auf freiwilligen und nicht kontrollierten Angaben der Hersteller.
In den meisten Textilien sind aber neben den prozentualen Angaben der Rohstoffe die Pflegesymbole im Etikett mit aufgeführt.

Die internationale Pflegekennzeichnung ermöglicht die Anwendung geeigneter Waschverfahren und dem Rohstoff entsprechenden Bügeltemperaturen.
Die Pflegekennzeichen sollten auch beim Einkauf von Textilien beachtet werden. Nicht jedes Material ist gut zu pflegen und muss zur Reinigung gegeben werden. Das verursacht zusätzliche Kosten und belastet die Umwelt durch den Einsatz von chemischen Reinigungsmitteln.

A

1. Erläutert die Pflegesymbole.

2. Schreibt die Pflegekennzeichnung von einem Kleidungsstück auf, das ihr heute tragt.
   Achtet darauf, ob alle fünf Angaben vorhanden sind.

3. Stellt die Pflegekennzeichnungen für das Waschen und Bügeln folgender Textilien zusammen:
   a) flauschiger Wollpullover
   b) Küchenhandtuch
   c) T-Shirt
   d) pflegeleichte Bluse aus Polyester

ARBEITSGEMEINSCHAFT PFLEGEKENNZEICHEN FÜR TEXTILIEN IN DER BUNDESREPUBLIK DEUTSCHLAND

Frankfurter Straße 10-14 • 65760 Eschborn • Telefon (06196) 966-261 • Telefax (06196) 4 21 70

Symbole für die Pflegebehandlung von Textilien

Stand: Mai 2005 **© by Arbeitsgemeinschaft Pflegekennzeichen**

WASCHEN (Waschbottich)	95	95	60	60	40	40	40	30	30	30		
	Normal-waschgang	Schon-waschgang	Normal-waschgang	Schon-waschgang	Normal-waschgang	Schon-waschgang	Spezial-schon-waschgang	Normal-waschgang	Schon-waschgang	Spezial-schon-waschgang	Hand-wäsche	nicht waschen

Die **Zahlen** im Waschbottich entsprechen den **maximalen Waschtemperaturen**, die nicht überschritten werden dürfen. – Der **Balken** unterhalb des Waschbottichs verlangt nach einer (mechanisch) **milderen Behandlung** (Schonwaschgang). Er kennzeichnet Waschzyklen, die sich zum Beispiel für pflegeleichte und mechanisch empfindliche Artikel eignen. Der **doppelte Balken** kennzeichnet Waschzyklen mit weiter minimierter Mechanik, z.B. für Wolle.

BLEICHEN (Dreieck)	Chlor- und Sauerstoffbleiche zulässig	nur Sauerstoffbleiche zulässig/ keine Chlorbleiche	nicht bleichen

BÜGELN (Bügeleisen)	heiß bügeln	mäßig heiß bügeln	nicht heiß bügeln Vorsicht beim Bügeln mit Dampf	nicht bügeln

Die Punkte kennzeichnen die Temperaturbereiche der Reglerbügeleisen.

PROFESSIONELLE TEXTILPFLEGE (Reinigungstrommel)	P	P	F	F	
					keine Chemischreinigung möglich

Die **Buchstaben** sind für den Chemischreiniger bestimmt. Sie geben einen Hinweis auf die in Frage kommenden **Lösemittel**.
Der **Balken** unterhalb des Kreises verlangt bei der Reinigung nach einer **Beschränkung** der mechanischen Beanspruchung, der Feuchtigkeitszugabe und/oder der Temperatur.

W	W	W	
			keine Nassreinigung möglich

Dieses Symbol kann Artikel kennzeichnen, die im **Nassreinigungsverfahren** behandelt werden können.
Es wird als zweite Zeile **unter dem Symbol für die Chemischreinigung** angebracht.
Die **Balken** unterhalb des Kreises verlangen bei der Nassreinigung nach einer **Beschränkung** der mechanischen Beanspruchung (siehe Waschen).

TUMBLER-TROCKNUNG (Trockentrommel)	Trocknen mit normaler thermischer Beanspruchung	Trocknen mit reduzierter thermischer Beanspruchung	Trocknen im Tumbler nicht möglich

Die Punkte kennzeichnen die Trocknungsstufe der Tumbler (Wäschetrockner).

L & P / 2843

A

1. Schlagt Möglichkeiten der Instandsetzung für folgende Kleidungsstücke vor:
   - Jeans hat einen aufgerissenen Saum,
   - Pullover hat eine dünne Stelle am Ellenbogen,
   - Sportjacke hat einen Riss am Ärmel,
   - Knopf ist an der Strickjacke lose.

2. Erprobt selbstständig die dargestellten Ausbesserungstechniken an textilen Gegenständen oder an einem Stück Stoff anhand der Arbeitsanleitungen.

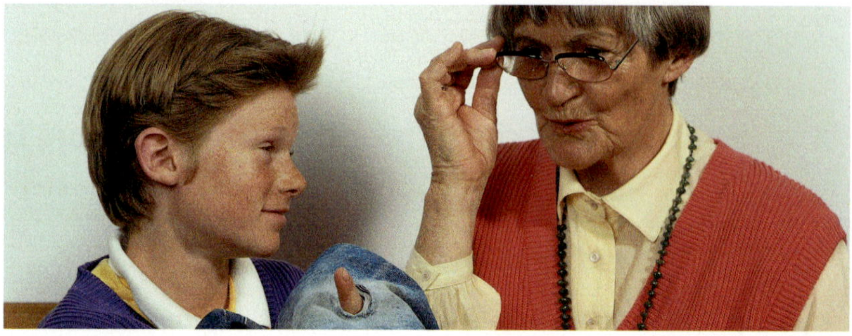

Oma weiß Rat

Gebrauchswerterhaltung durch Reparatur und Änderung
Kleidungsstücke werden durch den Gebrauch früher oder später schadhaft, unmodern, zu klein oder groß. Sie können oft mit einem geringen Arbeitsaufwand ausgebessert bzw. verändert werden.
Beim Reparieren von Textilien wird der ursprüngliche Zustand wieder hergestellt oder leicht verändert. Bei kleinen Schäden wie abgerissenen Knöpfen, geplatzten Nähten, abgerissenen Säumen, Taschen und Aufhängern oder kleinen Löchern und Rissen lohnt sich auf jeden Fall eine Instandsetzung.
Bei größeren Reparaturen wie Reißverschlüsse in Jacken erneuern oder Änderung von Kleidung ist zu überlegen, ob sich die Ausgaben für die Vergabe an eine Änderungsschneiderei lohnen.

Ausbesserung von Textilien – Ratschläge für die Praxis

Stopfen per Hand
Handstopfen ist bei kleinen Schäden an Textilien angebracht, besonders bei Strickwaren, z. B. Socken, dünn gewordenem Stoff, z. B. am Knie einer Jeanshose, kleinen Löchern oder Rissen z. B. in Handtüchern.

Arbeitsschritte:

1

Die Kanten werden mit der Schere begradigt, so dass ein rechteckiges Loch entsteht.

2

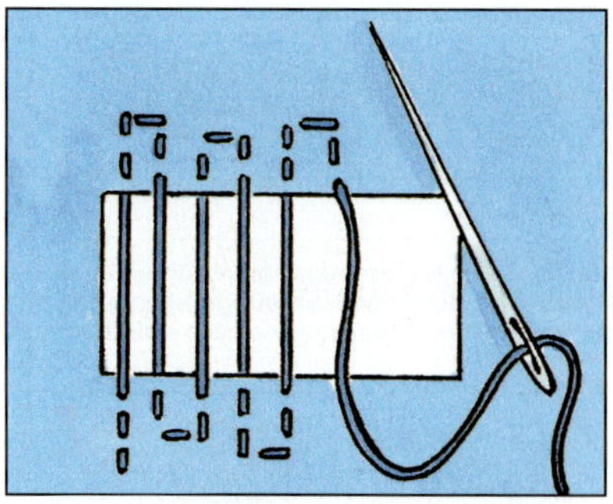

Einen Kettfaden spannen, dabei jeweils 1 bis 2 cm in den Rand hineinarbeiten.

3

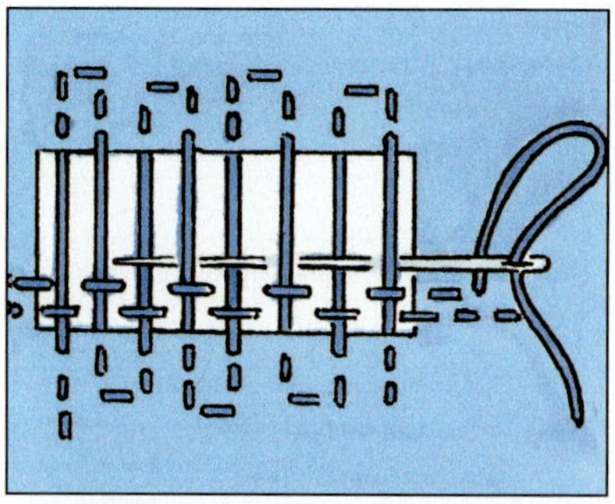

Quer zum Kettfaden nun den Schussfaden einziehen. Dieser wird abwechselnd unter und über dem Kettfaden entlanggeführt.

Stopfen mit der Maschine
Wenn eine Nähmaschine vorhanden ist, lohnt sich das Maschinenstopfen bei kleinen Löchern an Haushaltswäsche oder zerschlissenen Teilen an einer Hose oder Jacke.

Arbeitsschritte:

1

Stoff mit der schadhaften Stelle fadengerade in einen Stopfrahmen spannen, Rahmen unter den Stopffuß legen.

2

Parallel zum Fadenlauf die Nählinie durch Schieben des Stopfrahmens ausführen, am Ende einen Stich in Querrichtung und die zweite Nählinie in entgegengesetzter Richtung ausführen.

3

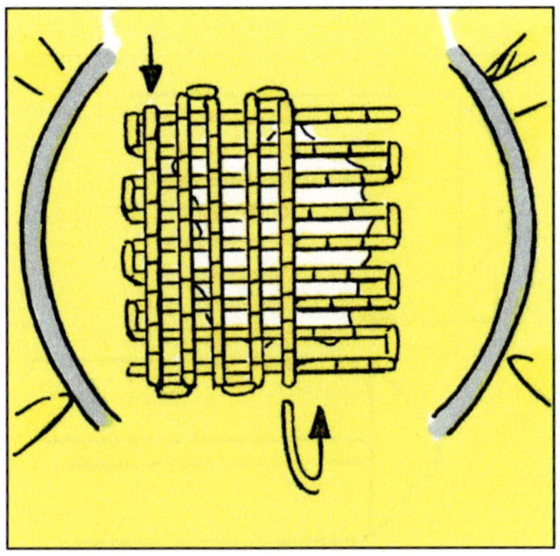

In Querrichtung den gleichen Stopfvorgang ausführen.

Flicken - Aufnähen von Stoffteilen
Flicken lohnt sich bei größeren Löchern, Rissen oder dünnen Stellen bei Haushaltswäsche, Hosen oder Jacken.

Arbeitsschritte:

1

Ein Quadrat, Rechteck oder Motiv für den Flicken auf ein Stück Papier zeichnen. Der Flicken muss 2–3 cm größer als die auszubessernde Stelle sein.

2

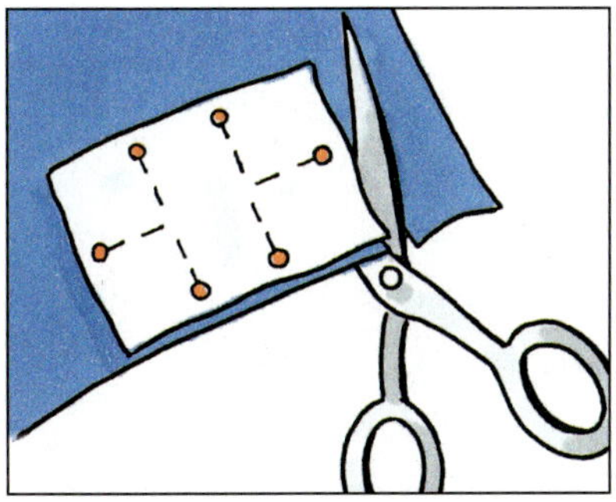

Papierschnitt für den Flicken auf einen passenden Stoff im Fadenlauf stecken, aufzeichnen und ausschneiden.

3

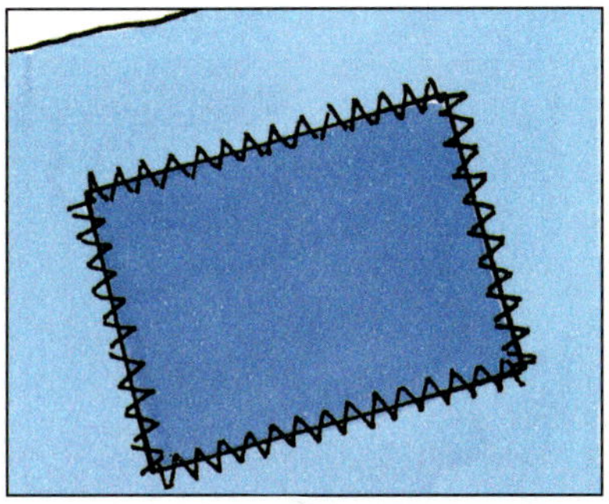

Flicken auf die schadhafte Stelle stecken oder heften und mit einem Zick-Zack-Stich mit der Nähmaschine an der Schnittkante umnähen.

Annähen von Aufhängern

Aufhänger an Handtüchern, Waschlappen, Jacken reißen bei häufiger Benutzung leicht aus und lassen sich schnell und einfach mit der Hand mit einem Handsteppstich oder mit der Nähmaschine mit einem Gradstich reparieren.

Arbeitsschritte:

1

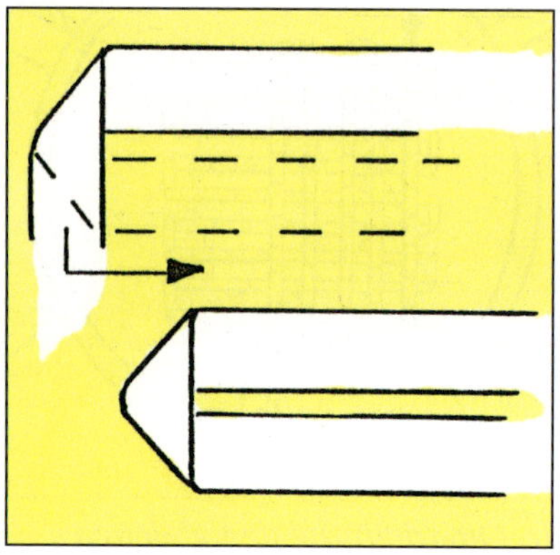

Ein Leinenband falten und evtl. in Form bügeln.

2

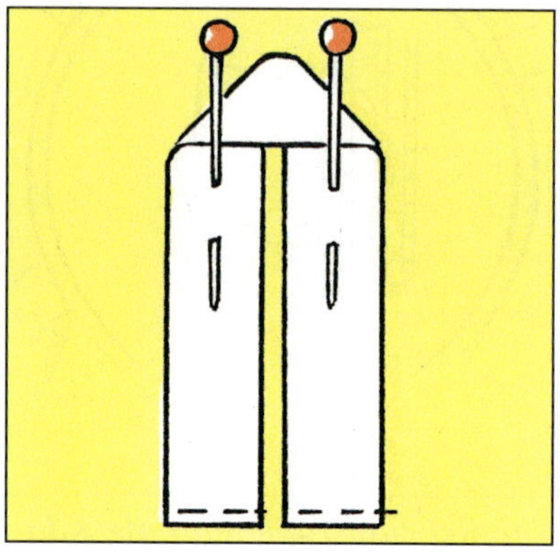

Den Aufhänger mit den Schnittkanten bis an die Stoffkante schieben und feststecken.

3

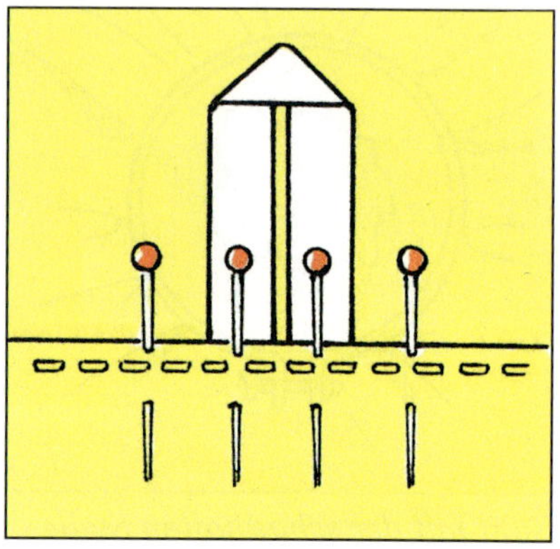

Die Stoffkante zweimal zum Saum umschlagen (Saumbreite 1 cm). Den Saum feststecken und knappkantig mit der Maschine übernähen.

Annähen von Knöpfen

Maschinell angenähte Knöpfe lösen sich leider sehr schnell, da sie selten am Fadenende gut vernäht sind und der Faden rausgezogen werden kann.

Arbeitsschritte:

1

Den Nähfaden an der Annähstelle befestigen.

2

Den Nähfaden vier- bis fünfmal durch die Löcher des Knopfes und den Stoff führen.

3

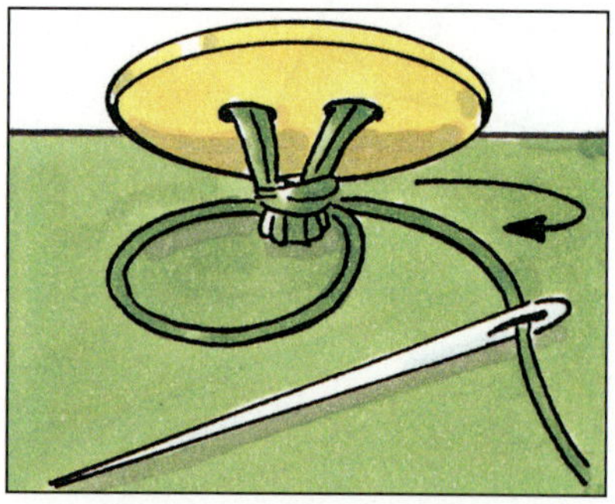

Die Fäden zwischen Knopf und Stoff mehrmals umwickeln. Den Faden auf der Rückseite vernähen und abschneiden.

7.5 Was wird aus unserer alten Kleidung?

Altkleidercontainer

Große Geschäfte mit dem „guten Zweck“

„Wenn ich die Jacke nicht mehr anziehe, kann sich wenigstens jemand darüber freuen.“ Mit dieser Begründung misten viele ihre übervollen Kleiderschränke aus und geben die ausrangierten Kleidungsstücke in die Altkleidersammlung. Doch es wird nicht jedes gespendete Teil an Bedürftige weitergegeben. Schon allein deshalb nicht, weil Kleidersammlungen, der Abtransport der Kleider und das anschließende Sortieren Geld kosten. Unsere Altkleider werden von **Hilfsorganisationen** wie dem Deutschen Roten Kreuz, den Johannitern, dem Malteser Hilfsdienst u.a. gesammelt. Sie geben einen Großteil der gespendeten Kleider kostenlos an Bedürftige weiter. Neben diesen Hilfsorganisationen sammeln aber auch **gewerbliche Sammler** alte Kleider und Schuhe. „Sammlungen für einen guten Zweck“ erwecken den Eindruck, dass sie für Menschen in Not bestimmt sind. Die Spenden gehen aber nur zu einem kleinen Teil an Hilfsorganisationen. Die restliche Sammelware wird für viel Geld ins Ausland, oft nach Afrika oder Osteuropa verkauft. Dadurch gehen z.B. in Afrika Tausende von Arbeitsplätzen in der Textilindustrie verloren. Traditionelle Handwerksberufe wie Weber, Färber, Drucker verschwinden und mit ihnen die typischen Trachten dieser Länder. Ein Teil der Kultur geht verloren. Doch auch die Altkleidersammlungen der Hilfsorganisationen führen zu Problemen, denn meistens werden nicht alle Textilien an arme Menschen verteilt. Dafür sind die eingesammelten Altkleiderberge viel zu groß. Der Überschuss wird an gewerbliche Sammler verkauft. Den Erlös verwenden die Hilfsorganisationen zur Finanzierung ihrer Projekte. Nicht mehr tragbare Kleidung wird zur Weiterverwendung an Rohstoffverwerter verkauft. Von da aus werden sie weiterverarbeitet, z.B. zu Putzlappen, Kammgarn oder Isoliermaterial. Die beste Verwendung für tragfähige Altkleidung und Altschuhe ist die direkte Weitergabe an bekannte, hilfsbedürftige Personen.

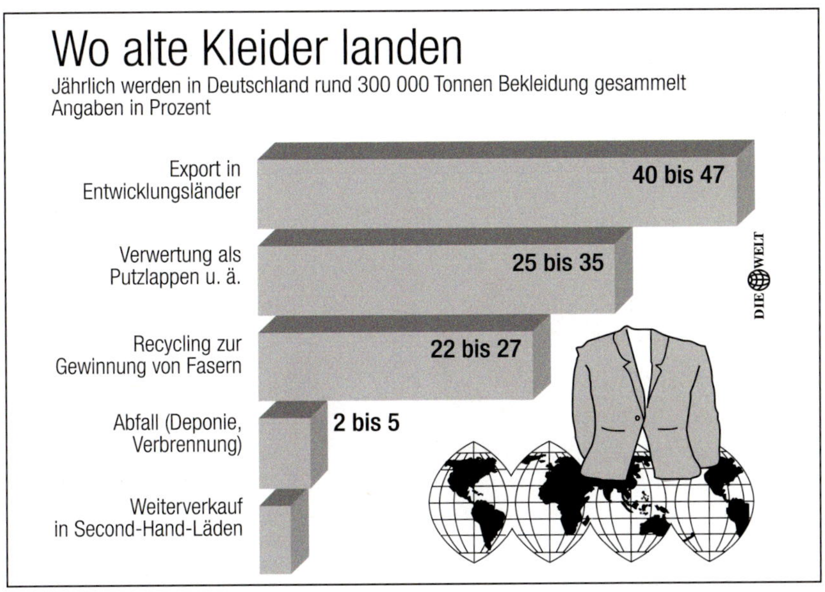

A

1. Stellt fest, von welcher Hilfsorganisation die Altkleider-Container in eurer Umgebung aufgestellt worden sind.
2. Fragt bei einer Hilfsorganisation nach, was mit den Kleidern geschieht.
3. Schreibt die „Biografie“ eines Kleidungsstückes, das im Altkleider-Container landet.
4. Schreibt auf, wie Kleidung für euch sein soll, worauf ihr Wert legt, z.B. praktisch, modisch usw.

Weiterverwendung ist besser als Wiederverwertung

Kreative Ideen für die Weiterverwendung gebrauchter Textilien

Was ist eine Mind-Map?

Eine Mind-Map ist eine geordnete Stoffsammlung. Man kann sie zum Gliedern, Ideenfinden, Zusammenfassen usw. benutzen. Es werden Gedanken, Ideen zu einem Thema gesammelt. Dabei werden Wörter, Begriffe aufgeschrieben und diese mit Zeichnungen oder kleinen Grafiken kombiniert. Zumeist wird ein Begriff, der ein Problem oder Thema umreißt, in den Mittelpunkt gestellt. Um dieses Zentrum entsteht eine Art Landkarte des Gedachten. Bedeutsame Inhalte werden von weniger wichtigen Bereichen optisch durch Haupt- und Unteräste unterschieden und Beziehungen, Verzweigungen verdeutlicht.

Wie erstellen wir eine Mind-Map?

1. Wir befestigen ein großes Blatt Papier, am besten Packpapier, an einer Pinnwand.
2. Wir schreiben unser Thema in die Mitte des Blattes und kreisen es ein, z. B. Weiterverwendung gebrauchter Textilien.
3. Nun können wir auf extra Zetteln/Kärtchen zunächst Begriffe/Ideen ungeordnet zum Thema sammeln.
4. Jetzt überlegen wir uns drei bis fünf Überschriften, die wir in Großbuchstaben mit dicken Stiften in unterschiedlichen Farben auf die Hauptäste schreiben, z. B. Produktideen für gebrauchte Textilien, Materialien, Werkzeuge, Kenntnisse.
5. An die Unteräste eines Hauptastes werden nun die gesammelten Ideen/Begriffe geschrieben, die wir der Überschrift zuordnen können, z. B. zu Materialien: Skizze, Schnitt, gebrauchte Jeans, Druckknöpfe, Garn, Reißverschluss.
6. Die Unteräste gestalten wir dann mit unterschiedlichen Farben, Schriften (am besten Druckschrift) und Symbolen.
7. Zeichnet nicht zu viele Unteräste, damit die Stoffsammlung übersichtlich bleibt.
8. Dreht das Blatt beim Schreiben so, dass alle Begriffe gut zu lesen sind.

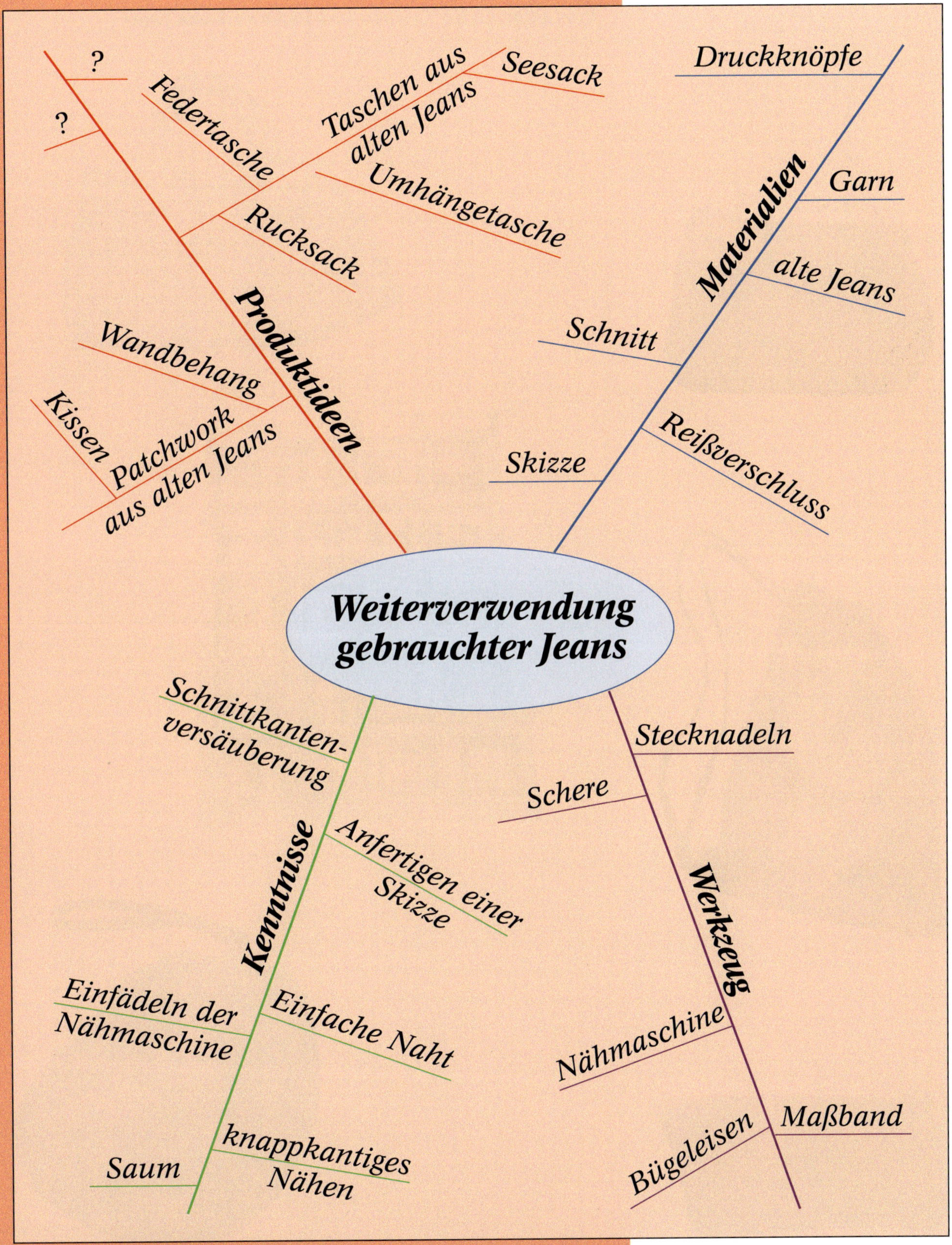
Weiterverwendung gebrauchter Jeans
Produktideen
?
?
Federtasche
Taschen aus alten Jeans
Seesack
Umhängetasche
Rucksack
Wandbehang
Kissen
Patchwork aus alten Jeans
Materialien
Druckknöpfe
Garn
alte Jeans
Schnitt
Skizze
Reißverschluss
Kenntnisse
Schnittkanten-versäuberung
Anfertigen einer Skizze
Einfädeln der Nähmaschine
Einfache Naht
knappkantiges Nähen
Saum
Werkzeug
Stecknadeln
Schere
Nähmaschine
Maßband
Bügeleisen

Produktideen für Taschen und Patchwork aus Jeans

1. Erstellt mit eurer Lerngruppe eine eigene Mind-Map zum Thema „Weiterverwendung gebrauchter Textilien“.

2. Hier sind einige Produktideen zur Weiterverwendung von gebrauchten Jeans zu Taschen und Patchwork aufgezeigt. Sie sind nur als Anregungen gedacht. Findet eigene Ideen und setzt sie im praktischen Werkstattunterricht um.

Münzen und Banknoten in Euro

8 Die Rolle des Geldes beim Kauf von Gütern

8.1 Was ist Geld?

Geld als Rechen- und Tauschmittel

Uwe und Jens sind sich fast einig: Uwe hat genau das handsignierte Fußballtrikot, das Jens gerne möchte, Jens dafür ein Rad, das Uwe gefällt. Sie wollen miteinander tauschen, sind sich aber noch nicht einig, ob beide Gegenstände gleich viel wert sind – schließlich will keiner der beiden ein schlechtes Geschäft machen. Uwes Schwester beendet den Streit der beiden: „Ihr geht am besten in ein Fachgeschäft und lasst eure Gegenstände schätzen, dann wisst ihr, was sie wert sind."

Die beiden folgen dem Rat. Im Geschäft sagt der Verkäufer ihnen: „Das Rad schätze ich auf 150 Euro." Aus dem Internet erfahren die Freunde, dass das Fantrikot 125 Euro wert ist. Die beiden werden sich jetzt schnell einig. Jens bietet an: „Du gibst mir dein Trikot und, weil du mein Freund bist, 15 Euro und ich gebe dir dafür mein Rad." „Topp, der Handel gilt."

Geld ist Rechen- und Tauschmittel

Die kleine Geschichte zeigt, welchen Stellenwert Geld im täglichen Leben einnimmt. In unserem Beispiel ist das Rad 150 Euro wert, das Fantrikot 125 Euro. Über das **Rechenmittel** Geld können wir also unterschiedlichste Güter miteinander vergleichen.
Zugleich ist das Geld **Tauschmittel**. Jens tauscht sein Fahrrad teilweise gegen Geld; in der Regel tauschen wir täglich Güter gegen Geld. Du tauschst, wie viele andere Kunden, beim Bäcker Backwaren gegen Geld, dagegen tauscht der Bäcker beim Fotohändler eine Kamera ein usw. Wir sehen: Durch Geld sind alle Güter miteinander vergleichbar und die Menschen sind bereit Güter gegen Geld zu tauschen, weil sie wissen, dass sie für dieses Geld wiederum andere Güter bekommen.

Geld als Zahlungsmittel

Anne fährt mit ihren Eltern regelmäßig in den Winterferien in das Riesengebirge zum Ski fahren. Sie ist ganz begeistert von der herrlichen Landschaft, der teilweise noch unberührten Natur und den Wintersportmöglichkeiten in Tschechien. Als sie sich in diesen Winterferien erkältete und in einem Textilgeschäft einen Schal kaufen wollte, sagte ihr die Verkäuferin – natürlich auf Tschechisch, das Anne auch verstand: „Nein, Euro nehme ich nicht, hier musst du mit Kronen bezahlen."

Geld als Zahlungsmittel

Die Verkäuferin hätte auch Euro nehmen können, aber sie muss es nicht, denn in Tschechien ist die Tschechische Krone bei Barzahlungen gesetzliches Zahlungsmittel, genau wie bei uns in Deutschland der Euro. Hier sind seit 2002 die Euro-Banknoten und -Münzen gültiges Zahlungsmittel.

Es kann vorkommen, dass die Währung eines Landes ihre Funktion als Zahlungsmittel verliert. Das geschieht immer dann, wenn die Bevölkerung ihr Geld nicht mehr als Tauschmittel annimmt, es also nicht mehr allgemein anerkannt ist, weil der Wert rapide fällt. So war es z. B. nach dem Zweiten Weltkrieg bis zur Währungsreform 1949. Die Reichsmark war zwar Zahlungsmittel, getauscht wurde aber weiterhin auf der Basis der „Zigarettenwährung". So kostete das Pfund Butter zwischen zwanzig und dreißig Zigaretten. Für das gesetzliche Zahlungsmittel konnte man das kaufen, was es auf Bezugmarken gab sowie Güter und Leistungen, die staatliche Stellen anboten, z. B. Strom und Fahrkarten.

Geld ist Wertaufbewahrungsmittel

Geld als Wertaufbewahrungsmittel

Oma Irmgard ist passiert, was man immer wieder in der Zeitung liest. Sie hatte zwei Trickbetrügerinnen die Tür geöffnet. Während die eine Oma Irmgard ablenkte und sich von ihr etwas im Wohnzimmer zeigen ließ, hatte die andere Zeit, die Küche zu durchsuchen. Sie fand schnell Omas „todsicheres" Versteck unter dem Geschirrkasten. „Ich wollte mir doch nur etwas für später aufheben", klagte sie. „Aber Oma", sagte Christian, „ich spare doch auch, aber mein Geld für ein Campingzelt liegt auf der Sparkasse, da bekomme ich sogar noch Zinsen."

Omas Verhalten zeigt genau wie das von Christian, wie Geld noch verwendet wird: als Wertaufbewahrungsmittel. Geld kann nicht verderben und der Wert, den es darstellt, kann später in Güter umgesetzt werden: in ein Zelt, wie Christian plant, oder als Notgroschen für später, wie Oma Irmgard es vorhatte. Hier werden zwei weitere Eigenschaften des Geldes deutlich. Geld muss wertbeständig sein und leicht aufbewahrbar.

Geld kann aber auf andere Weise „verderben". Wenn du heute für deine Sportschuhe 50 Euro bezahlst und genau ein Jahr später für die gleichen Schuhe genau 55 Euro, dann hat das Geld an Wert verloren, und zwar 10 %. Die Kaufkraft deines Geldes ist gesunken, es gab eine Inflation.

A

1. Geld ist ein Wert für verschiedene Gegenstände und deshalb ein geeignetes Tauschmittel. Könnt ihr euch andere Tauschmittel vorstellen? Welche würdet ihr akzeptieren?

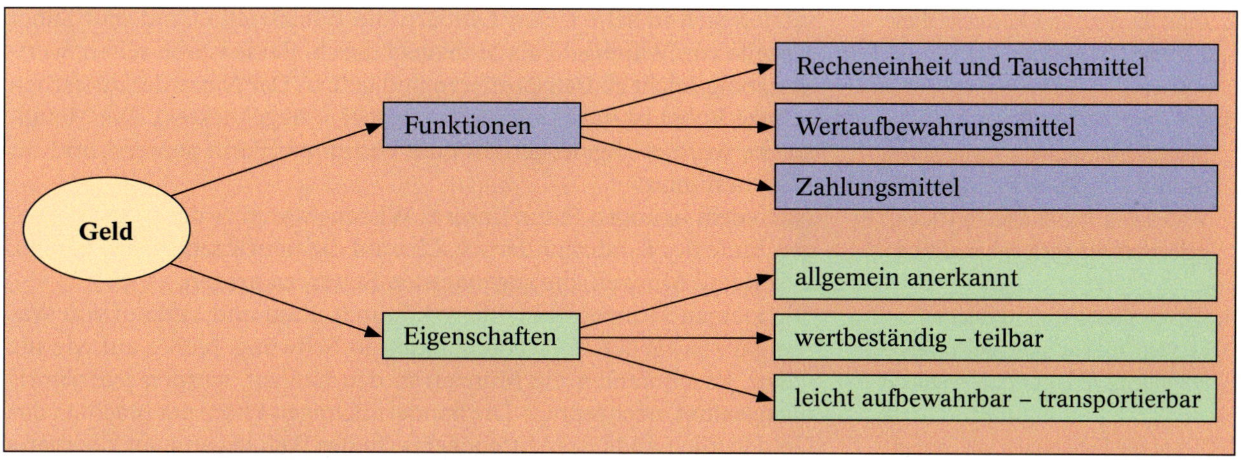

Funktionen und Eigenschaften des Geldes

8.2 Die Entwicklung des Geldes

Ein Römer bezahlt mit Denaren (Ware gegen Geld)

Lydische Stater

Tauschhandel in grauer Vorzeit

Geld wurde nicht erfunden wie beispielsweise die Glühlampe oder das Telefon. Es entwickelte sich im Laufe der Menschheitsgeschichte. Irgendwann einmal begannen die Menschen untereinander Handel zu treiben.

Wir stellen uns den Vorgang heute so vor, dass ein Familienmitglied besondere Freude z. B. an der Herstellung von Waffen oder Haushaltswaren wie Töpfen hatte und im Laufe der Zeit eine ausgeprägte Geschicklichkeit darin entwickelte. Das sprach sich bei den anderen Sippen herum und die wollten nun auch diese Waffen oder Töpfe besitzen. Da sich unser Handwerker auf eine spezielle Tätigkeit konzentrierte, konnte er nicht mehr zur Jagd gehen oder Früchte sammeln. Er verlangte deshalb von den Interessenten seiner Waren z. B. Teile von deren Jagdbeute als Bezahlung. Diesen Naturaltausch nannte man **Warentausch**.

Die Arbeitsteilung nahm weiter zu und die Menschen begannen Handel zu treiben. Sie tauschten Nahrungsmittel gegen Werkzeuge oder gegen Vieh. Das brachte jedoch einige Schwierigkeiten mit sich. So benötigte beispielsweise ein Mann gerade einen Pflug und wollte dafür ein Schwein geben. Etwas anderes hatte er nicht zu tauschen. Aber derjenige, der einen Pflug herzugeben hatte, wollte kein Schwein, er brauchte ein Kalb. Also musste der Mann so lange suchen, bis er jemanden fand, der ihm dafür einen Pflug geben wollte. Außerdem wusste beim Tauschen keiner so genau, was die eine oder andere Sache wert war.

In fast allen Kulturen gab es Güter, die von allen geschätzt wurden, z. B. Perlen, Muscheln oder auch Salz. Sobald man über diese Güter verfügte, konnte man mit einer entsprechenden Anzahl andere Güter dafür eintauschen. In gewisser Weise hatten sie also die Bedeutung von Geld. Weil dieses Geld zugleich Ware war, nennt man dieses Geld auch **Warengeld**.

Die ersten Münzen

Als die Menschen aus dem Erzgestein Metalle schmelzen konnten, setzten sich in sehr vielen Ländern die Edelmetalle Gold und Silber anstelle von Warengeld als Münzgeld durch. Beide waren selten, wertbeständig, leicht zu transportieren und teilbar. Der Name der russischen Münze Rubel ist davon abgeleitet (Rubel = Abgehacktes). Die Metallstücke wurden abgewogen, in eine bestimmte Form gepresst und ihr Wert bestimmt.

Nach dem heutigen Stand unseres Wissens waren es die Lyder, die gegen Ende des 8. Jahrhunderts v. Chr. auf die umwälzende Idee kamen, aus Metall Münzen, die sogenannten Stater, zu prägen.

Die kleinen Münzen erleichterten Tausch, Kauf und Verkauf von Waren ganz erheblich. Der Handel kam in Schwung, blühte auf wie nie zuvor. Rasch kamen die Münzen in den Umlauf, wurden andernorts nachgeahmt, nachgeprägt. Die handelstüchtigen Phönizier brachten das Geld in alle Lande des Mittelmeeres. In der Welt begann der Übergang vom Tauschhandel zur Geldwirtschaft.

A

1. Kaufen heißt, einer Ware einen bestimmten Wert zuzuordnen. Welche Schwierigkeiten mussten z. B. die „alten“ Germanen bei ihren Tauschgeschäften überwinden, die ja noch kein Geld kannten?
2. Zählt die Vor- und Nachteile dieser Art von Tausch auf.
3. Die Menschen fanden eine Möglichkeit die Nachteile zu umgehen und die Vorteile zu genießen: das Warengeld. Nennt andere Warengeldarten, die euch bekannt sind.
4. Welche dieser Warengeldarten können als Nutzgeld, welche als Schmuckgeld bezeichnet werden?
5. Nennt die Funktionen, die Warengeld übernimmt.

Der Übergang zum Papiergeld
Die lydischen Könige Gyges und Krösus garantierten mit ihrem aufgestempelten Siegel dafür, dass die Münzen immer von gleich bleibender Qualität waren. Der aufgedruckte Nennwert entsprach ganz dem Metallwert der Münzen (Kurantmünze). Deshalb wurden die Münzen nicht mehr gewogen, sondern nur noch gezählt.
Manche Herrscher prägten jedoch unterwertige Münzen, wenn sie sehr viel Geld brauchten. Das heißt, die Münzen waren zu leicht oder es wurde kein reines Gold oder Silber verwendet. Auch Geldfälscher arbeiteten so. Daher ließen die Händler die Münze „springen“, um am Klang und an der Art des Springens zu erkennen, ob die Münze echt oder falsch war. Für den Transport waren größere Mengen des Münzgeldes unhandlich und auch sehr gefährlich. Schon aus der Ferne konnte man erkennen, wenn jemand viel Geld bei sich trug – ein Vorteil für die Räuber! Darum erfand man etwas anderes.
Im 16. Jahrhundert wurde in Schweden Papiergeld (bei den chinesischen Kaufleuten bereits im 7. Jahrhundert n. Chr.) eingeführt. Es entwickelte sich aus Quittungen („Noten“), die von Geldwechslern und Banken als Beleg für hinterlegtes Münzgeld ausgehändigt wurden. Das war auch in Deutschland der Fall. Einer der ältesten Geldscheine ist ein „Reichs-Thaler“, der 1772 in Dresden als „Churfürstlich-Sächsisches Cassen-Billet“ ausgeben wurde. Das besondere daran ist, dass jedes Kassenbillet von Hand unterschrieben und auch die Seriennummern handschriftlich eingetragen wurden. Das Kassenbillet war ein Staatspapier.
Papiergeld hatte aber nur dann Wert, wenn man es jederzeit wieder in Gold umtauschen konnte; es wurde durch Geld „gedeckt“. Ein solches Geldsystem wurde als **Goldwährung** bezeichnet. Es musste immer so viel Gold vorhanden sein, wie Geld im Umlauf war. Dies war noch mit der Goldmark des deutschen Reiches bis zum Ersten Weltkrieg 1914 der Fall.
Heute beruht die Geldwährung in allen Ländern nicht mehr auf Gold, sondern auf der Wirtschaftskraft des Volkes. Der Geldwert drückt sich in der Menge aus, die man für eine bestimmte Summe kaufen kann (Kaufkraft des Geldes). Münzgeld existiert neben Papiergeld.
Bei den heute gebräuchlichen Münzen (Scheidemünzen) ist der aufgeprägte Wert höher als der stoffliche Metallwert. Papiergeld hat praktisch keinen Stoffwert mehr. Ein 100-Euroschein ist zwar 100 Euro wert, aber nur im Sinne des Wertes als Zahlungsmittel, nicht im Sinne eines Stoffwertes. Bei der Abwicklung von Tauschprozessen wird Geld heute ausschließlich wegen seiner geldlichen Eigenschaften benötigt. Die Voraussetzung für die allgemeine Akzeptanz stoffwertlosen Geldes ist allerdings, dass das Geld seinen Wert behält.

Reichsbanknoten von 1910

Das Gemälde aus dem 16. Jahrhundert zeigt einen flämischen Geldwechsler mit seiner Frau. Sie kontrollieren mit der Waage den Gehalt an Edelmetallen.

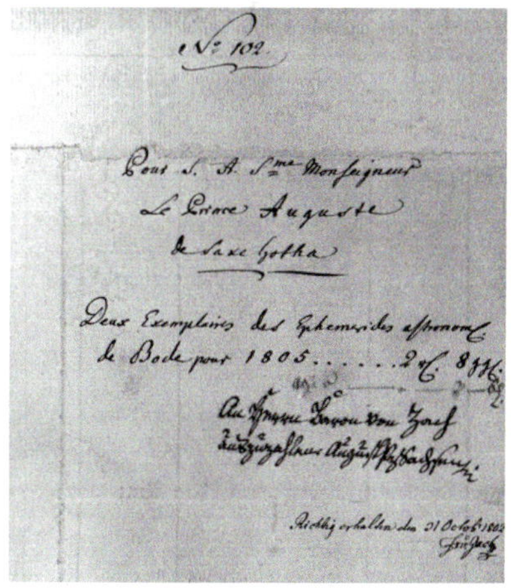
№ 102
Pour S. A. S.me Monseigneur
Le Prince Auguste
de Saxe Gotha
Deux Exemplaires des Ephemerides astronom.
de Bode pour 1805

„Churfürstlich-Sächsisches Cassen-Billet“

1. Wer war bei den Lydern berechtigt Münzen auszugeben?

2. Welche Vorteile ergaben sich aus dem Recht der Ausgabe von Münzen?

Münzenrückseiten von Cent bzw. Euro unterschiedlicher Länder

Unser heutiges Bargeld – der Euro

Im Jahr 2002 wurden in 12 europäischen Ländern neue Münzen und Banknoten eingeführt: der Euro. In allen Ländern der EWU (Europäischen Währungsunion) gilt die gleiche Währung. Von den derzeit 27 Mitgliedstaaten der Europäischen Union haben insgesamt 15 Länder den Euro eingeführt (Belgien, Deutschland, Finnland, Frankreich, Irland, Österreich, Slowenien, Portugal, Spanien, Luxemburg, Niederlande, Italien, Griechenland, Malta und Zypern). Im Euroland leben rund 310 Millionen Menschen, die sich inzwischen an die neue Währung gewöhnt haben.

Die Euromünzen

Bei allen Cent- und Euromünzen ist die Vorderseite europäisch einheitlich. Sie zeigt den eigentlichen Wert der Münze an. Auf der Rückseite hat jedes Land besondere Prägungsmerkmale. Diese Motive sind meist länderspezifisch. Hintergrund der Aufteilung in eine europäische und eine nationale Seite ist eine Regelung im Maastrichter Vertrag.
Dort wird die Zuständigkeit für die Münzausgabe – anders als bei den Banknoten – in erster Linie den Mitgliedstaaten zugeordnet. So ist auf den 50-Cent-Münzen von Deutschland das Brandenburger Tor und auf denen der Niederlande die Königin Beatrix zu sehen.

Beim neuen Geld wurde der Verbraucherschutz groß geschrieben. Die Cent- und Eurostücke sind leicht zu handhaben und zu erkennen. Sie unterscheiden sich deutlich in Größe, Gewicht, Farbe und Dicke. Ebenfalls wurde auf Initiative des Europäischen Parlaments der Gesundheitsschutz verbessert: Auf das umstrittene Nickel, das bei vielen Menschen Allergien auslösen kann und das bisher in drei Viertel aller Legierungen enthalten war, wird weitgehend verzichtet.

A

1. Besorgt euch von Banken und Sparkassen Broschüren über die Entwicklung des Geldes und informiert euch:
   - Wer druckt die Banknoten?
   - Wie versucht man Banknoten vor Fälschungen zu schützen?

2. Sieh in deinem Portmonnaie nach, aus welchem Land die Münzen kommen. Bestimme die auf der Rückseite abgebildeten Prägungen.

Wasserzeichen und Sicherheitsfaden beim 100-Euroschein

Durch diese Neuerungen entstanden erhöhte Umstellungskosten. So beträgt zum Beispiel die Prägung einer Euromünze auch heute noch 8 Cent. Der Ersatz von Mark und Pfennig durch das Euro-Kleingeld wird auf etwa 0,6 Milliarden Euro geschätzt.

Die Euro-Banknoten

Das Bezahlen mit Bargeld, besonders bei größeren Summen, hat viele Nachteile:
Man kann das Geld schnell verlieren. Um neben dem Kassenbon zusätzlich einen Beleg für den Kauf einer Ware oder den Erhalt einer Dienstleistung zu haben, ist oft das Ausstellen einer Quittung notwendig.
Für die „Langfinger“ ist es oft eine leichte Beute – es kann sehr schnell gestohlen werden. Obwohl die Banknoten eine Seriennummer haben, ist das Bargeld bei Diebstahl durch keine Geheimnummer usw. geschützt. Es kann allerdings auch passieren, dass man beim Einkauf Wechselgeld falsch herausgegeben bekommt. Ein weiterer Risikofaktor ist auch nach der Währungsunion der Umlauf von Falschgeld, den sogenannten „Blüten“. Damit der Konsument weiterhin vor Missbrauch geschützt wird, weisen unsere Euro-Banknoten Sicherheitsmerkmale auf. An folgenden Details könnt ihr erkennen, ob sie echt sind:

Das Wasserzeichen und das Durchsichtsregister erscheinen vollständig bei der Betrachtung des Scheines gegen das Licht (siehe Seite 100 unten). Durch die Anwendung des Stichtiefdruckverfahrens entsteht auf der Vorderseite der Banknote ein ertastbares Relief. Gut tastbare Zeichen helfen somit auch Sehbehinderten, die einzelnen Stückelungen zu unterscheiden. Die Tastzeichen werden am Rand oder in einer Ecke der Banknoten platziert. Ein Sicherheitsfaden ist etwa in der Mitte jedes Geldscheines eingebettet, auf dem bei genauer Betrachtung das Wort „Euro“ und die Wertzahl zu lesen sind. Neben den eingearbeiteten Leuchtfasern, die mit einer Speziallampe sichtbar werden, sind die Spezial-Folienelemente auf den Banknoten über 50 Euro als Hologramm und als silbriger Streifen bei den 5, 10, und 20 Euroscheinen zu sehen.

Die Fahndungsbehörden aus ganz Europa entwickeln weitere Strategien gegen potenzielle Fälscherbanden und wollen ihren Kampf gegen die sogenannten „Euroblüten“ gemeinsam führen. Übrigens, wusstet ihr, dass, wer in Deutschland Banknoten fälscht oder falsche Banknoten in Verkehr bringt, mit Freiheitsentzug nicht unter zwei Jahren bestraft wird? Auch die Weitergabe von Falschgeld ist strafbar (Strafgesetzbuch §§ 146, 147 und 148). Die Gesetze, nach denen Fälscher bestraft werden, sind zurzeit in den einzelnen EU-Staaten noch sehr unterschiedlich geregelt. So riskiert ein Fälscher in Frankreich bis zu 30 Jahre Gefängnis, in den Niederlanden dagegen nur bis zu neun Jahre.
Die neuen Euroscheine zeigen Zeitalter und Stile in Europa. Jeder der sieben Scheine steht für eine Epoche der europäischen Kulturgeschichte – in der Zusammenschau ein kleines Geschichtsalbum. Die Banknotenserie schlägt die Brücke von der Vergangenheit in die Zukunft. Sie vermittelt den Aufbruch in das neue, vereinigte Europa.

A

1. Zählt die Länder auf, in denen der Euro seit 2002 gesetzliches Zahlungsmittel ist.

A

1. Im Zuge der Währungsumstellung mussten ca. 12 Milliarden neue Euro-Banknoten gedruckt werden. Wie hoch wird die Stapelhöhe geschätzt, wenn man alle Geldscheine übereinander legt?

Die Geld-Designer wollten keinerlei Anlass bieten für nationale Eifersüchteleien. Deshalb wurde auf prominente Köpfe oder berühmte nationale Bau- und Kunstwerke verzichtet. Die Motive – Fenster, Tore und Brücken – haben keinen Bezug zu ganz bestimmten Denkmälern, sondern stehen stellvertretend für Stilelemente, die in ganz Europa zu finden sind.

Die Banknoten haben unterschiedliche Abmessungen. Je höher der Wert, desto größer die Banknoten. In deutlichen Stufungen reicht die Größe der Geldscheine vom 12 x 6,2 cm kleinen Fünfer bis zum 16 x 8,2 cm großen Fünfhunderter.

Banknoten

Ähnliche Farben bei verschiedenen Banknoten bedeuten Verwechslungsgefahr. Beispiel: Ein ständiges Ärgernis war die Ähnlichkeit der Farben zwischen dem deutschen Zehner und Hunderter. Da vergriff man sich leicht zu seinem Nachteil. Anders beim Euro: Jeder Geldschein erhielt durch eine markante Hauptfarbe sein unverwechselbares Aussehen.Was manche auf den ersten Blick als zu bunt empfinden, dient in Wirklichkeit der Unterscheidbarkeit und damit dem Verbraucherschutz.

Würden wir alle sich im Umlauf befindlichen Geldscheine (ca. 12 Millionen Euro-Banknoten) übereinander legen, so würde das eine Stapelhöhe von 1.200 km ergeben.

Die Kosten für den Druck der Euro-Banknoten werden von den nationalen Zentralbanken der Mitgliedsstaaten des Euro-Währungsgebietes getragen. Es ist nicht ganz exakt zu beziffern, wie hoch die genauen Kosten für den Druck der Euroscheine waren. Experten haben für den gesamten Neudruck der 10 Milliarden Euroscheine für den ganzen Euroraum die Kosten von damals 1,5 Milliarden D-Mark (0,8 Milliarden Euro) ermittelt.

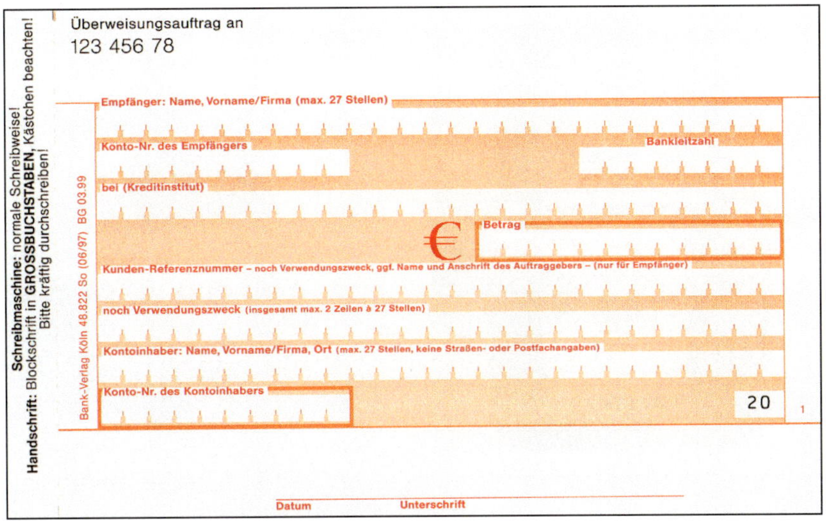
Überweisungsauftrag an
123 456 78
Empfänger: Name, Vorname/Firma (max. 27 Stellen)
Konto-Nr. des Empfängers
Bankleitzahl
bei (Kreditinstitut)
€ Betrag
Kunden-Referenznummer – noch Verwendungszweck, ggf. Name und Anschrift des Auftraggebers – (nur für Empfänger)
noch Verwendungszweck (insgesamt max. 2 Zeilen à 27 Stellen)
Kontoinhaber: Name, Vorname/Firma, Ort (max. 27 Stellen, keine Straßen- oder Postfachangaben)
Konto-Nr. des Kontoinhabers
20
Datum Unterschrift
Schreibmaschine: normale Schreibweise!
Handschrift: Blockschrift in GROSSBUCHSTABEN, Kästchen beachten!
Bitte kräftig durchschreiben!
Bank-Verlag Köln 48.822 So (06/97) BG 03.99

Überweisungsformular aus Papier

Hinweis auf EC-Zahlung

8.3 Der bargeldlose Zahlungsverkehr

In der modernen Gesellschaft, in der größere Mengen Geld immer schneller und häufig über weite Entfernungen hinweg gezahlt werden müssen, hat neben dem Bargeld in Form von Münzen und Banknoten das Buch- oder Giralgeld die führende Rolle übernommen. Auch diese Form war schon im ausgehenden Mittelalter bei den Handelsherren bekannt. So wurde erstmals 1609 bei einer Amsterdamer Girobank Papiergeld hinterlegt und in „Girobüchern" gutgeschrieben (Giro = Kreis/Ring: Durch den ringförmigen Verbund der Banken bzw. Sparkassen kann man Geld von Konto zu Konto bewegen). Diese Sichteinlagen bildeten das Buch- oder Giralgeld.

Heute besitzen fast alle, die ein Einkommen beziehen, auch ein Girokonto bei einer Bank oder Sparkasse. Denn Löhne und Gehälter werden vom Arbeitgeber meist auf ein Konto überwiesen. Die Tauschaktionen Ware gegen Geld werden heute zum großen Teil als bargeldloser Zahlungsverkehr durchgeführt. Buchgeld ist somit stoffloses Geld.

Das am weitesten verbreitete Instrument der bargeldlosen Zahlung in Deutschland ist die Überweisung. Rechtlich gesehen ist die Überweisung eine Anweisung eines Kontoinhabers an seine Bank, einen bestimmten Betrag vom eigenen Konto abzubuchen und auf das Konto des Zahlungsempfängers zu übertragen.

Bezahlen mit Electronic Cash

Electronic Cash

Frau Kirsten geht gelegentlich mit ihrer Tochter Claudia in die Stadt zum Einkaufen. Als sie in einem Jeans-Laden für Claudia eine schicke Jeans finden, kaufen sie diese, obwohl Frau Kirsten meint, eine Hose für 20 Euro weniger hätte es auch getan und einen Unterschied sähe man nicht: „Jeans sind Jeans", ist ihr Urteil. Claudia sieht das ganz anders und zeigt auf das Markenzeichen. An der Kasse stellt Frau Kirsten fest, dass sie nicht genug Bargeld dabei hat. Die Verkäuferin sagt: „Wenn Sie Ihre EC-Karte dabei haben, können Sie auch damit bezahlen."

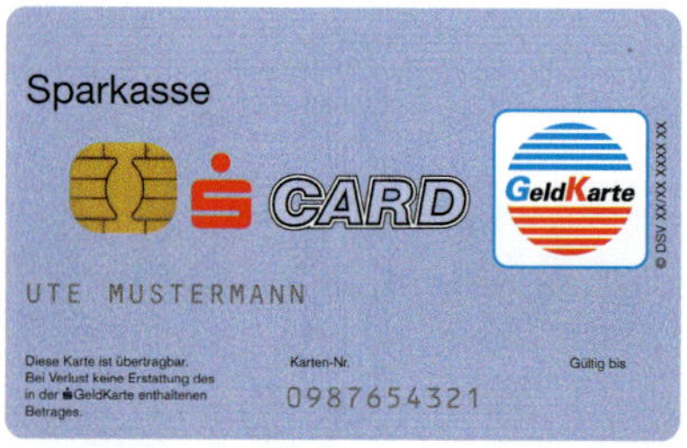

Geldkarte

Geldkarte am Geldkarten-Ladegerät laden

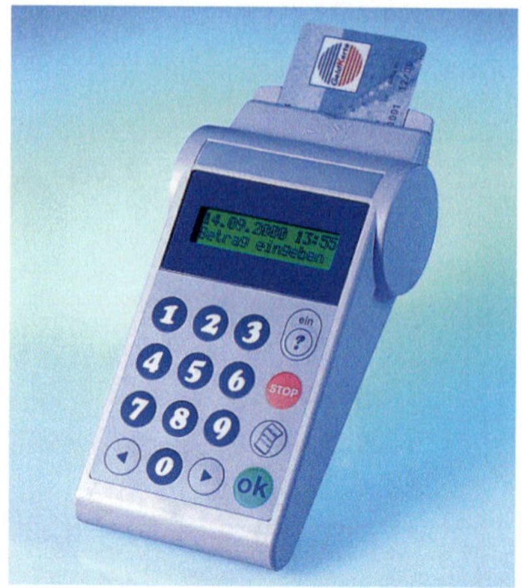

Betrag am Geldkarten-Zahlterminal zahlen

Geldkartensymbol

Seit einiger Zeit haben die Kreditinstitute mithilfe des technischen Fortschritts den Geldverkehr bei Zahlungen und bei der Versorgung mit Bargeld erleichtert. So kann man in vielen Geschäften statt Bargeld die EC-Karte für die Bezahlung nutzen. Das Fachwort heißt **Electronic Cash**. Sobald der zu bezahlende Betrag über die Kasse eingegeben ist, schiebt der Kunde seine Karte in das Lesegerät und bestätigt den angezeigten Betrag per Tastendruck. Als nächstes wird die persönliche Geheimnummer (PIN = **P**ersönliche **I**dentifikations**N**ummer) eingegeben, damit ist der Vorgang für den Kunden abgeschlossen. Die Daten der EC-Karte werden an einen Zentralrechner übermittelt, der eine Leitung zur Hausbank des Kunden schaltet, wo Kundendaten, PIN und der Betrag geprüft werden. Auf umgekehrtem Wege läuft nun die Freigabe der Zahlung.

Der Handel kann auf diesem Weg rationalisieren. Das Kassenpersonal braucht die EC-Karte nicht auf Gültigkeit zu überprüfen, weil das Kreditinstitut die Zahlung garantiert. Da dieser Teil der Einnahmen direkt auf dem Geschäftskonto gutgeschrieben wird, werden so Verwaltungsabläufe vereinfacht. Die EC-Karte vereinfacht auch die Versorgung mit Bargeld. In vielen Filialen von Kreditinstituten sind Geldautomaten aufgestellt, über die unabhängig von den Öffnungszeiten Geld abgehoben werden kann. Die Eingabe der PIN und der gewünschten Geldsumme genügen hier.

Du kannst beim Abheben am Geldautomaten nichts falsch machen, denn im Display wird Schritt für Schritt angezeigt, was du als nächstes tun musst. Und bei einer Falscheingabe betätigst du einfach die Korrekturtaste und beginnst den Vorgang von vorn.

Achtung! Deine Geheimnummer musst du dir gut merken. Eine Falscheingabe akzeptiert der Geldautomat aus Sicherheitsgründen nicht. Wenn deine Geheimnummer dreimal falsch eingegeben wurde, wird die Karte vorerst gesperrt.

Über die EC-Karte kann man sich auch im Ausland mit Geld versorgen, wobei allerdings eine Gebühr berechnet wird. Diese muss manchmal auch in Deutschland bezahlt werden.

A

1. Aus welchen Gründen wird in einzelnen Branchen Electronic Cash häufiger eingesetzt als in anderen? Begründet eure Meinung.

2. Erstellt eine Tabelle, aus der hervorgeht, welchen Branchen (z.B. Supermärkte, Einzelhandelgeschäfte, Tankstellen) diese Geschäfte angehören.

3. Erkundigt euch in Geschäften nach den Kosten, die durch diese Art der Zahlungen entstehen.

Überall, wo das Symbol „Geldkarte“ an Schaufensterscheiben und Eingangstüren von Geschäften angebracht ist, kann man mit der „elektronischen Geldbörse“ bezahlen.
Auf der Rückseite der Karte ist ein Magnetstreifen und auf der Vorderseite ein Chip. Der Chip der Geldkarte kann bis 200 Euro aufgeladen werden. An den Kassen stehen Chipleser, die von der Karte den zu zahlenden Betrag abbuchen – man kann diesen Vorgang mit dem Telefonieren mit der Telefonkarte vergleichen. Während bei dieser nur Einheiten abgebucht werden, werden bei der Geldkarte die Beträge auf dem Konto des Händlers gutgeschrieben.

Electronic Banking

Herr Beier hat über einen Katalog einen neuen Trainingsanzug bestellt. Die Rechnung möchte er mit einer Überweisung auf das Konto des Versandhandels begleichen. Über sein Homebanking-Programm kann er eine Verbindung zum Bankrechner aufbauen und die Überweisung vornehmen.
Er füllt jetzt das elektronische Überweisungsformular aus, das ähnlich aussieht wie das Papierformular. Damit nicht Unbefugte über sein Konto verfügen können, ist jede Überweisung dreifach gesichert.

1. Herr Beier muss vor der Nutzung des Homebanking ein Programm-Passwort eingeben, das er selbst bestimmt hat. Nur wenn dies richtig eingegeben ist, startet das Programm.
2. Er muss vor dem „Absenden“ der Überweisung an den Bankrechner seine fünfstellige PIN eingeben, die er selbst festgelegt hat.
3. Schließlich muss er noch eine TAN (**T**rans**A**ktions**N**ummer) eingeben. Eine Liste mit TANs hat er von seiner Sparkasse bekommen. Jede dieser TANs ist nur einmal benutzbar. Der Bankrechner überprüft, ob für eine bestimmte Überweisung die richtige TAN benutzt wurde.

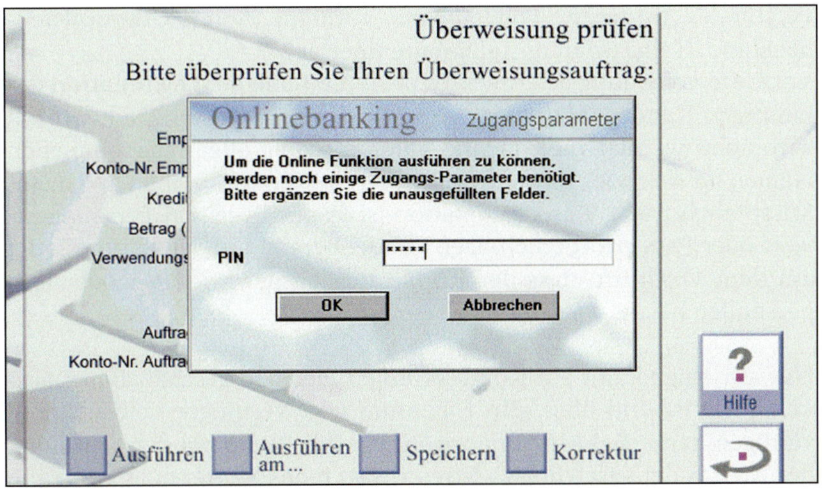

Maske eines Überweisungsauftrages beim Homebanking

Programmpasswort

Blick in eine Bank

Von dieser Art der Überweisung haben Bankkunden und Banken Vorteile:

- Der Kunde kann zu jeder Tages- und Nachtzeit seine Überweisungen vornehmen, er muss sich nicht mehr an die Banköffnungszeiten halten.

- Viele Überweisungen sind an Termine gebunden. Ein Überweisungsvorgang von der Abgabe des Formulars bis zur Gutschrift beim Empfänger dauert vier bis fünf Tage. Beim Homebanking verkürzt sich die Zeit um rund zwei Tage.

- Für die Banken ist der Bearbeitungsaufwand geringer. Bei schriftlichen Überweisungen muss jedes Formular über ein Lesegerät eingelesen werden, undeutlich Geschriebenes muss überprüft werden. Da dies beim elektronischen Überweisen wegfällt, sinken die Kosten.

Das Girokonto

Julias Familie sitzt am Abendbrottisch und wie fast jeden Monat muss sie ihre Mutter darauf aufmerksam machen: „Heute ist schon der 2. und ich habe mein Taschengeld immer noch nicht bekommen“. „Ach, ja, beinahe hätte ich es wieder vergessen“ antwortet Julias Mutter. „Damit das aber nicht mehr vorkommt, gehen wir in der nächsten Woche gemeinsam auf die Bank und wir richten für dich ein Girokonto ein. Auf dein Girokonto wird dann monatlich automatisch per Dauerauftrag das Taschengeld von meinem Konto überwiesen.“

Der erste Schritt, um ein **Konto** bei der Bank zu eröffnen, ist das Ausfüllen eines Antrages. Die Banken halten hierfür Formulare bereit, die zwar von Kreditinstitut zu Kreditinstitut unterschiedlich aufgemacht sind, inhaltlich aber nicht wesentlich voneinander abweichen.

Dieser Antrag auf Eröffnung eines Kontos enthält Angaben über die Person des Antragstellers wie Name, Vorname, Adresse, Beruf, Familienstand, Geburtsdatum, Telefonnummer usw.
Vor Unterzeichnung des Antrages prüft die Bank die **Legitimation** des künftigen Kunden. Hierzu ist sie gesetzlich verpflichtet. Dadurch soll verhindert werden, dass jemand unter falschem oder angenommenen Namen für sich oder eine andere Person ein Konto einrichtet und damit Missbrauch treibt. Zur Legitimation ist in der Regel ein Personalausweis oder Pass erforderlich. Der Kundenberater am Schalter bestätigt auf dem Vordruck, dass der Kunde sich ausgewiesen hat oder ihm persönlich bekannt ist.

Julias Mutter lässt sich bei ihrer Bank beraten.

Nur derjenige kann ein Konto eröffnen, der voll geschäftsfähig, also volljährig ist und über sein Eigentum und Vermögen selbstständig verfügen kann. Bei Minderjährigen wie Julia muss bei der Eröffnung des Kontos der gesetzliche Vertreter, also Julias Mutter oder Vater, die Zustimmung geben und den Personalausweis vorlegen.

Dienstleistungen der Kreditinstitute auch für Jugendliche

Damit die Bank prüfen kann, ob spätere Verfügungen vom Konto auch von dem Kontoinhaber selbst und nicht ungewollt von Fremden vorgenommen werden, muss der Kunde bei der Kontoeröffnung eine Unterschriftsprobe abgeben, so auch Julia.
Es ist möglich einem anderen, zum Beispiel dem Ehegatten oder den Eltern, Vollmacht über das Konto zu erteilen. Der Bevollmächtigte gibt dann ebenfalls eine Unterschriftsprobe ab, in unserem Fall Julias Mutter.

Nach einigen Tagen erhält dann Julia mit der Post ihre Geldkarte. Auf der Rückseite, oberhalb des Magnetstreifens, muss Julia erneut unterschreiben, um u. a. die Karte und ihr Konto vor Missbrauch zu schützen.

Der Führung des Bankkontos liegen die Allgemeinen Geschäftsbedingungen und verschiedene Sonderbedingungen der kontoführenden Bank zugrunde. Diese Bedingungen stellen nur eine Ergänzung der im Geschäftsverkehr in Deutschland gültigen Gesetze dar und regeln die Rechtsbedingungen zwischen Bank und Kunden.
Jeder Kontoeröffnungsantrag enthält für Kontokorrentkonten (laufendes Konto) die Einwilligung zur Übermittlung von Daten an die SCHUFA (Schutzgemeinschaft für allgemeine Kreditsicherung). Die SCHUFA ist eine Gemeinschaftseinrichtung des Kreditgewerbes und anderer kreditgebender Unternehmen, die zum einen die Kunden vor Überschuldung und zum anderen die Kreditinstitute vor Verlusten schützen soll. Hierzu ermächtigt der Kunde das Kreditinstitut durch seine Unterschrift, persönliche Daten abzufragen und zu melden.

Für Jugendliche und Auszubildende bis zum 21 Lebensjahr und in Sonderfällen einer längeren Ausbildungsdauer (z. B. bei Studenten) haben viele Banken Sonderkonditionen bereitgestellt: **Das Jugendgirokonto.** Hierfür werden, anders als beim normalen Girokonto, keine Gebühren berechnet. Im Gegenteil: Bis zu einem Betrag von meist 1.500 Euro werden sogar noch Zinsen gezahlt. Zurzeit liegt der Zinssatz bei etwa 2 %.

A

1. Informiert euch mithilfe von Zusatzliteratur über die Begriffe
   - SCHUFA,
   - Legitimation,
   - Kontokorrentkonto.

2. Welche Formalitäten müssen bei der Eröffnung eines Girokontos erfüllt werden?

3. Was versteht man unter einem Jugendgirokonto? Worin besteht der Unterschied zu einem herkömmlichen Girokonto?

Ware gegen Ware: Warentausch

Ware – Warengeld

Das **Geld hat mehrere Funktionen:**
- Es ist **Rechenmittel** – man kann den Wert unterschiedlicher Güter miteinander vergleichen.
- Es ist **Tauschmittel** – man kann z. B. ein Fahrrad gegen Geld tauschen.
- Es ist **Zahlungsmittel** – z. B. ist der Euro allgemein anerkanntes Zahlungsmittel in den Ländern der europäischen Währungsunion.
- Es ist **Wertaufbewahrungsmittel** – Geld muss wertbeständig und leicht aufzubewahren sein, z. B. bei der Sparkasse.

Außerdem muss Geld teilbar und gut transportierbar sein.

Die **Entwicklung des Geldes** erfolgte in grauer Vorzeit über den **Warentausch** zum **Warengeld**, das aus Gütern bestand, die von allen geschätzt wurden, z. B. Perlen oder Muscheln. Sie hatten die Bedeutung von Geld.

Die **ersten Münzen** waren aus Gold oder Silber und entsprachen dem tatsächlichen Wert des Gutes. Im 16. Jh. wurde in Schweden das Papiergeld eingeführt. Es hatte aber nur dann Wert, wenn es jederzeit wieder in **Goldwährung** umgetauscht werden konnte.

Heute hat Geld keinen eigentlichen Wert mehr, sondern wird nur wegen seiner geldlichen Eigenschaften bei der Abwicklung von Tauschprozessen benötigt.

Unser **heutiges Geld – der Euro** – weist bei den Banknoten verschiedene **Sicherheitsmerkmale** auf:
Stichtiefdruck/Tastzeichen, Leuchtfasern, Sicherheitsfaden, Spezialfolienelemente/Hologramme auf Banknoten über 50 Euro, Wasserzeichen.

Bei allen Cent- und Euromünzen ist die Vorderseite europäisch einheitlich. Auf der Rückseite hat jedes Land besondere Prägungsmerkmale.

Der **bargeldlose Zahlungsverkehr** kann heute über das Bezahlen mithilfe der EC-Karte (Electronic Cash), mit der Geldkarte, dem Electronic Banking (Homebanking) oder per Überweisungsformular erfolgen. Voraussetzung ist ein Girokonto bei der Bank oder Sparkasse.

Folgende Schritte sind für die **Einrichtung eines Girokontos** notwendig:
- Ausfüllen eines Antrags mit Angaben zur Person,
- Legitimation durch Personalausweis,
- Einverständniserklärung der Eltern bei Minderjährigen,
- Unterschriftenproben zur Sicherheit des Kunden,
- SCHUFA-Einverständniserklärung als Schutz vor Überschuldung.

1. Beschreibe mit eigenen Worten die Entwicklung des Geldes vom Warentausch bis zum bargeldlosen Zahlungsverkehr.

2. Nenne die Vor- und Nachteile des Bezahlens mit der EC-Karte beim Kauf von Waren.

IV Betriebserkundung

Vorbereitend auf eine konkrete Berufswegplanung in den weiteren Schuljahren geht es in diesem Kapitel um die Organisation und Durchführung einer Arbeitsplatzerkundung. Ihr erfahrt, wie konkrete Arbeitsplatzanalysen angefertigt werden und welche regionalen Ausbildungsmöglichkeiten es gibt.
Aktuelle Zahlen unterstreichen die derzeitige Situation auf dem sächsischen Ausbildungsmarkt.

Blick in eine Tischlerei

1 Betriebe als Orte der Güterherstellung

Im Kapitel II haben wir bereits definiert, was ein **Betrieb** ist. Ein Betrieb ist eine Stätte, in welcher Güter erzeugt oder Dienstleistungen erbracht werden. Dabei unterscheiden wir **Dienstleistungsbetriebe** und **Produktionsbetriebe**.

An dieser Stelle soll am Beispiel eines typischen Produktionsbetriebes, einer Tischlerei, erläutert werden, wie eine Betriebserkundung vorbereitet, durchgeführt und ausgewertet wird.

Wir erkunden eine Tischlerei:

Wir bereiten eine Erkundung vor

Die Erkundung sollte gut vorbereitet werden, damit sie erfolgreich verläuft. Ihr müsst sie daher
- inhaltlich,
- organisatorisch und
- arbeitstechnisch

vorbereiten.

Da in diesem Fall der Arbeitsprozess im Vordergrund steht, wird keine vollständige Erkundung eines Arbeitsplatzes durchgeführt. Dazu lest ihr mehr auf den Seiten 112 f.

1. Inhaltliche Vorbereitung

Welche Aspekte wollen wir „vor Ort" erkunden?
- Betriebsmittel (Geräte, Maschinen, Werkzeuge, Arbeitsräume, Einrichtungsgegenstände, Produktionsablauf für ein Möbelstück usw.)
- Welche Sicherheitsvorschriften müssen beachtet werden?
- Welche beruflichen Tätigkeiten (vgl. auch die Seiten 112 f.) sollen vor allem beobachtet werden?

2. Organisatorische Vorbereitung
- Es muss eine Tischlerei gefunden werden, die ihr erkunden könnt.
- Der Termin für die Erkundung muss festgelegt werden.
- Mit dem Handwerksbetrieb muss eine Absprache getroffen werden, dass im Verlauf der Betriebserkundung eine Rahmenverbindung für einen Bilderrahmen hergestellt wird.
- Es muss überprüft werden, ob der Betrieb groß genug ist, dass die ganze Klasse in ihm Platz hat. Sonst muss die Besichtigung in Gruppen organisiert werden.

3. Welche Arbeitstechniken müssen vorher eingeübt werden?
- Produktionsablauf zeichnen,
- einen Erkundungsbogen erstellen,
- die Erkundung protokollieren,
- Informationen im Gespräch erfragen.

1. Ist die Arbeit in einer Tischlerei eine typische Männerarbeit? Fragt bei der Erkundung einer Tischlerei:
   - ob Frauen in der Tischlerei arbeiten,
   - ob sich auch junge Frauen bewerben,
   - welche Schwierigkeiten oder Hindernisse es für Frauen in Tischlereien gibt.

Vorschlag für einen Erkundungsbogen
Ein Teil der Fragen ergibt sich aus dem Vergleich zwischen der Arbeit, die ihr geleistet habt, und der Arbeit in der Tischlerei. Die weiteren Fragen solltet ihr aus der Grafik auf dieser Seite entwickeln.

1. Wie unterschiedet sich der in der Tischlerei hergestellte Rahmen von den Rahmen-Modellen in der Schule?
2. Welche Werkzeuge und welche Maschinen werden in der Tischlerei für die Herstellung des Rahmens eingesetzt?
3. Wie viel Zeit wird in der Tischlerei für die Herstellung eines Rahmens benötigt?
4. ...

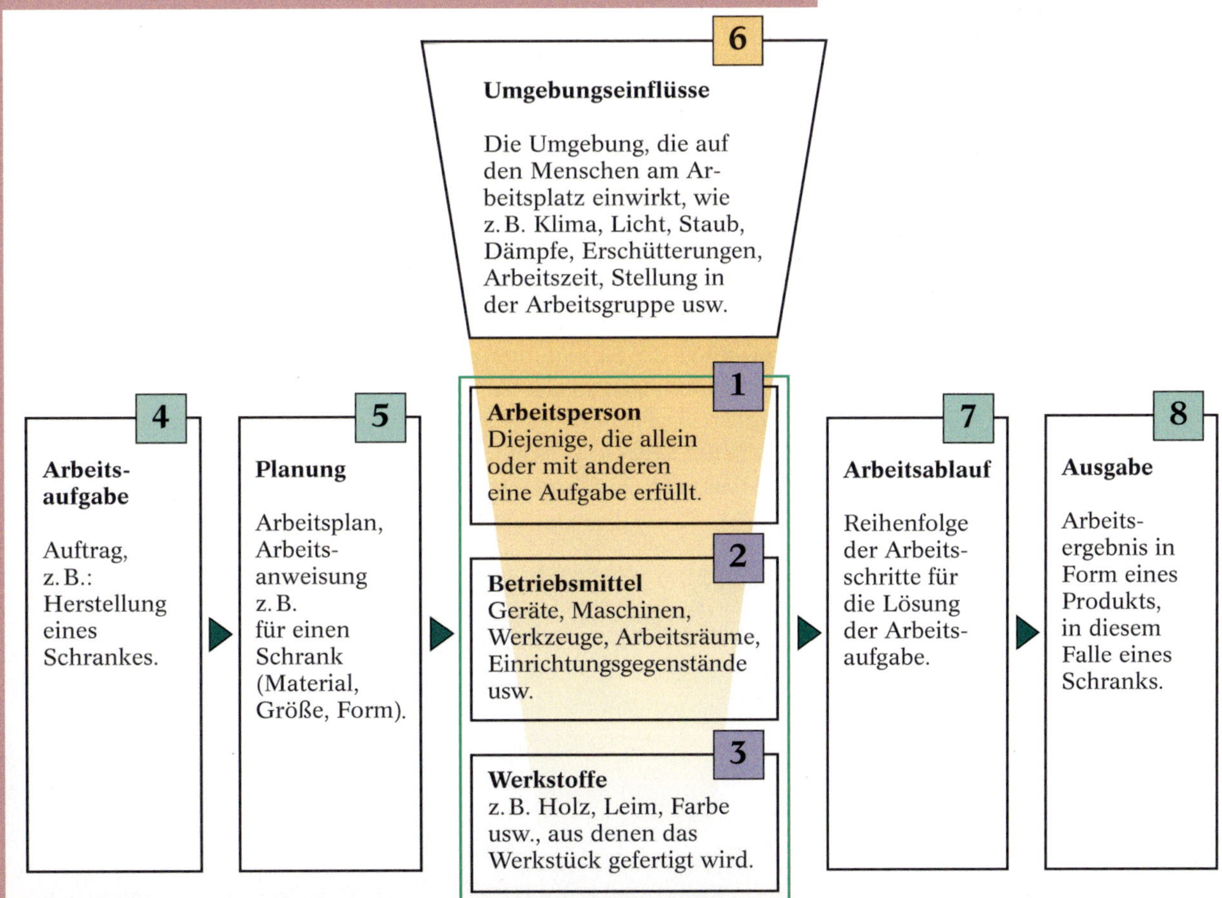

Merkmale eines Arbeitsplatzes in der Tischlerei

Vorbereitung

Erkundung

Ergebnisse auswerten

2 Arbeitsplatzerkundung

Wenn ihr mehr über berufliche Tätigkeiten erfahren wollt, müsst ihr Arbeitsplätze erkunden, z. B. um zu erfahren, was eine Person an einem Arbeitsplatz macht, unter welchen Bedingungen sie arbeitet, welche Qualifikation sie benötigt usw.
Das Ergebnis fällt z. T. unterschiedlich aus – je nachdem, aus welcher Sicht ihr den Arbeitsplatz betrachtet. Für die Geschäftsleitung, die „Chefin" oder den „Chef", ist der Arbeitsplatz in erster Linie eine „Stelle". Wer auf ihr sitzt, muss bestimmte Aufgaben erledigen. Für die Arbeitsperson ist der Blickwinkel anders.
Die Arbeitsplatzerkundung hat einen klassischen Ablauf: Wo, was, wie?

1. Soll mit dieser Methode erfolgreich gearbeitet werden, ist diese Erkundung sorgfältig vorzubereiten. Als Hilfsmittel der Beobachtung könnt ihr benutzen:

Stellenbeschreibung, Arbeitsplatzanalyse
Für jeden Arbeitsplatz im Betrieb oder in einer Verwaltung gibt es eine Stellenbeschreibung.

Was steht in einer Stellenbeschreibung für Kfz-Mechatroniker?
Bezeichnung der Stelle: *Reparatur*
Stelleneinordnung: vorgesetzte Stelle(n): *Geschäftsführung*; nachgeordnete Stelle(n): *keine*
Ort der Stelle: *Werkstatt*
Stellenaufgabe: *Reparatur von Pkws*
Stellenziele: *Service für Stammkundschaft verbessern, gelegentliche Mitarbeit bei laufenden Arbeiten*
Befugnisse: *Der Stelleninhaber/die Stelleninhaberin darf eigenständig Aufträge der Stammkundschaft annehmen.*
Anforderungen an den Stelleninhaber/-in: Ausbildung: *Kfz-Mechatroniker/-in*; Fachkenntnisse: *EDV-Kenntnisse*; Erfahrung: *kann eingearbeitet werden*; Persönliche Eigenschaften: *Kontaktfreudigkeit*
Arbeitszeit: *20 Stunden (halbe Stelle)*

Auf Seite 32 lernt ihr eine andere Art der Arbeitsplatzerkundung kennen. Hier steht der Arbeitsprozess im Vordergrund, d. h.: Wer stellt mit welchen Arbeitsmitteln aus welchen Materialien etwas her? Weiterhin: Wie sieht der Ablauf aus?

Die einzelnen Stellen in einem Betrieb oder einer Verwaltung sind aufgeführt als Gesamtübersicht aller Stellen im Stellenplan. Er zeigt auch den organisatorischen Aufbau eines Unternehmens.
Eine Stellenbeschreibung wird vor allen Dingen für zwei Aufgaben zusammengestellt:

- Sie bildet die Grundlage für die Personalbeschaffung, d.h. sie umschreibt, wer geeignet zu sein scheint, diesen Arbeitsplatz auch richtig auszufüllen.
- Sie ist eine Grundlage für die Entlohnung.

Merkmale einer Stellenbeschreibung
Wer einen Arbeitsplatz aus der Sicht der Arbeitsperson untersuchen will, sollte sieben Merkmale zur Unterscheidung von Wichtigem und Unwichtigem kennen:

1. Die Arbeitsaufgabe: *Reparatur von Personenkraftwagen*
2. Die Eingabe (input): *Dazu gehören die Materialien und die Informationen, die zur Erfüllung der Arbeitsaufgabe erforderlich sind, etwa Öle, Farben, Schaltpläne usw.*
3. Die Betriebsmittel: *Geräte, Maschinen, Anlagen, die zur Erfüllung der Arbeitsaufgabe nötig sind*
4. Der Arbeitsablauf: *die notwendigen Arbeitsschritte, die zu erledigen sind*
5. Die Arbeitssituation: *z.B. Einzelarbeit oder Teamarbeit*
6. Umgebungseinflüsse: *Einflüsse, die auf den Arbeitsplatz einwirken, z.B. Lärm, Schmutz, Kälte, Wärme, blendendes Licht*
7. Die Ausgabe (output): *das Arbeitsergebnis in Form eines Produkts oder einer Dienstleistung*

2. Die Arbeitsplatzerkundung wird nach dieser Vorbereitung durchgeführt.

3. Die Ergebnisse dieser Arbeitsplatzerkundung werden dann in der Klasse besprochen, um sie im Unterricht für die weitere Arbeit zu nutzen. Erkundungsbögen und Protokolle sowie Diagramme, Werbe- und Bildmaterial sollten unbedingt aufgehoben werden, um die Ergebnisse visuell als Vernissage, Plakat oder Mind-Map zu veranschaulichen.

A

1. Stellt Fragen für die Erkundung des Arbeitsplatzes eines Kfz-Mechatronikers zusammen. Erkundet dabei vor allem, wie sich sein Arbeitsplatz unter dem Einfluss neuer Techniken gegenüber früher verändert hat.
2. Informiert euch darüber, welchen Einfluss verschärfte Umweltgesetze auf die Arbeit im Kfz-Handwerk haben. Nehmt dazu Stellung.
3. Welche der genannten Arbeitsplatzmerkmale sind auf dem Foto unten zu erkennen? Begründet eure Auffassung.

Kfz-Mechatronikerin bei der Reparatur

Jahreszahl		1997	2005	2006
Auszubildende	**insgesamt**	**112 771**	**86 792**	**86 742**
	männlich	**70 455**	**54 950**	**55422**
	weiblich	**42 316**	**31 842**	**31320**
davon in den Ausbildungsbereichen				
Industrie und Handel	insgesamt	50 212	51 700	52 560
Handwerk	insgesamt	49 226	24 081	23 444
Landwirtschaft	insgesamt	3 554	4 166	4 252
Öffentlicher Dienst	insgesamt	3 321	2 555	2 599
Freie Berufe	insgesamt	5 332	3 220	2 855
Hauswirtschaft	insgesamt	1 126	1 070	1 032

Jahreszahl		1997	2005	2006
darunter ausländische Auszubildende	insgesamt	53	242	287
	männlich	31	137	161
	weiblich	22	105	126
davon in den Berufsbereichen				
Pflanzenbauer, Tierzüchter, Fischereiberufe	insgesamt	4 294	4 783	4 812
Bergleute, Mineralgewinner	insgesamt	20	32	24
Fertigungsberufe	insgesamt	64 566	45 276	45 887
Technische Berufe	insgesamt	1 970	1 011	996
Dienstleistungsberufe	insgesamt	41 921	35 690	35 023

Quelle: Statistisches Landesamt des Freistaates Sachsen 2007

3 Berufsausbildung in der Region

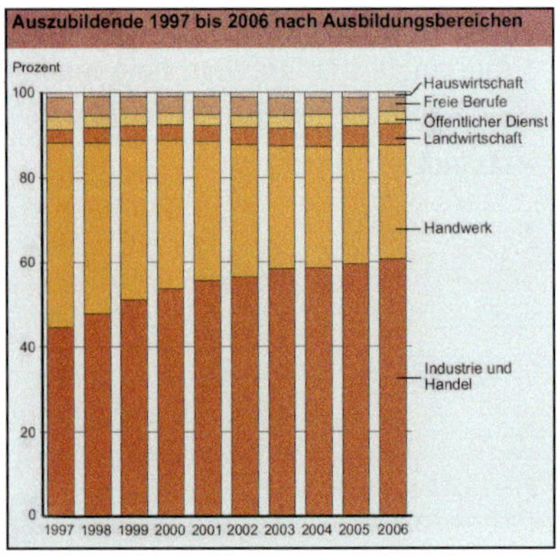

© Statistisches Landesamt des Freistaates Sachsen 2006

Ausbildungsmöglichkeiten in Sachsen

Obwohl in der Klasse 7 die Berufswahl noch nicht aktuell ist, sollte man beginnen, sich erste Gedanken zu machen. Gerade der Unterricht im Fach WTH/S verbunden mit Betriebserkundungen gibt sicher viele Anregungen, um sich eigene Vorstellungen über die berufliche Entwicklung zu machen. Dazu ist es wichtig, zu wissen, welche Ausbildungsberufe in Sachsen überhaupt angeboten werden und in welchem Umfang das geschieht.

Die oben stehende Tabelle zeigt, dass der überwiegende Teil der Ausbildungsberufe in den Bereichen Fertigung (Metallbauer, Tischler usw.) und Dienstleistungen (z. B. Handel, Gastronomie) angeboten wird. Eine Orientierung auf solche Berufsrichtungen verbessert sicher die Chancen, einen entsprechenden Ausbildungsplatz zu erhalten. Interessiere ich mich jedoch für einen Beruf, der in Sachsen nicht ausgebildet wird, muss ich mich um eine Ausbildung in einem anderen Bundesland bemühen.

Was ist berufliche, was ist räumliche Mobilität?

Die meisten Jugendlichen finden ihren Ausbildungsplatz in ihrem Heimatort oder in unmittelbarer Umgebung. Wer jedoch z. B. in ländlichen Regionen wohnt, hat es schwerer, da nur wenige Ausbildungsstellen angeboten werden.

Anke und Jörg wohnen in solch einer Gegend. Das hat bei Anke dazu geführt, dass sie „das genommen hat, was da ist“. Da sie offensichtlich nicht die Ausbildungsstelle bekommen konnte, die ihr vorschwebte, wechselte sie ihren Berufswunsch und lernt nun Einzelhandelskauffrau. Anke ist beruflich beweglich, mobil. Allerdings fehlt es ihr an räumlicher Mobilität, denn sie möchte ihren Heimatort nicht verlassen. Anders dagegen Jörg: Er hat die Ausbildungsstelle gefunden, die er sich wünschte, aber nicht am Heimatort. Er war bereit umzuziehen. Jörg ist räumlich mobil.

A

1. Informiert euch in eurem Bekanntenkreis und in eurer Gemeinde, welche Ausbildungsberufe in eurer Umgebung angeboten werden.

2. Interpretiert das obige Diagramm und formuliert die Erkenntnisse in euren Hefter.

3. Leitet daraus die Chancen für die Erfüllung des eigenen Berufswunsches ab.

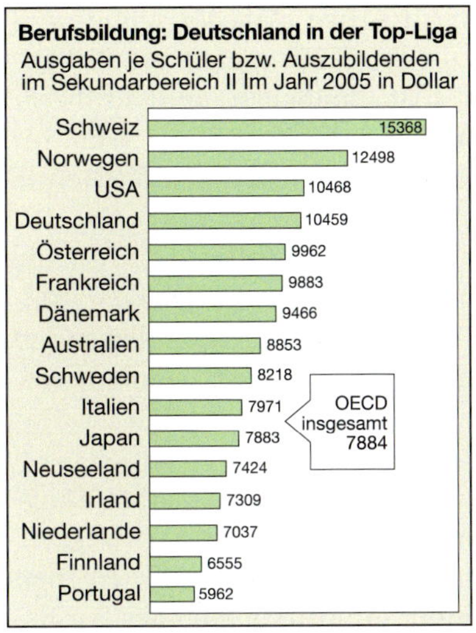

Quelle: OECD

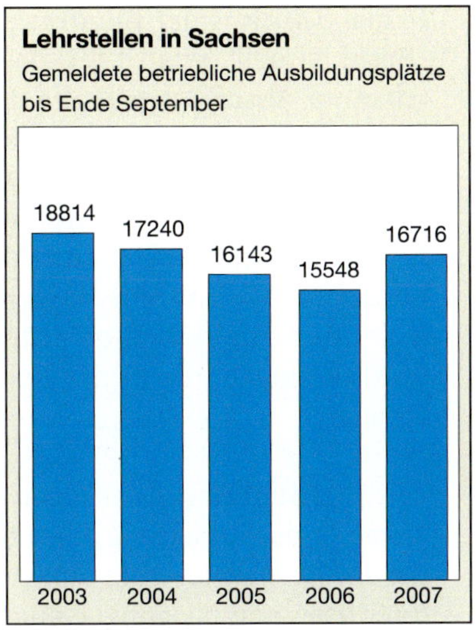

Quelle: Agentur für Arbeit

Für die eigene berufliche und persönliche Entwicklung ist es von entscheidender Bedeutung, eine berufliche Ausbildung zu erhalten. Nur auf diese Weise lassen sich die persönlichen Lebensziele (gutes Einkommen, eigene Wohnung usw.) verwirklichen.
Nach einer erfolgreichen Berufsausbildung und einer beruflichen Tätigkeit in einer anderen Region Deutschlands oder auch im Ausland, bestehen bei einer Rückkehr in die Heimatregion bessere Chancen, einen Arbeitsplatz zu finden. Es ist immer eine schwere Entscheidung, ob ich auf alle Fälle an meinem Berufswunsch festhalten will oder auch andere Berufe in Betracht ziehe, wo die Chancen in der Region günstiger sind.

Gründe, warum Menschen beruflich mobil werden, können z.B. sein:
- gesundheitliche Gründe,
- eintönige Arbeit,
- zu geringer Verdienst,
- technischer Fortschritt, der den bisherigen Beruf überflüssig gemacht hat.

Gründe, warum Menschen räumlich mobil werden, also den Wohnort wechseln, können sein:
- gesundheitliche Gründe in der Familie,
- der Ehepartner wird versetzt,
- die Miet- und Lebenshaltungskosten am Ort sind zu hoch,
- Scheidung.

Im Vergleich zu den vergangenen Jahren hat sich die Situation auf dem Lehrstellenmarkt verbessert, jedoch noch nicht vollständig entspannt. Sachsenweit waren 2006 noch 3 000 Jugendliche auf der Suche nach einem Ausbildungsplatz. 2007 waren es hingegen noch 1 341 bei einer Gesamtzahl von 47 777 Mädchen und Jungen, die sich bei den sächsischen Arbeitsagenturen beworben haben.

www.machs-richtig.de
www.jetzt-zukunft-sichern.de
www.arbeitsagentur.de

1. Welche Gründe nennt Anke, weshalb sie nicht aus ihrem Heimatort fortziehen will?

2. Informiert euch über das EQJ als eine Möglichkeit des Berufseinstiegs.

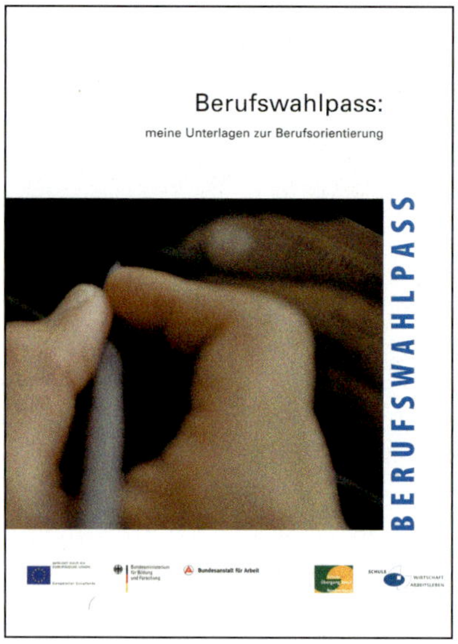

Berufswahlpass

In den Schriften der Bundesagentur für Arbeit „Mach's richtig“ und „Beruf aktuell“ erfahrt ihr, dass es in der BRD zurzeit ca. 350 anerkannte Ausbildungsberufe gibt. Es ist unmöglich, anhand dieser Vielfalt einen Durchblick zu bekommen und die richtige Wahl für seinen Traumberuf zu treffen. Aus diesem Grund werden die Berufe in **Tätigkeits- und Berufsfelder** eingeteilt.
Berufe werden in 13 Berufsfeldern zusammengefasst, um für die Berufsorientierung eine Basis zu schaffen. Man kann sich so mithilfe der **Berufsfelder** einen ersten Überblick über die grundlegenden Anforderungen, die in der Berufsausbildung verlangt werden, verschaffen.

Die 12 **Tätigkeitsfelder** legen fest, welche hauptsächlichen Tätigkeiten in der Ausübung eines bestimmten Berufes verlangt werden. Bei der Berufswahl sollte man sich genau überlegen, ob die eigenen Interessen und Neigungen auch mit den Anforderungen des Berufsbildes übereinstimmen.

Die Tätigkeitsfelder sind:
- Material verarbeiten
- Zusammenbauen und montieren
- Gestalten
- Bedienen und überwachen von Maschinen und Anlagen
- Bebauen und züchten
- Untersuchen und messen
- Gestalten von Medienprodukten und Zeichnen
- Bedienen und beraten
- Wirtschaften
- Verwalten
- Sichern, in Ordnung halten
- Versorgen und betreuen

Bei einer Betriebserkundung oder einem Praktikum könnt ihr gezielt herausfinden, ob die Berufs- und Tätigkeitsfelder mit euren Vorstellungen übereinstimmen.

A

1. Nennt zu jedem Berufsfeld (unten stehende Piktogramme) einen konkreten Beruf. Verwendet evtl. das Material „Beruf aktuell“.

2. Ordnet folgende Berufe den jeweiligen Tätigkeitsfeldern zu: Kfz-Mechatroniker/-in, Mediengestalter/-in, Tischler/-in, Pferdewirt/-in, Hauswirtschafter/-in, Erzieher/-in, Dachdecker/-in, Friseur/-in, Landschaftsgestalter/-in, Koch/Köchin, Industriekaufmann/-frau

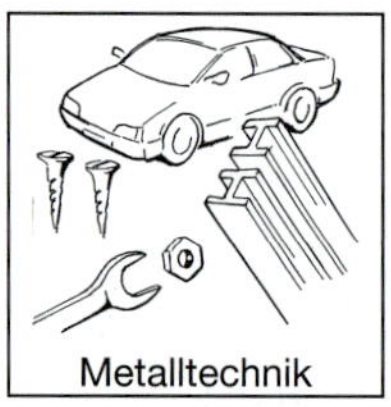

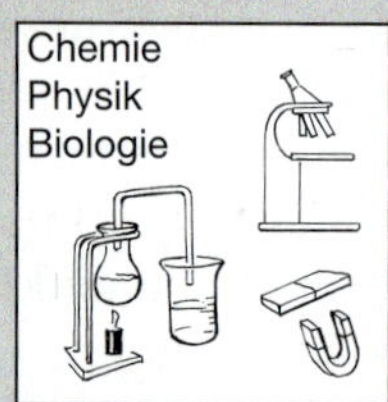

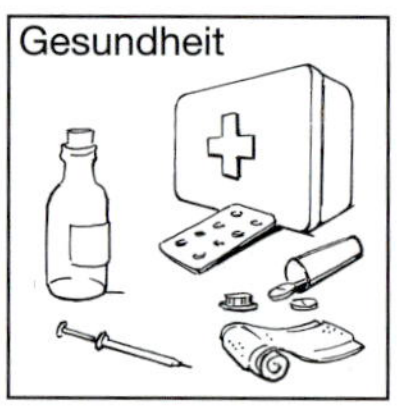

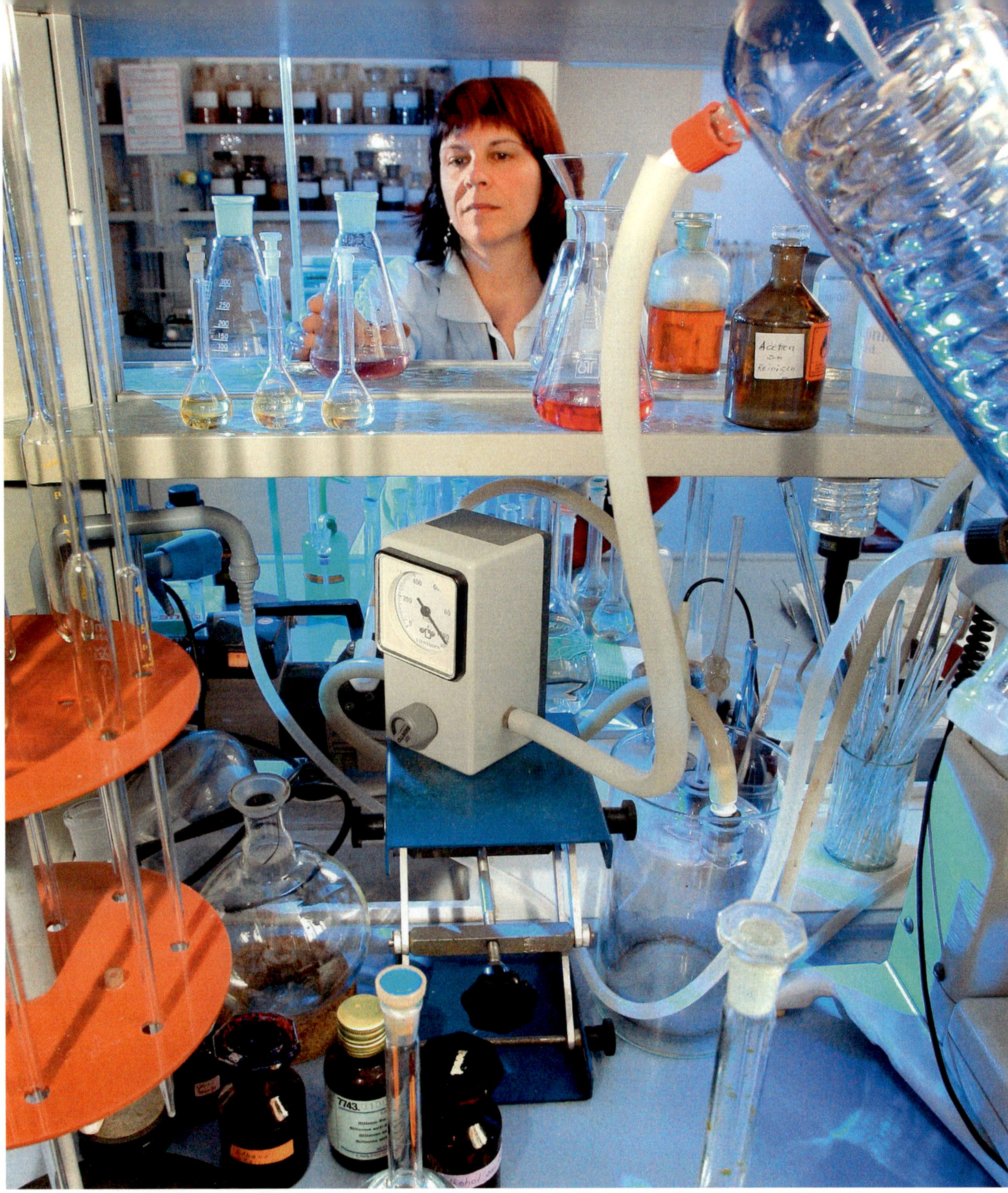

V Die Vielfalt der Werkstoffe

In diesem Kapitel gewinnt ihr einen Einblick in die Vielfalt der Werkstoffe. Es wird erläutert, nach welchen Gesichtspunkten die Auswahl der Werkstoffe für ein zu fertigendes Produkt erfolgen muss. Zugleich wird eine Anleitung gegeben, wie die Eigenschaften von Werkstoffen experimentell ermittelt werden können.

Getränketräger

Gegenstände aus Kunststoff

1 Die Vielfalt der Werkstoffe

Im Unterricht soll z.B. ein Getränketräger angefertigt werden (siehe Seite 37). In diesem Zusammenhang stellt sich die Frage, welchen Werkstoff nutzen wir?

In der Klasse entwickelt sich sofort eine lebhafte Diskussion. Edgar schlägt vor, für das Produkt Holz zu verwenden, da es schön aussieht und leicht zu bearbeiten ist.

Lara meint dagegen, man sollte Kunststoff verwenden, dann brauchte man das Produkt nicht zu streichen und haltbarer wäre es außerdem.

Heike möchte lieber Metall verwenden. Damit wäre das Produkt stabil und könnte auch einmal herunterfallen.

Da meldet sich Wolfgang und weist darauf hin, dass es verschiedene Holzarten gibt und man sich daher erst einmal für eine Holzart entscheiden müsse. Andere Schüler werfen ein, dass es auch verschiedene Kunststoffe und Metalle gibt.

Am Ende der Diskussion steht die Erkenntnis: Die Entscheidung über den zu nutzenden Werkstoff ist gar nicht so einfach. Wir müssen uns genauer mit den verschiedenen Werkstoffen befassen, um dann den geeignetsten auszuwählen.

Wenn wir uns in unserer Umgebung umsehen, entdecken wir die unterschiedlichsten Werkstoffe. Es muss also zunächst versucht werden, sie auf irgendeine Weise zu ordnen.

Die vorangegangene Diskussion hat bereits eine erste Orientierung gebracht: Wir unterscheiden nach Metallen, Holz und Kunststoffen.
Wenn wir fragen, welche Werkstoffe uns noch bekannt sind, fallen uns sofort weitere ein: Glas, Leder, Gummi, Textilien, Ton, Steine.

Eine erste einfache Einteilung der Werkstoffe wäre möglich in:

Metalle	**Naturstoffe**	**Kunststoffe**
Stahl Aluminium Kupfer Zink Chrom Nickel Bronze	Holz Glas Keramik Marmor Ton Leder Naturgummi Baumwolle Wolle Leinen	PVC Polystyrol Polyäthylen Acrylglas Kunstfasern

A

1. Welche Holzarten kennt ihr und wodurch unterscheiden sie sich?

2. Untersucht, welche Werkstoffe in eurer Wohnung am häufigsten anzutreffen sind.
   Welche Gründe gibt es dafür?

Eine solche Einteilung ist zunächst nur eine grobe Übersicht über die Werkstoffe. Sie sagt etwas über ihre Herkunft aus.

Für die Auswahl eines geeigneten Werkstoffes für die Fertigung eines bestimmten Produktes ist diese Einteilung aber wenig hilfreich. Dazu brauchen wir eine Aussage über die Eigenschaften der Werkstoffe.

Solche Eigenschaften sind:

Werkstoffeigenschaften	
hart	weich
elastisch	plastisch
spröde	zäh
starr	biegsam
leicht	schwer
witterungsbeständig	witterungsunbeständig
wärmeleitend	wärmedämmend
elektrisch leitend	isolierend
durchsichtig	undurchsichtig
umweltverträglich	umweltbelastend

Für die Fertigung eines bestimmten Produktes sind die Werkstoffeigenschaften von entscheidender Bedeutung, da sie wesentlich seine Gebrauchseigenschaften bestimmen. So muss z. B. der Werkstoff für den Fahrradrahmen eines Mountainbikes zäh sein, damit er bei einer Fahrt durch das Gelände nicht bricht. Die Werkstoffe für die Schneiden am Betonbohrer müssen wiederum sehr hart sein, damit sie in den Beton eindringen können.

Um aus einem Werkstoff ein bestimmtes Produkt zu fertigen, muss man den Werkstoff in der Regel erst bearbeiten. Deshalb sind neben den Gebrauchseigenschaften auch die **Be- und Verarbeitungseigenschaften** wichtig. So muss man unter Umständen auf den Einsatz eines bestimmten Werkstoffes verzichten, weil sich die gewünschte Form der Produktes mit diesem Werkstoff nicht erreichen lässt oder die Bearbeitung sehr aufwendig und damit teuer ist.

Bei vielen Werkstoffen kann man die Bearbeitbarkeit durch Erwärmung verändern. So lässt sich Stahl im warmen Zustand viel leichter umformen. Diese Eigenschaft macht sich das Schmiedehandwerk schon seit vielen Jahrhunderten zunutze. Das gilt auch für Möglichkeit, Metalle zu verflüssigen und sie dann in eine gewünschte Form zu gießen.
Viele Kunststoffe sind bei Raumtemperatur elastisch und lassen sich daher kaum umformen. Bei Erwärmung werden sie plastisch und damit leicht umformbar. Das gilt auch für das im kalten Zustand sehr spröde Glas.
Bei Ton ist es genau umgekehrt. Er wird durch erhitzen hart und kaum noch bearbeitbar.

A

1. Benennt euch bekannte Werkstoffe und ordnet ihnen die in der Tabelle aufgeführten Werkstoffeigenschaften zu.

Spiralbohrer

Dorfschmiede

Kunststoffboot

Holzhaus

Um die Werkstoffauswahl für ein herzustellendes Produkt zu erleichtern, ist es sinnvoll, Proben verschiedener Werkstoffe auf ihre Gebrauchseigenschaften und Be- und Verarbeitungseigenschaften hin zu untersuchen.

Werkstoff	**Gebrauchseigenschaften**	**Be- und Verarbeitungseigenschaften**
Stahl	zäh, belastbar	kalt spanbar warm umformbar
Aluminium		
Styropor		
Holz		
...		

Ein wichtiger Gesichtspunkt für die Werkstoffauswahl ist natürlich der Preis. Hohe Werkstoffkosten verteuern das Produkt. Dabei nimmt die Wahrscheinlichkeit ab, dass dieses Produkt oft verkauft werden kann. Bei der Werkstoffauswahl sollte unbedingt auch auf seine Umweltverträglichkeit geachtet werden.

Wird für die Herstellung des Produktes viel Energie verbraucht und damit die Umwelt belastet? Ist der Werkstoff recycelbar?

Das Bemühen um immer vielseitigere Werkstoffe mit ganz bestimmten Eigenschaften, z. B. hohe Festigkeit und geringes Gewicht bei Fahrzeugen, die Konzentration vieler Bauteile auf kleinstem Raum bei Computern, hat in den letzten Jahren zu großen Fortschritten in der Werkstoffentwicklung geführt.

So werden ganz gezielt Werkstoffe für bestimmte Gebrauchseigenschaften entwickelt, so z. B. Folien, die die Aufgabe von Leiterplatten übernehmen, Aluminiumlegierungen, die eine wesentliche Gewichtsreduzierung bei Verbrennungsmotoren ermöglichen.

Um die unterschiedlichen Eigenschaften einzelner Werkstoffe für eine bestimmte Gebrauchseigenschaft zu nutzen, versucht man in verstärktem Maße verschiedene Werkstoffe zu kombinieren und erhält sogenannte Verbundwerkstoffe.

Typisch dafür sind die glasfaserverstärkten Kunststoffe. Hier hat man die Härte und Festigkeit des Glases mit der Elastizität des Kunststoffes vereinigt. Das Ergebnis ist ein elastischer Werkstoff mit hoher Festigkeit, der im Fahrzeug- und Schiffbau sowie für Angelruten genutzt wird.

Ein Aspekt der Werkstoffentwicklung ist das Bemühen, verstärkt nachwachsende Rohstoffe zu nutzen. So gewinnt Holz als Konstruktionswerkstoff wieder an Bedeutung. Zum Beispiel werden Wohnhäuser, Sporthallen u. Ä. immer häufiger aus Holz hergestellt. Im Automobilbau gewinnen Naturfaserstoffe wie Baumwollfasern, Kokosfasern usw. für die Polsterung und Schalldämmung ebenfalls an Bedeutung.

Solche Naturstoffe haben den großen Vorteil, dass sie nach ihrer Nutzung umweltschonend zu entsorgen sind.

A

1. Sucht Beispiele aus eurer Umgebung, wo nachwachsende Rohstoffe als Werkstoffe genutzt werden.

2 Sparsamer Umgang mit Werkstoffen – warum?

Wir wissen, dass Werkstoffe nicht unbegrenzt zur Verfügung stehen. Das betrifft sowohl Naturstoffe wie Holz oder Metalle als auch Materialien, die aus Naturstoffen hergestellt werden, z. B. Kunststoffe.
So ist bereits absehbar, dass aufgrund der begrenzten Vorräte das Erdöl in den nächsten Jahrzehnten knapp und damit teurer wird. Erdöl ist aber der wichtigste Grundstoff für die Kunststoffe.
Auch bei den nachwachsenden Rohstoffen gibt es Grenzen. So wurde durch Raubbau bereits ein Großteil der Regenwälder Brasiliens vernichtet. Damit verringert sich nicht nur das Angebot an tropischen Hölzern. Dies führt auch zu nachhaltigen Klimaveränderungen mit weitreichenden Folgen für die Menschen. Es ist daher zwingend notwendig, mit Werkstoffen sparsam umzugehen, um auch zukünftigen Generationen die Lebensgrundlagen zu erhalten.

Welche Möglichkeiten zum sparsamen Umgang mit Werkstoffen gibt es?
- Materialsparende konstruktive Gestaltung der Produkte,
- Entwicklung neuer Werkstoffe oder Kombination von Werkstoffen (Verbundwerkstoffe) mit besseren Gebrauchseigenschaften bei geringerem Materialeinsatz,
- Ersatz von Kunststoffen durch nachwachsende Rohstoffe,
- Mehrfachverwendung von Produkten (z. B. Mehrwegflaschen),
- Rückgewinnung von Rohstoffen aus Altmaterial (Recycling),
- Recyclingfreundliche Gestaltung der Produkte (z. B. Autos).

Die konsequente Umsetzung dieser Möglichkeiten sichert nicht nur ausreichende Werkstoffe in der Zukunft, sondern leistet einen wichtigen Beitrag zur Schonung der Umwelt. Es kommt deshalb bei der Planung und Fertigung von Produkten in der Schule bereits darauf an, bei der Werkstoffauswahl und -verarbeitung die werkstoffsparsamste Variante zu finden. Den engen Zusammenhang von Werkstoffen, der Wirtschaft und der Umwelt zeigt die folgende Übersicht:

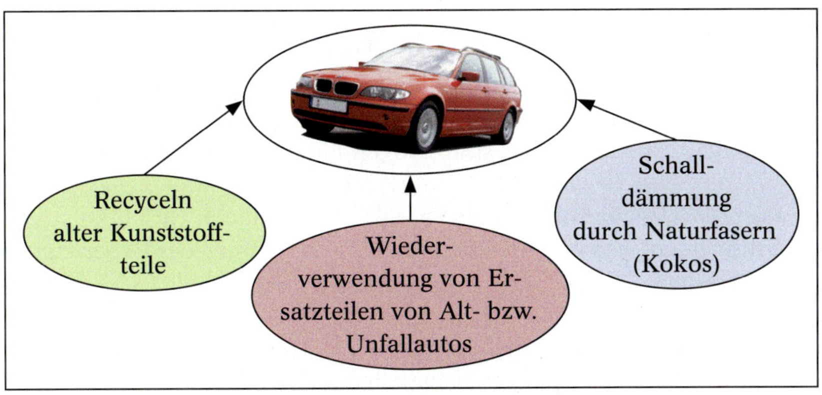

Möglichkeiten des sparsamen Umgangs mit Werkstoffen am Beispiel Pkw

Recycling-Arten
Im Allgemeinen unterscheidet man drei Arten:
- Die **Wiederverwendung** von Produkten: Das bekannteste Beispiel ist die Wiederverwendung von Flaschen (Mehrwegflaschen).
- Materialrecycling: **Rückgewinnung** von Rohstoffen aus Altmaterial als Sekundärrohstoffe. Beispiele dafür sind: Glas aus Altglas, Papier aus Altpapier oder Baumaterial aus Bauschutt.
- Energierecycling: Abfallmaterial wird nicht nur verbrannt, sondern zur **Energiegewinnung** eingesetzt.

1. Nennt Beispiele aus dem Haushalt, wo an technischen Geräten durch veränderten Werkstoffeinsatz Materialeinsparungen erzielt wurden.

2. Erkundigt euch in einer Kfz-Werkstatt oder einem Autohaus, wie neue Fahrzeuge recyclingfreundlicher gestaltet werden.

Zielsetzung

Vermutung zum Ergebnis

Bestimmen der Be- und Verarbeitungseigenschaften von Werkstoffen

Ziel des Experimentes ist es, zu untersuchen, wie sich die verschiedenen Werkstoffe bearbeiten lassen. Es soll dazu beitragen, die Werkstoffeigenschaften genauer kennenzulernen.
Zur Planung und Durchführung des Experiments wird eine Schrittfolge vorgeschlagen und typische Fragestellungen vorgestellt.
Diese Schrittfolge ist auch nutzbar, wenn im Fachunterricht zur Lösung bestimmter Fragen Experimente durchgeführt werden sollen.

1. Zielsetzung
Auf den vorangegangen Seiten habt ihr kennengelernt, dass es sehr unterschiedliche Werkstoffe gibt, die sehr unterschiedliche Eigenschaften besitzen. Diese Kenntnisse sind die Voraussetzung, um für die Fertigung eines Werkstückes die richtigen Werkstoffe auswählen zu können.
Um noch tiefere Einsichten zu den Eigenschaften der Werkstoffe, insbesondere ihre Bearbeitungseigenschaften, zu gewinnen, sollen entsprechende Experimente durchgeführt werden.
Die Vorgehensweise bei der Vorbereitung und Durchführung von Experimenten ist immer ähnlich. Deshalb ist die hier beschriebene Schrittfolge auch auf andere experimentelle Untersuchungen übertragbar.
Um die Zielsetzung des Experiments genauer zu bestimmen, ist es zweckmäßig, dazu vorher einige Leitfragen zu formulieren.

Leitfragen
- Welche Werkstoffe sollen untersucht werden?
- Welche Werkstoffeigenschaften interessieren uns besonders?
- Welche Möglichkeiten haben wir in der Schule, die Bearbeitungseigenschaften von Werkstoffen zu überprüfen?
- Haben wir ähnliche Untersuchungen schon im Werkunterricht gemacht?
- Wie müssen die Werkstoffproben gestaltet sein?
- Welche Werkzeuge und Vorrichtungen brauchen wir für das Experiment?
- Wie soll das Experiment organisiert sein? Überprüft jeder Schüler alle Werkstoffe oder richten wir Stationen ein, an denen nur bestimmte Untersuchungen durchgeführt werden?
- Welche Arbeitschutzbestimmungen müssen wir beachten?

Diese Leitfragen sind nur als Orientierung gedacht. Ihr müsst selbst entscheiden, welche Fragestellungen ihr im Rahmen des Experiments lösen wollt.

2. Vermutung zum Ergebnis
Werkstoffe lassen sich unterschiedlich gut mechanisch bearbeiten. Durch Erwärmung lässt sich die Verformbarkeit verbessern. Das geht aber nicht bei allen Werkstoffen.

Schulwerkstatt

Es ist zweckmäßig, vor dem Experiment Vermutungen zum Ergebnis festzuhalten. Einmal können damit bereits vorhandene Erfahrungen aktiviert werden. Zum anderen hilft es, das Experiment zielgerichteter durchzuführen.

Planung

3. Planung des Experiments
Um die unterschiedlichen Werkstoffeigenschaften ermitteln zu können, wird ein einziger Versuch nicht ausreichen. Wir brauchen daher mehrere Stationen mit unterschiedlichen Untersuchungsmethoden.

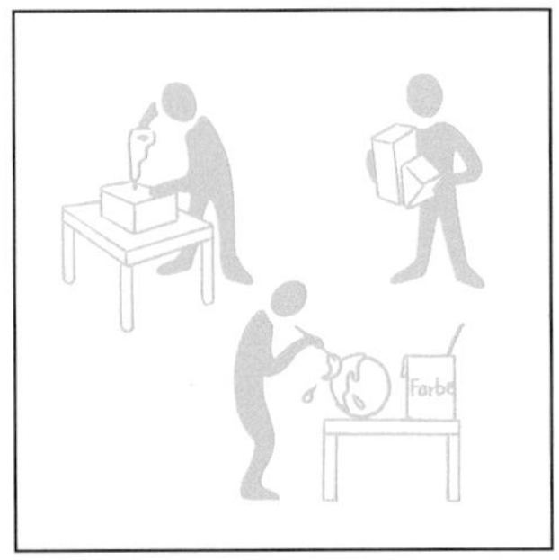
Durchführung

Das könnten sein:
1. Ein Arbeitsplatz, wo der Werkstoff durch Feilen oder Bohren mechanisch bearbeitet wird.
2. Ein Arbeitsplatz, wo Biegeversuche mit Werkstoffproben durchgeführt werden.
3. Ein Arbeitsplatz, an dem die Proben erwärmt und anschließend gebogen werden. (Arbeits- und Brandschutz beachten!)
4. Ein Arbeitsplatz, wo man versucht, auf die Werkstoffproben eine Farbschicht aufzutragen.
5. Ein Arbeitsplatz, wo man versucht, unterschiedliche Werkstoffproben durch Kleben zu verbinden.

Auswertung

Es sind noch weitere Untersuchungen denkbar. Ihr müsst selbst entscheiden, welche für euch bei der Bestimmung der Werkstoffeigenschaften wichtig sind.
Achtet immer auf die Einhaltung der Arbeits- und Brandschutzbestimmungen.

4. Durchführung des Experiments
An jeder Station arbeiten zwei bis drei Schüler und untersuchen die verschiedenen Werkstoffproben. Sie werten das Ergebnis gemeinsam aus und tragen es in eine Tabelle ein (siehe Tabelle Seite 120).

5. Auswertung des Experiments
Die Untersuchungsergebnisse der einzelnen Stationen werden zusammengetragen und in der Tabelle ergänzt.
In der anschließenden Diskussion wird erörtert, welcher Werkstoff für das zu fertigende Werkstück besonders geeignet erscheint.
Zur Auswertung gehört auch eine Nachbetrachtung zur Zweckmäßigkeit des Vorgehens beim Experimentieren.

Es sollten Fragen erörtert werden, wie:
- Waren die Experimente richtig ausgewählt?
- Haben die Untersuchungen die erwarteten Erkenntnisse gebracht oder sind noch weitere Experimente notwendig?
- War die Vorgehensweise zweckmäßig?
- Welche Vor- und Nachteile hat das Experimentieren auf der Basis von Stationen?
- Was ist zu verbessern?

Mit diesem Kapitel des Buches solltest du folgende Einsichten gewonnen haben:
- Es gibt eine Vielzahl von Werkstoffen, aus denen Produkte gefertigt werden können.
- Die Werkstoffe haben unterschiedliche Eigenschaften.
- Für die Fertigung eines Produktes sind die Be-und Verarbeitungseigenschaften des Werkstoffes wichtig.
- Die Gebrauchseigenschaften eines Werkstoffes haben großen Einfluss auf den Gebrauchswert eines Produktes.
- In wachsendem Maße werden gezielt Werkstoffe entwickelt, die für bestimmte Produkte optimale Gebrauchseigenschaften haben.
- Da Werkstoffe weltweit immer knapper und teurer werden, nutzt man zunehmend nachwachsende Rohstoffe, die außerdem die Umwelt schonen.
- Das Recycling ist eine wichtige Möglichkeit zum sparsamen Umgang mit Werkstoffen.
- Die Be- und Verarbeitungseigenschaften von Werkstoffen kann man häufig mit einfachen Experimenten ermitteln.

Recycling

Folgende Aufgaben sollen dir helfen, dein vorhandenes Wissen zu überprüfen:

Aufgabe 1: Nenne wichtige Werkstoffe zur Fertigung von Produkten. In welche Gruppen können sie unterteilt werden?

Aufgabe 2: Erarbeite eine Übersicht über wichtige Be- und Verarbeitungseigenschaften von Werkstoffen.

Aufgabe 3: Was sind wichtige Gebrauchseigenschaften von Werkstoffen für ausgewählte Produkte?

Aufgabe 4: Was versteht man unter Verbundwerkstoffen?

Aufgabe 5: Warum gewinnen Holz und andere Naturstoffe beim Werkstoffeinsatz immer mehr an Bedeutung?

Aufgabe 6: Warum ist das Recycling von Werkstoffen notwendig?

Aufgabe 7: Welche Bedeutung hat die Nanotechnik in der Werkstoffentwicklung? (Informiere dich dazu in der Presse oder im Internet.)

Aufgabe 8: Wie kann man auf einfache Weise die Bearbeitbarkeit von Kunststoffen überprüfen?

VI Ohne Werbung kein Verkauf

In diesem Kapitel geht es darum, wie und warum Werbung überhaupt gemacht wird. Werbung kostet viel Geld, aber ohne Werbung blieben die Güter in den Fabriken liegen.
Ihr lernt auch, was Werbemittel und Werbeträger sind und dass es bestimmte Regeln in der Werbung zu beachten gibt.

Meiko erliegt den Versuchungen der Werbung

1 Werbung

... mal eben durch die Altstadt ...
Meiko hört gern Musik, pflegt sich, hat oft Hunger und ist Fan von Dynamo Dresden. Meiko hat fünf Euro in der Tasche, geht einmal durch die Dresdener Altstadt und weg sind die fünf Euro.

Wofür hat Meiko das Geld ausgegeben?
Entdeckte er auf dem Wühltisch des Musik-Shops eine bestimmte CD („Die muss ich haben!") oder fiel sein Blick auf das Logo einer Fastfood-Kette („Mensch, hab ich vielleicht Hunger!") oder war es das „Wässerchen für reine Haut" im Sonderangebot („Verflixte Pickel!") oder brauchte er unbedingt den neuen Aufkleber von Dynamo aus dem Fan-Shop („Fehlt noch auf meiner Sporttasche!")?

Egal, das Geld ist weg. Aber warum? Eine Antwort auf diese Frage ist sicherlich: Werbung.

Wer Waren herstellt, will sie auch verkaufen. Aber woher sollen die Verbraucher wissen, welche Waren man wo bekommt? Das Produktangebot ist so vielfältig, dass der Verbraucher es nur in den seltensten Fällen überschauen und beurteilen kann. Häufig nimmt er gar nicht wahr, welche Vorzüge oder Nachteile die einzelnen Produkte haben. Werbung ist ein Mittel, um:
- dem Verbraucher Produkte und Dienstleistungen bekannt zu machen,
- über sie zu informieren,
- das Bedürfnis für sie zu wecken,
- ein positives Image aufzubauen und
- den Verbraucher zum Kauf anzuregen.

Werbung - warum?
Werbung kostet Geld, viel Geld. 2005 wurden dafür in Deutschland 29,6 Milliarden Euro ausgegeben. Diese Kosten sind in den Endverbraucherpreisen der Produkte enthalten. Letztendlich muss also der Verbraucher, nämlich wir, die Werbung bezahlen.

Viele Konsumgüter können heute nur dann zu erschwinglichen Preisen hergestellt werden, wenn sie in großer Stückzahl oder in Massenproduktion gefertigt werden. Die Massenproduktion einer Ware aber setzt voraus, dass diese überall bekannt ist. Das geschieht durch Werbung.

Ohne Werbung blieben viele Güter in den Fabrikhallen liegen, ließen sich nur in kleinen Mengen oder, wie in unserem Beispiel (siehe Seite 127), gar nicht absetzen. Deshalb lautet das Motto für viele Unternehmer: „Wirb oder stirb!"
Dabei ist es wichtig, die Werbung für eine bestimmte Zielgruppe zu gestalten, denn nur gut gemachte Werbung kommt an. Und da sie viel Geld kostet, müssen vorher wichtige Entscheidungen getroffen werden.

1. Nehmt Stellung: Werbung beeindruckt mich
   - nie,
   - manchmal,
   - oft,
   - immer.

   Nennt, soweit möglich, Beispiele.

1. Beispiel:
Herr Kamp ist Tüftler und Bastler. Er hat einen Grill konstruiert, bei dem die Steaks senkrecht eingehängt werden, sodass während des Grillens das Fett in eine Wasserschale abtropfen kann. Er rechnet aus, wie viel Geld er selbst aufbringen musste, zählt für die eigene Arbeit einen Betrag hinzu, ebenso einen Gewinn und kommt auf einen Verkaufspreis von 178,60 Euro pro Grill.

Dann malt er ein Schild, worauf er das Prinzip des Grills erklärt, stellt sich am Sonntag auf einen Hobbymarkt und wartet auf Kunden – vergeblich!
Er verkauft nicht *ein* Gerät, sondern bekommt stattdessen zu hören: „Viel zu teuer!“ und „Im Einkaufszentrum gibt's Grillgeräte für 23 Euro!“ und „So viel ist mir dieser Fettabtropf-Trick nun auch nicht wert!“

Werbung um 1922: Beginn der Werbung für Markenartikel

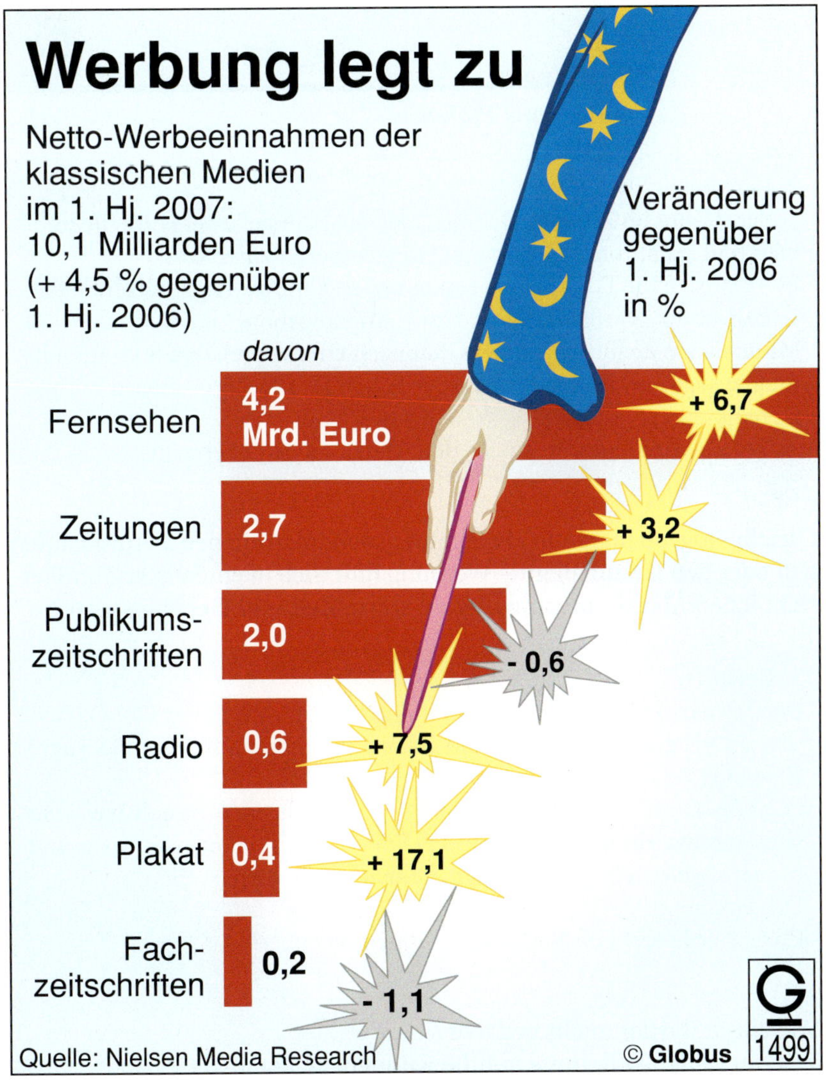

A

1. Überlegt euch Tipps für Herrn Kamp, wie er Kunden für seinen Grill anlocken könnte.

2. Findet heraus, für welche Produkte in Tageszeitungen und Jugendzeitschriften geworben wird.

3. Würdet ihr Herrn Kamp empfehlen, im Fernsehen Werbung zu machen? Begründet eure Antwort.

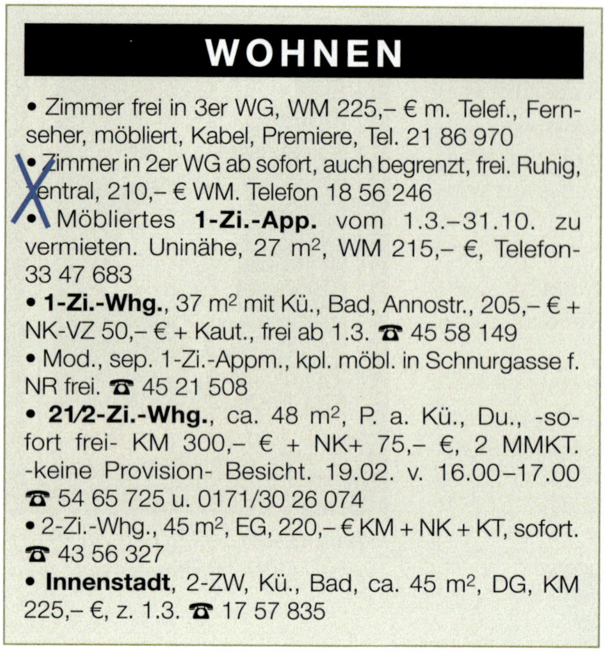

WOHNEN

- Zimmer frei in 3er WG, WM 225,– € m. Telef., Fernseher, möbliert, Kabel, Premiere, Tel. 21 86 970
- Zimmer in 2er WG ab sofort, auch begrenzt, frei. Ruhig, zentral, 210,– € WM. Telefon 18 56 246
- Möbliertes **1-Zi.-App.** vom 1.3.–31.10. zu vermieten. Uninähe, 27 m^2, WM 215,– €, Telefon-33 47 683
- **1-Zi.-Whg.**, 37 m^2 mit Kü., Bad, Annostr., 205,– € + NK-VZ 50,– € + Kaut., frei ab 1.3. ☎ 45 58 149
- Mod., sep. 1-Zi.-Appm., kpl. möbl. in Schnurgasse f. NR frei. ☎ 45 21 508
- **2½-Zi.-Whg.**, ca. 48 m^2, P. a. Kü., Du., -sofort frei- KM 300,– € + NK+ 75,– €, 2 MMKT. -keine Provision- Besicht. 19.02. v. 16.00–17.00 ☎ 54 65 725 u. 0171/30 26 074
- 2-Zi.-Whg., 45 m^2, EG, 220,– € KM + NK + KT, sofort. ☎ 43 56 327
- **Innenstadt**, 2-ZW, Kü., Bad, ca. 45 m^2, DG, KM 225,– €, z. 1.3. ☎ 17 57 835

Mietangebote in einer Zeitung

Bastians Plakat

2. Beispiel:
Tobias wohnt im Zittauer Gebirge, hat eine Lehrstelle bei Foron bekommen und sucht nun in Chemnitz ein Zimmer in einer WG.
Er kauft sich die Freie Presse Chemnitz und andere Regionalzeitungen, schaut unter „Vermietungen" bzw. „Mietangebote" nach, braucht 30 Minuten, um anzukreuzen, was ihm nach Größe, Preislage und Ausstattung zusagt und ist schon auf dem Weg, die Angebote unter die Lupe zu nehmen.
Auf diese Weise konnte Tobias den Markt schnell überprüfen.

Gleichgültig, ob man nun ein Zimmer sucht, sich ein neues Auto kaufen will oder den Urlaub plant – Werbung hilft, sich in einem sonst unübersichtlichen Markt zurechtzufinden sowie Zeit und Geld zu sparen.

3. Beispiel:
Bastian bastelt wunderschöne Weihnachtssterne aus Stroh. Onkel, Tanten, die gesamte Verwandtschaft hat sie ihm abgekauft, und das sogar freiwillig.
„Daraus kann man was machen", sagt sich Bastian, bastelt wie wild weiter und wirbt für seine Produkte, indem er an Bäumen, Zäunen und Mauern kleine Plakate anbringt (siehe das Bild oben rechts).
Der Erfolg?
Zwei Sterne verkauft Bastian – an einen Nachbarn.

Was hatte Bastian nicht bedacht?
Wer verkaufen will, muss auf die Kunden zugehen.

Bastian wird seinen Misserfolg überleben – Unternehmern darf so etwas allerdings nicht passieren, denn sie würden „pleitegehen". (Wirb oder stirb!)

Zudem gibt es für Unternehmen ein Problem, das es ihnen noch schwerer macht:
Massenprodukte, die heute auf dem Markt angeboten werden, sind qualitativ annähernd gleich gut. Fernsehgeräte, egal welcher Marke, haben eine lange Lebensdauer, Autos rosten kaum noch durch.

Frage: Wie aber will ein Unternehmer gerade für sein Produkt Kunden gewinnen, wenn es so viel andere gibt, die gleichwertig sind?
Antwort: Er muss seine Werbung so gestalten, dass beim Verbraucher das Gefühl geweckt wird: „Dieses Produkt ist gut oder gefällt mir besser."

Dazu werden alle Spielarten von Werbung genutzt:
- Unterschiede zu anderen Produkten, auch wenn sie noch so gering sind, werden als bedeutend herausgestellt,
- es wird die äußere Gestaltung, das Design des Produktes besonders beleuchtet,
- das Produkt wird in unterhaltsamen, lustigen oder spannenden Situationen bzw. in Verbindung mit schönen Bildern dargestellt,
- es werden Situationen gezeigt, in denen das Produkt von typischen Vertretern bestimmter Gesellschaftskreise verwendet wird.

Fassen wir zusammen:
Werbung
- liefert den Konsumenten Informationen, die ihnen helfen Zeit und Geld zu sparen, um sich einen Marktüberblick zu verschaffen,
- ist wichtig für die Unternehmen, um ihre Produkte den Konsumenten bekannt zu machen,
- fördert die Massenproduktion von Gütern. Produkte sind kostengünstiger, wenn sie in großen Mengen hergestellt werden können. Dazu müssen sie dem Konsumenten bekannt sein und verkauft werden.

Massenproduktion

Einzelanfertigungen im Modesalon

Anzeige (Bravo)

Informierende Werbung

Wie aber muss Werbung gestaltet sein, wenn sie erfolgreich sein will? Das Zauberwort hierfür heißt AIDA. Werbung muss:

A = attention = Aufmerksamkeit erregen,
I = interest = Interesse auf das Produkt leiten,
D = desire of posession = Besitzwunsch anregen,
A = action = zum Handeln, Kaufen bringen.

Für uns gilt es zu lernen mit Werbung umzugehen, sie zu durchschauen und für uns zu nutzen.

1.1 Werbung = Information?

Der Werbung werden viele Eigenschaften zugesprochen und deshalb gibt es auch sehr unterschiedliche Urteile zur Werbung:

- Werbung ist eine wichtige Informationsquelle für den Verbraucher und informiert ihn über Produkte und Dienstleistungen,
- Werbung will zeigen, wie die außerordentlich vielfältigen Bedürfnisse der Verbraucher befriedigt werden können,
- Werbung verführt den Verbraucher auf vielfältige Weise und verführt damit zu unnötigen Geldausgaben,
- Werbung sagt nicht die ganze Wahrheit über die Qualität von Produkten und Dienstleistungen,
- Werbung gaukelt dem Verbraucher eine schöne Welt vor, die es in der Realität gar nicht gibt.

Positiv wird Werbung eingeschätzt, wenn sie Angaben über Preis, Menge und Qualität des angebotenen Produktes enthält. Mit diesen Informationen können die Verbraucher Vergleiche mit anderen Angeboten anstellen. Solche **informierende Werbung** findet ihr überwiegend in Tageszeitungen, auf Handzetteln von Kaufhäusern, Supermärkten, Fachgeschäften und auf Plakaten. Kritischer gesehen wird Werbung im Fernsehen, im Radio und in Illustrierten. Dort spricht Werbung eher das **Gefühl** der Konsumenten an. Konkrete Aussagen über das Produkt gibt es kaum, Preisangaben fehlen meist. Solche Werbung enthält häufig Erkennungsmelodien, Werbesprüche, erzählt rührende Geschichten, zeigt z.B. Meinungsführer, Comic-Figuren, Filmstars, Tiere, niedliche Kinder und arbeitet mit Übertreibungen, Symbolen und Wortschöpfungen.

Fragen an die Werbung

1. Für welche Ware wird geworben?
2. Womit wird geworben (z.B. Plakat)? = Werbemittel
3. Wo wird geworben (z.B. Zeitung)? = Werbeträger
4. An wen wendet sich die Werbung (z.B. Jugendliche)? = Zielgruppe
5. Besteht die Werbung überwiegend aus Text oder Bildern und welcher Zusammenhang besteht zwischen ihnen?
6. Wie lautet, falls vorhanden, der Werbespruch?
7. Mit welchem Trick, mit welcher Masche wird geworben?
8. Wendet sich die Werbung nur oder hauptsächlich an Gefühle?
9. Gibt es hilfreiche Informationen, die dem Verbraucher Preis-, Mengen- und Qualitätsvergleiche ermöglichen?

A

1. Wählt eine Werbung, z.B. aus einer Illustrierten, aus und beantwortet dazu die „Fragen an die Werbung".

2. Werbung, die sich an das Gefühl wendet, arbeitet mit bestimmten „Tricks", von denen eine Anzahl im Text genannt sind: Erkennungsmelodien, Werbesprüche usw. Fallen euch zu den einzelnen „Tricks" bestimmte Beispiele aus der Werbung ein?

3. Im Text dieser Seite stehen fünf Aussagen zur Werbung. Welche der Aussagen nimmt auch der Verbraucher kritisch unter die Lupe?

… und noch ein Trick: Das Gillette-Prinzip

Wenn ich Barbie-Puppen sehe, muss ich an Rasierklingen denken. Nicht etwa, weil ich ihnen die Kehle durchschneiden will, wie sie es verdient hätten, sondern weil sie ihren Markterfolg aus dem Gillette-Prinzip herleiten.

Die Firma *Gillette* hatte ihren Erfolg damit, dass sie den amerikanischen Markt innerhalb weniger Wochen mit spottbilligen Rasierapparaten überschwemmte. Die Dinger waren wirklich haarsträubend preiswert, dass man schon auf den Kopf gefallen sein musste, wenn man nicht zugriff. Nach kürzester Zeit hatte darum jeder geistig gesunde Amerikaner so einen Schaber vor dem Badezimmerspiegel.

Gillette war allerdings auch nicht gerade auf den Kopf gefallen. Denn zu einem Apparat brauchte man ein Leben lang passende Klingen. Und die einzigen, die passten, gab es bei *Gillette*. So wurden Millionen von Amerikanern quasi über Nacht zu Stammkunden gemacht.

Und *Barbie*?

Nun, bei *Barbie* sind die Rasierklingen, die man nachkaufen muss, die Höschen und Blüschen und Kleidchen und Mäntelchen und Söckchen und Schühchen und Täschchen und Hütchen und Tischchen und Stühlchen und und und. Der Puppenkörper ist nur ein Köder, ein Lock-Produkt. Wer ihn erst einmal hat, ist für die nächsten Jahre bei *Mattel* Stammkunde.

Quelle: Richard Ganter: Die Sprüchemacher, Rowohlt Reinbek bei Hamburg, 1980

A

1. Falls ihr einen (ehemaligen) Barbie-Fan in eurer Klasse habt, lasst ihn berichten.

2. Kennt ihr weitere Produkte, die nach dem „Gillette-Prinzip“ verkauft werden?

Barbie-World

Litfaßsäule

Bandenwerbung

1.2 Werbemittel und Werbeträger

Die nachfolgende Geschichte nennt euch eine Anzahl von Beispielen, wo und womit geworben kann:

Ein toller Hecht
Er ist zwar fast 50, hat kaum noch Haare, ist klein, Junggeselle, hat nicht einmal ein Auto. Und trotzdem: Herr Schlüter wird den ganzen Tag, die ganze Woche, den ganzen Monat, das ganze Jahr lang ein umworbener Mann bleiben, wie auch an diesem Samstag.

Das beginnt bereits morgens:
Herr Schlüter haut auf den Wecker, *Dugena*, schaltet das Radio ein, *Otto find ich gut*, steht gegen neun Uhr auf und macht Frühstück, *Tchibo*, schlägt die Zeitung auf, Beilagen *Baumarkt Bahr,* blättert die Zeitung durch, *Gebrauchtwagen, Immobilien, Stellenmarkt, Supermarkt*, macht sich auf den Weg, liest an der Litfaßsäule um die Ecke, *Pepsi Cola, Wählt FDP*, betritt in der Fußgängerzone den Supermarkt, *Achtung, heute im Angebot: Suppenfleisch 3,89 Euro das Kilo*, kommt mit einer Tragetasche heraus, *Maxi-Markt*, isst eine Kleinigkeit, *Kochlöffel*, kehrt nach Hause zurück und öffnet den Briefkasten, *Bücherbund, Klassenlotterie,* steigt um 14 Uhr in den Bus, *Atlas-Zigarren*, fährt zum Stadion zum Fußballspiel Borussia gegen *Bayer, S. Oliver gegen Aspirin*, schaut in die Stadionzeitung, *Sportstudio Stammen, Hubertus-Hof*, liest am Spielfeldrand, *O.tel.O, Erdgas*, sieht die Mannschaften auflaufen, *Adidas gegen Puma*, sitzt um 20 Uhr im Kino, *Schöller-Eis, Ford-Kleine*, schlendert noch durch die Stadt, *China-Restaurant*, und sitzt um 23 Uhr vor dem Fernseher. Gerade droht Agent 007 in ein Haifischbecken zu stürzen: *Werbung*. Herr Schlüter drückt auf das rote Knöpfchen und geht ins Bett.

1. Notiert, welche Werbemittel und Werbeträger in der Geschichte „Ein toller Hecht" genannt werden. Schreibt es folgendermaßen auf: Dugena: Werbung am Produkt, Otto find ich gut: Radiowerbung, usw.

1.3 Was darf Werbung?

Grundlage der Wirtschaftsordnung der Bundesrepublik Deutschland ist der Wettbewerb. Wie im Sport gibt es dafür Regeln, an die sich auch Werbung zu halten hat. Sie darf nicht lügen, irreführen oder Konkurrenten herabsetzen. Wer achtet auf die Einhaltung der Regeln?

- Da gibt es das **Gesetz gegen den unlauteren Wettbewerb**. § 1 lautet: „Wer im gesellschaftlichen Verkehr zu Zwecken des Wettbewerbs Handlungen vornimmt, die gegen die guten Sitten verstoßen, kann auf Unterlassung und Schadensersatz in Anspruch genommen werden." Das Gesetz enthält im weiteren Beispiele für irreführende Angaben in der Werbung, Verleumdung von Mitbewerbern usw.
- An die **Verbraucherverbände**, z. B. an die Verbraucherberatungsstellen und an den Verbraucherschutzverein (Verein zum Schutz gegen den unlauteren Wettbewerb) kann sich der Verbraucher direkt wenden, wenn er sich durch gesetzwidrige Werbung benachteiligt fühlt.
- Es gibt auch eine Selbstkontrolle der Werbewirtschaft: den **Deutschen Werberat**. Er wird in Streitfällen von Konkurrenten untereinander, aber auch bei Beschwerden von Verbrauchern tätig.

Verbraucherinformation

Deutscher Werberat
Postfach 20 14 14
53144 Bonn

SPIEGEL ONLINE – 07. April 2006, 10:53
URL: http://www.spiegel.de/netzwelt/tech/0,1518,410237,00.html

Klingelton-Werbeverbot

Jamba sieht sich nicht betroffen

In der Werbung für Handy-Klingeltöne müssen nach einem Urteil des Bundesgerichtshofs die tatsächlich anfallenden Kosten angegeben werden. Der Verkauf über 0190er-Nummern sei sittenwidrig. Der Klingeltonverkäufer Jamba begrüßte das Urteil.

Der Bundesgerichtshof (BGH) in Karlsruhe hat den Schutz von Kindern und Jugendlichen vor Lockangeboten verbessert: Unternehmen müssen in Anzeigen für Handy-Klingeltöne angeben, welche Gesamtkosten beim Herunterladen in der Regel anfallen. Damit gab der BGH am gestrigen Donnerstag einer Klage des Bundesverbands der Verbraucherzentralen (vzbv) statt.

Jamba-Drache: „Wir finden, dass die WAP-Gebühren niedriger sein sollten."
Die Verbraucherschützer hatten Werbung in Jugendzeitschriften kritisiert, bei der lediglich angegeben war, das Herunterladen der Klingeltöne auf das Handy koste je Minute 1,86 Euro. Hierüber hatte sich beim vzbv ein Jugendlicher beschwert, dem so Kosten von gut sieben Euro entstanden waren. Vor Gericht kritisierte der Verband, dass ohne Angaben dazu, wie lange der Vorgang in der Regel dauere, die tatsächlichen Kosten für den Klingelton unklar blieben. Dies könnten die Jugendlichen erst im Nachhinein auf ihrer Handy-Abrechnung erkennen.

1. Worin besteht das entscheidende Argument des BGH zum Verbot von Werbung für Handyklingeltöne in Jugendzeitschriften?
2. Wie kann man sich vor der aufgezeigten Gefahr schützen?
3. Sollte eurer Meinung nach Werbung für gesundheitsschädliche Produkte (Zigaretten, Alkohol, Süßigkeiten) und umweltschädliche Produkte (Autos) verboten werden?

Werden so Wünsche wahr?

Werbung, die das Gefühl anspricht

Nur die Hälfte der Bundesbürger glaubt an das, was Werbung verspricht.

Henry Ford, Gründer der Ford Motor Company (1863–1947), soll gesagt haben: „Die Hälfte meiner Werbung ist rausgeschmissenes Geld. Wenn ich nur wüsste, welche Hälfte." Heute ist man längst der Meinung, dass mindestens drei Viertel der Werbeausgaben keinen Erfolg bringen. Und soweit Werbung Erfolg hat, ist es hauptsächlich informierende Werbung, die Kaufentscheidungen beeinflusst. Preis und Qualität sind dem Verbraucher eindeutig wichtiger als Versprechungen der Werbung.

Werbung, die sich an das Gefühl der Verbraucher wendet, hat also längst nicht die Wirkung, die viele vermuten. So dürften Anzeigen, TV-Spots usw. immer nur Be-Werbungen beim Verbraucher sein, mit begrenzter Wirkung.
Ferner scheint sich zumindest die Fernsehwerbung mit den ständigen Programmunterbrechungen selbst unbeliebt zu machen. Dies ist insbesondere dann der Fall, wenn die sogenannte **Reminder-Methode** angewendet wird, bei der zweimal oder dreimal pro Werbeblock dem Zuschauer die Werbebotschaft (z. B. für Süßigkeiten) „eingehämmert" wird. Oft reagiert der Verbraucher dann mit einer bewussten Ablehnung dieses Produktes und kauft es gerade nicht. Wenn bestimmte Werbemaßnahmen so wenig Einfluss haben, warum dann diese riesigen Werbeausgaben?
Offensichtlich aus folgendem Grund: Werbung ist das einzige Mittel der Unternehmen, den Kunden **direkt** anzusprechen – ein anderes gibt es nicht. Werbung spielt bei allen Kindern für die Bewertung von Produkten eine große Rolle. Grundschulkinder glauben, dass Werbung informiert und die Wahrheit sagt. Auch können sie nicht eindeutig zwischen Fernsehprogramm und Werbung unterscheiden.

Ab dem zwölften Lebensjahr wissen sie jedoch, dass sie zum Kauf eines Produktes verführt werden sollen. Manche Werbung finden sie sogar „ätzend" und kaufen die Ware absichtlich nicht.

A

1. Private Sender finanzieren sich ausschließlich aus Werbeeinnahmen. Haben eurer Meinung nach Einschaltquoten Einfluss auf die Qualität der Sendungen? Wird also die Einschaltquote zum Programmdirektor? Begründet!

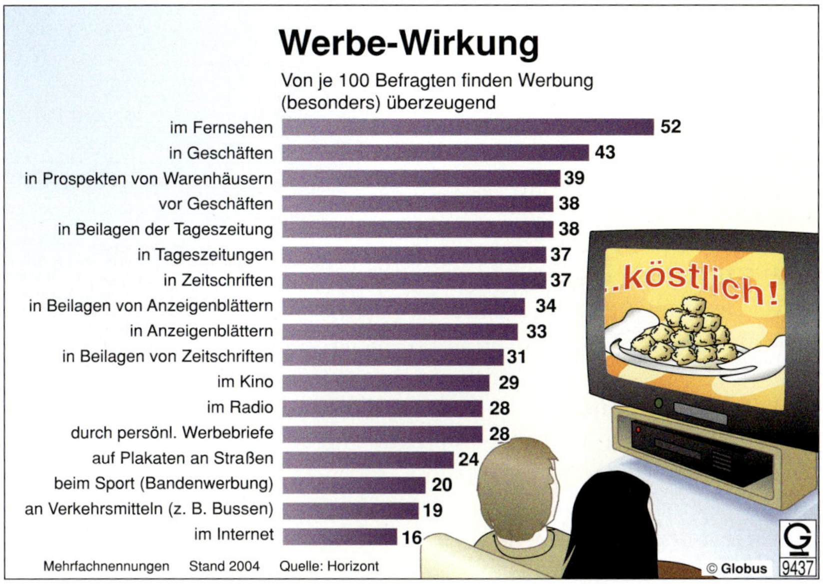

„Ran an die Kunden!" – Verkaufsstrategien

Werbefachleute geben sich viel Mühe, ihre mögliche Kundschaft genau zu durchleuchten. Sie wissen, wie sie lebt, welche Personen und Gruppen für sie wichtig sind, welche Bedürfnisse sie haben oder welche in ihnen geweckt werden könnten. Danach haben sie ihre Verkaufsstrategien ausgerichtet. Von Jugendlichen wissen die Werbefachleute, dass sie am liebsten dort einkaufen, wo ihnen die Atmosphäre gefällt. Musik- und Modegeschäfte oder Fastfood-Restaurants haben sich entsprechend eingerichtet und werden so zum Treffpunkt, wo die Jugendlichen am liebsten unter sich sind. Eine Verkaufsstätte, die ihr von euren Alltagserfahrungen her kennt, haben die Fachleute besonders unter die Lupe genommen: den Supermarkt.

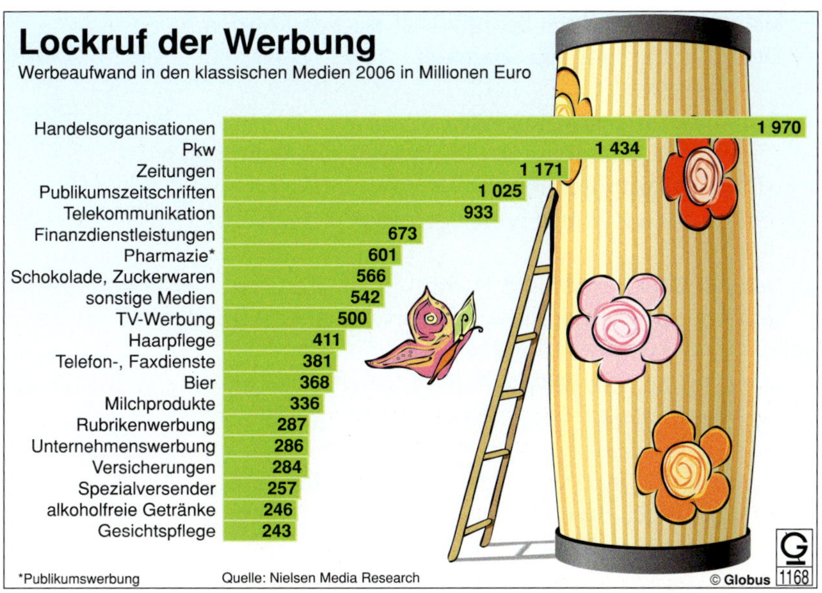

1. Welche Ziele verfolgt ein Unternehmen mit der Werbung, was erwartet der Verbraucher von der Werbung?

2. Warum nennt man Sportstars auch lebende Litfaßsäulen?

3. Überlege, wo und womit für was geworben wird (Werbeträger und Werbemittel). Stelle eine Liste zusammen.

4. Wähle eine Werbung aus und untersuche sie mithilfe der 9 Fragen (siehe Seite 130).

Wie entwickle ich ein Referat

Sichten von Material

Gliederung erstellen

Gestaltung planen

Präsentation vorbereiten

Referat halten

1. Sichten von Material/Literatur
Das können Statistiken, Texte aus Presse und Internet oder Literatur (Bücher) sein.
Bei der Auswahl des Material muss die Zielgruppe beachtet werden (Wer hört zu?).

2. Gliederung erstellen
Wie soll das Referat gegliedert werden?
Material und Texte zuordnen (Fotos, Grafiken, Modelle).

3. Texte erarbeiten
Texte erarbeiten und verbinden zur Gliederung unter Verwendung der Materialien.

4. Gestaltung planen
Welche Grafiken und Bilder sollen verwendet werden?
Werden beim Vortrag Folien, z. B. für die Gliederung verwendet oder wird eine Powerpoint-Präsentation benutzt?
Müssen Dias besorgt werden?
Wie kann man Fotos den Zuhörern präsentieren?

5. Präsentation vorbereiten
Die Präsentation muss vorbereitet und organisiert werden (Technik, Modelle oder eventuell Experten zum Referat einladen, z. B. eine Person aus einer Bank zum Thema Taschengeld/Jugendkonten).
Technik vorher ausprobieren.

6. Das Referat halten
Nach der Gliederung möglichst frei sprechen, wenig ablesen.
Eventuell die Gliederung als Kopie an die Zuhörer verteilen.
Klären, wann Fragen beantwortet werden können.
Deutlich und langsam sprechen.

7. Auswertung des Referates
Wie ist das Referat bei der Zielgruppe angekommen?
Ist die Zielgruppe erreicht?
Was kann in Zukunft besser gemacht werden?

Beim Referat können das Thema und die Zeit vom Lehrer vorgegeben sein oder die Schüler können Vorschläge unterbreiten.

Die Gruppe, vor der das Referat gehalten wird, muss nicht immer die Klasse sein.

Zum Thema „Taschengeld“ könnte ein Referat z. B. auch bei einem Elternabend gehalten werden (Zielgruppe in diesem Fall beachten!).

Zum Wiederholen könnt ihr am besten die folgenden Aufgaben bearbeiten. Wenn ihr unsicher seid, lest im Kapitel nach.

1. Ergänze folgende Sätze:
   - Ohne Werbung …
   - Werbung kostet Geld, weil …

2. Warum gibt es immer mehr Werbung?

3. Warum ist Werbung auch eine wichtige Information?

4. Was ist das Gillette-Prinzip?

5. Nenne Werbemittel und Werbeträger.

6. Welche Aussagen in der Tabelle sind richtig, welche falsch? Übertrage die Antworten in dein Heft.

	richtig	falsch
Werbung ist gut für den Zeitvertreib.	?	?
Werbung ist ein Mittel, um den Verbraucher über Produkte zu informieren.	?	?
Werbung ist in Deutschland verboten.	?	?
Kinder dürfen keine Werbung sehen.	?	?
Werbung soll Bedürfnisse für Produkte wecken.	?	?
Werbung soll dem Verbraucher helfen, Geld zu sparen.	?	?
Werbung soll den Verbraucher zum Kauf anregen.	?	?

7. Erkläre **AIDA**.

8. Sortiere folgende Begriffe nach Werbemitteln und Werbeträgern:
   - Plakate,
   - Busse,
   - T-Shirts,
   - Anzeigen,
   - Flyer,
   - Streichholzschachteln,
   - Plakatwände,
   - Visitenkarten,
   - Kugelschreiber.

Gesundheit

Werbeplakat

Das Sammeln von statistischen Informationen

In diesem Buch findet ihr eine Fülle von statistischem Material, meist aufbereitet in Form von Schaubildern.

Diese Daten sind, wenn ihr das Buch in der Hand haltet, meist schon einige Jahre alt. Das liegt nicht daran, dass Autoren und Verlag Schlafmützen sind, sondern daran, dass es
- häufig lange dauert, bis statistisches Material aufgearbeitet und veröffentlicht ist; das gilt insbesondere für Zahlen, die mit hohem Aufwand berechnet werden müssen,
- viele Schaubilder aus einem aktuellen Anlass heraus angefertigt und später nicht mehr aktualisiert werden.

Aus diesen Gründen kann es leicht geschehen, dass selbst die aktuellsten Daten, die zur Verfügung stehen, zwei Jahre alt sind, vielleicht noch älter. Wenn ein Buch 2009 gedruckt wird, ist es möglich, dass selbst die „neuesten“ Zahlen aus dem Jahre 2006 stammen. Haltet ihr das Buch 2009 in der Hand, dann sind die Zahlen schon drei Jahre alt.

Wenn ihr mit Statistiken und Schaubildern arbeiten wollt, die aktueller sind, dann gibt es nur einen Weg: Ihr müsst sie selbst suchen.

Hier sind einige Hinweise auf Internet-Seiten, auf denen ihr aktuelles statistisches Material findet. Einige dieser Adressen könnt ihr auch für eure Berufswahl nutzen.

Bundesweite Statistiken:
www.destatis.de
www.arbeitsagentur.de

Statistisches Landesamt des Freistaates Sachsen:
www.statistik.sachsen.de

Offizielle Homepage des Landes Sachsen:
www.sachsen.de

Sächsisches Staatsministerium für Wirtschaft und Arbeit:
www.smwa.sachsen.de

Links zu den Industrie-, Handels- und Handwerkskammern in Sachsen finden sich unter:
www.sachsen.de/de/wu/links/index.html

Schaubilder:
http://db.globus.picturefarm.eu

Analyse:
Das Wort bedeutet Zergliederung und Untersuchung.

Ausbildungsberuf:
Wer eine Ausbildung machen will, kann dies nur in einem staatlich anerkannten Ausbildungsberuf. Staatlich anerkannt ist ein Ausbildungsberuf, wenn für ihn eine Ausbildungsordnung vorliegt. Die Ausbildung erfolgt überwiegend in → Betrieben, der Verwaltung und in Berufsfachschulen.

Bedarf:
Die Summe aller Bedürfnisse nennt man Bedarf.

Betrieb:
Technische und organisatorische Einheit, die Sachgüter und Dienstleistungen für andere Betriebe oder die privaten Haushalte herstellt. Im Gegensatz zum → Unternehmen muss der Betrieb rechtlich nicht selbstständig und auch nicht im privaten Besitz („öffentlicher Betrieb") sein.

Betriebsstoff:
Ein Werkstoff, der bei der Produktion von Gütern eingesetzt wird, ohne jedoch Bestandteil des Produktes selbst zu werden (z.B. Schmierstoffe, Strom, Wasser, Öl).

Betriebsziel:
Unterschieden werden hier Sachziele und Formalziele. Die Sachziele sind in der Regel von Betrieb zu Betrieb unterschiedlich, denn alle haben unterschiedliche Produktions- und Absatzprogramme. Bei den Formalzielen unterscheiden sich öffentliche und private Betriebe: Öffentliche Betriebe sollen möglichst kostendeckend arbeiten, während private Betriebe Gewinne anstreben.

Bürgerliches Gesetzbuch (BGB):
Regelt den größten Teil des allgemeinen Privatrechts, gilt seit 1900 mit vielen Anpassungen an die veränderten Verhältnisse. Das BGB ist in fünf Bücher unterteilt. 1. Buch: Rechts- und Geschäftsfähigkeit, Vertragsrecht, 2. Buch: Rechtsbeziehungen zwischen Gläubiger und Schuldner, 3. Buch: Besitz- und Eigentumsrecht, 4. Buch: Familienrecht, 5. Buch: Erbrecht.

Dienstleistung:
→ Güter

Einkommen:
Geldbeträge, die einer Person auf der Grundlage von Arbeitsleistungen (z.B. Gehalt, Lohn, Sold, Gage), Vermögensbesitz (z.B. Miete, Zins, Pacht) oder Transferleistungen (Wohngeld, Kindergeld) zufließen.

Einstiegsqualifizierungsmaßnahmen
Das Einstiegsqualifizierungsjahr (EQJ) ist ein betriebliches Langzeitpraktikum und soll als Brücke zur Ausbildung dienen. Dabei orientiert es sich in der Regel an den Ausbildungsinhalten des entsprechenden Ausbildungsberufs.

Erstausbildung:
Da heute immer mehr Jugendliche nach ihrer Ausbildung den Beruf wechseln müssen um einen neuen zu erlernen, wird beim Ausbildungsberuf von Erstausbildung gesprochen um deutlich zu machen, dass der Ausbildungsberuf in der Regel kein Beruf für das ganze Leben ist.

Erwerbspersonen:
Alle Personen in Deutschland, die eine auf Erwerb ausgerichtete Tätigkeit ausüben oder eine solche suchen. Dabei spielt keine Rolle, ob diese Tätigkeit für den Lebensunterhalt ausreicht oder wie lange die Arbeitszeit dauert. Als Erwerbspersonen gelten Erwerbstätige, die in einem Arbeitsverhältnis stehen (unselbstständig Beschäftigte) oder selbstständig sind, und Erwerbslose. Diese sind ohne ein Arbeitsverhältnis, bemühen sich aber um ein solches. Entscheidend ist nicht, ob sie bei der Arbeitsagentur als arbeitslos gemeldet sind. Arbeitslose sind diejenigen, die sich bei der Arbeitsagentur arbeitslos gemeldet haben, eine Beschäftigung für mindestens 18 Stunden wöchentlich suchen, für die Arbeitsaufnahme sofort zur Verfügung stehen und nicht arbeitsunfähig erkrankt sind. Die Zahlen der Erwerbslosen und der Arbeitslosen stimmen nicht überein. Nichterwerbspersonen üben keinerlei auf Erwerb gerichtete Tätigkeit aus und suchen auch keine solche.

Erwerbstätigkeit:
Die Erwerbstätigkeit ist für die meisten Menschen in Industriegesellschaften Sicherung des Lebensunterhalts. Als erwerbstätig gelten alle Personen, die eine haupt- oder nebenberufliche Tätigkeit ausüben, für die sie ein Entgeld (z.B. Lohn, Gehalt, Honorar) erhalten (z.B. Arbeiter, Beamte, Selbstständige).

Gewinn:
Liegen die Aufwendungen (z.B. Lohn- und Maschinenkosten) unter den Einnahmen durch den Verkauf von Waren oder Dienstleistungen, spricht man von Gewinn. Die Höhe des Gewinns zeigt den wirtschaftlichen Erfolg eines → Unternehmens.

Girokonto:
Laufendes Konto, über das bar, durch Überweisung, Scheck, Scheckkarte, Dauerauftrag usw. verfügt werden kann. Das Geld auf einem Girokonto bezeichnet man als Buchgeld. Es entsteht entweder durch Bareinzahlung, den bargeldlosen Zahlungsverkehr (z.B. Überweisungen) oder Kredite. Buchgeld, auch Giralgeld genannt, wird im bargeldlosen Zahlungsverkehr verwandt. Die Zahlungen mit Buchgeld (bargeldloser Zahlungsverkehr) überwiegen den Zahlungsverkehr mit Bargeld bei Weitem.

Gut:
Fast alles, was wir zum Leben benötigen, ist knapp und muss daher bewirtschaftet werden. Als Sammelbezeichnung dafür gibt es das Wort Güter. Neben der Knappheit sind Kennzeichen der Güter:
- Sie haben einen Preis,
- sie erfordern meist einen Aufwand bei der Herstellung,
- sie können meist nur konsumiert werden, weil sie produziert wurden.

Meist denkt man bei Gütern nur an Gegenstände - Waren oder Produkte. Aber auch die Leistungen einer Friseurin, eines Rechtsanwalts oder eines Lehrers sind Güter (Dienstleistungen). Im Unterschied zu Sachgütern können sie nicht auf Vorrat produziert und gelagert werden. Bei den Sachgütern, die wir konsumieren, unterscheidet man Verbrauchsgüter und Gebrauchsgüter: Verbrauchsgüter wie Brot oder Strom verschwinden durch den Konsum; Gebrauchgüter, z.B. ein Herd oder ein Fernsehgerät, können lange genutzt werden.

Güter:
Unter diesem Begriff werden alle Mittel zusammengefasst, die zur Bedürfnisbefriedigung dienen. Dieser weite Begriff wird aber in der Regel nicht verwendet: Auch Luft benötigen wir zur Bedürfnisbefriedigung, da sie aber im Überfluss vorhanden ist, zählt man sie zu den *freien Gütern.* Im fachlichen Sprachgebrauch werden nur die *wirtschaftlichen Güter* als Güter bezeichnet: Sie sind knapp, haben einen Preis und erfordern Aufwand bei der Herstellung. Güter werden eingeteilt in *Sachgüter* (Getreide, Brot, Fahrräder usw.), *Dienstleistungen* (etwa Transport oder Verkauf von Sachgütern) und *Rechte* (z.B. Patente oder Lizenzen). Sachgüter lassen sich einteilen in *Verbrauchsgüter* und *Gebrauchsgüter.* Verbrauchsgüter sind solche, die nach dem Konsum nicht mehr vorhanden sind, z.B. Lebensmittel.
Gebrauchsgüter nutzt man über einen längeren Zeitraum, mit jeden Gebrauch nutzen sie ab, bis sie schließlich nicht mehr verwendet werden können. Haushaltsgeräte oder Musikgeräte sind typische Beispiele. Auch bei den Gütern, die in der Produktion verwendet werden, kann man die Güter nach ihrer Lebensdauer unterscheiden. Betriebsmittel wie Werkzeuge und Maschinen werden über einen längeren Zeitraum gebraucht, Werkstoffe dagegen „gehen in der Produktion unter", sie werden Teil eines neuen Produkts. So ist Mehl z.B. Bestandteil von Brot.

Haushalt:
Grundsätzlich unterscheidet man *öffentliche* und *private Haushalte.* Zu den öffentlichen Haushalten zählen Bund, Länder, Gemeinden und die Haushalte der Sozialversicherungsträger.

Ganz allgemein versteht man unter einem privaten Haushalt zusammen wohnende Personen, die mit einem → Einkommen gemeinsam wirtschaften und Einzelpersonen, die allein wohnen und wirtschaften. Man unterscheidet auch z.B. in Selbstständigen-, Beamten-, Angestellten- und Rentnerhaushalte, um ihre wirtschaftliche Situation zu vergleichen.

Index(ziffern):
Messziffern, in der Statistik Verhältniszahlen, mit deren Hilfe z.B. Zeitreihen übersichtlicher gestaltet werden können, indem die Werte eines Basisjahres, z.B. die Bevölkerung eines Landes, gleich 100 gesetzt werden und alle übrigen Werte im Verhältnis dazu umgerechnet werden. Indizes werden z.B. für Preisentwicklungen berechnet. Der wohl bekannteste Preisindex ist der für die Lebenshaltung.

Industrialisierung:
Der Übergang von der Argargesellschaft, in der rund 80% der Bevölkerung von landwirtschaftlichen Tätigkeiten lebten, zur Industriegesellschaft. In Deutschland fand dieser Prozess etwa zwischen 1830 und 1900 statt. Kennzeichen sind, dass ein Großteil der Handarbeit in der gewerblichen Produktion durch Maschinenarbeit verdrängt wird und durch neue Transportmittel, insbesondere durch die Eisenbahn, der Güteraustausch revolutioniert wird. Die Arbeit in der Fabrik wird zur vorherrschenden Arbeitsform.

Information:
Meist gebraucht in der Bedeutung von „Nachricht, Mitteilung". Informationen sind nötig, um Entscheidungen treffen zu können. Welche Information von Bedeutung ist, kann für jeden Einzelnen sehr unterschiedlich sein.

Das Problem besteht heute häufig darin, dass aus der ungeheuren Fülle von Daten die wichtigen Informationen herausgefiltert werden müssen. In der modernen Wirtschaft spielen die Informationskosten, d.h. die Kosten, die für die Informationsgewinnung ausgewendet werden müssen, zunehmend eine Rolle.

Infrastruktur:
Eine hochentwickelte Wirtschaft benötigt einen wirtschaftlichen und organisatorischen „Unterbau" wie z.B. Straßen, Eisenbahnanschlüsse, Schulen, Krankenhäusern, das gesamte Verwaltungswesen usw.

Innovationen:
Hierbei handelt es sich um neu entwickelte, meist technische Produkte oder um die Verbesserung von Produkten, die bereits auf dem Markt vertreten sind.

Institution:
Es handelt sich hierbei um eine gesellschaftliche, staatliche oder kirchliche Einrichtung, die bestimmte Aufgaben übernimmt. So ist z.B. die Agentur für Arbeit eine staatliche Institution.

Investition:
Ein Unternehmen verwendet Geld (Kapital) um z.B. Maschinen, Anlagen und Werkzeuge (Sachinvestition) oder z.B. Wertpapiere zu kaufen (Finanzinvestition) oder z.B. einem Angestellten eine Fortbildung zu bezahlen (Personalinvestition). Eine Investition wird im Allgemeinen nur dann vorgenommen, wenn sich das Unternehmen davon ein gewinnbringendes Geschäft verspricht.

Kaufkraft:
Fähigkeit des Einzelnen → Güter zu erwerben. Diese Fähigkeit ist abhängig vom → Einkommen und den Preisen. Die Kaufkraft kann auch für Gruppen ermittelt werden („Kaufkraft der 14- bis 49-jährigen") und ist z.B. für die Werbewirtschaft eine wichtige Größe. In der Statistik ist die Kaufkraft des Geldes eine wichtige Größe: Sie gibt an, wie viele Güter man für eine bestimmte Geldeinheit erhält.

Kompromiss:
Einigung durch gegenseitige Zugeständnisse und beiderseitiges Nachgeben.

Konkurrenz:
Mehrere → Unternehmen bieten gleiche → Güter bzw. Dienstleistungen an, sodass der Kunde die Wahl hat. Die Anbieter versuchen z.B. durch Preisnachlässe den Kunden zum Kauf ihres Produktes zu bewegen: Sie liegen also in einem intensiven Wettbewerb um jeden einzelnen Kunden.

Kosten:
In jedem Betrieb fallen bei der Produktion von Sachgütern oder Dienstleistungen Kosten an, z.B. Löhne und Gehälter. Man unterscheidet zwei Arten von Kosten: Fixkosten und variable Kosten.

Fixkosten sind Kosten, die unabhängig von der Menge der hergestellten Güter entstehen. Wenn für die Produktion eines Gutes eine Maschine eingerichtet werden muss, dann sind diese Kosten Fixkosten, unabhängig davon, ob eine Einheit oder 1000 Einheiten eines Produkts hergestellt werden.
Variable Kosten dagegen sind von der hergestellten Menge, bzw. der Zeit, die für die Herstellung von Gütern benötigt wird, abhängig. Beim Druck eines Buches sind die Papierkosten und die Zeit, die ein Drucker für den Druck benötigt, variable Kosten.

Kredit:
Bei einer leihweisen Überlassung von Kaufkraft durch einen Kreditgeber an einen Kreditnehmer. Man muss Kaufkraft sagen, weil in vielen Fällen von Geschäften Güter abgegeben werden gegen das durch Vertrag abgesicherte Versprechen des Kunden, in einer bestimmten Zeit zu bezahlen (Laufzeit des Kredits), unter Umständen auf Raten. Fast immer ist mit einem Kredit die Verpflichtung verbunden auch → Zinsen zu zahlen.

Lebensstandard:
Höhe und Qualität der Güterversorgung der privaten → Haushalte.

legal:
gesetzlich, rechtmäßig

Legitimation:
Darunter versteht man eine Echtheitserklärung. Im Bürgerlichen Gesetzbuch steht es für den Nachweis der Empfangsberechtigung.

Lohn:
→ Einkommen

Ökonomie:
Bezeichnung für die Wirtschaft.

Produkt:
→ Gut

Produktionsfaktoren:
Die betrieblichen Produktionsfaktoren sind Arbeit, Boden = wirtschaftlich genutzte Natur (Anbauboden in der Landwirtschaft, Abbauboden im Bergbau, Standortboden bei allen Unternehmen), Betriebsmittel und Werkstoffe. Betriebsmittel (Maschinen und Werkzeuge) werden bei der Produktion benutzt, Werkstoffe gehen in die Erzeugnisse ein (Mehl als Bestandteil von Brot) oder sind als Hilfsmittel (z.B. Energie oder Schmierstoffe für den Betrieb von Betriebsmitteln) erforderlich.

Produktivität:
Damit misst man, wie ergiebig (leistungsfähig) eine wirtschaftliche Tätigkeit ist. Weit verbreitet ist die Feststellung der Arbeitsproduktivität. Dabei wird gemessen, wie hoch das Arbeitsergebnis pro Beschäftigten z.B. an einem Tag ist.

Die Produktivität ist in starkem Maß von der technischen Ausrüstung abhängig. Wenn in einem Land z.B. pro Arbeiter sechs Autos hergestellt werden, in einem anderen aber zehn, dann ist im zweiten Land die Produktivität höher als im ersten.

Recycling:
Rückführung von Abfallstoffen in den Produktionsprozess oder Wiederverwendung. Zwei der bekanntesten Beispiele sind die Wiederverwendung von Altglas oder die Herstellung von Umweltpapier aus Altpapier.

Ressourcen:
Für die Herstellung von Gütern benötigte Mittel (Arbeit, Kapital, Boden, Wissen), vgl. → Produktionsfaktoren.

Rohstoff:
Ein Werkstoff, der bei der Produktion von → Gütern eingesetzt wird und dabei als Hauptbestandteil Teil des Produktes wird.

Steuern:
Finanzielle Zwangsabgaben von Bürgern und Unternehemen an Gemeinden, Länder und Bund, damit von diesen öffentliche Aufgaben erfüllt werden können.

Subvention:
Finanzielle Unterstützung des Staates an Wirtschaftsunternehmen, die von diesen nicht zurückgezahlt werden muss. Oft fordern oder erwarten die Subventionsgeber jedoch ein bestimmtes Verhalten von den → Unternehmen, das sich in der Nutzung der Subventionen zeigt.

Unternehmen:
Wirtschaftlich selbstständige Produktionseinheit (→ Betrieb), durch finanzielle Eigenständigkeit und unternehmerische Entscheidungsfreiheit gekennzeichnet.

Vermögen:
Alle → Güter oder Rechte, die einer Person, einer Organisation (z.B. einem → Unternehmen) oder dem Staat gehören. Zu den Gütern gehört z.B. das Wohnungsvermögen, zu den Rechten etwa die Rentenansprüche aus der Sozialversicherung.

Währungsreform:
So bezeichnet man die umfassende Neuordnung des Geldwesens eines Staates. Vorangegangen ist dieser eine vollständige Zerrüttung des Geldwesens, bei der das gesetzliche Zahlungsmittel seine Aufgaben nicht mehr erfüllen kann. Die in Deutschland bekannteste Währungsreform war die vom 21. Juni 1948.

Währungsunion:
Im Gegensatz zur → Währungsreform erfolgt eine Währungsunion auf freiwilliger Basis, wenn mehrere Staaten mit gesunder Wirtschaft Vorteile von einer gemeinsamen Währung haben. Für die einheitliche Währung wird ein neuer, gemeinsamer Name gewählt (z.B. Euro für Schilling, Gulden, D-Mark, Franc usw.). Eine Währungsunion hat keine Verluste von Geldvermögen zur Folge.

Werkstoffe:
Sie sind, neben den Betriebsmitteln und den Arbeitskräften, ein Teil der betrieblichen Produktionsfaktoren. Sie werden bei der Produktherstellung verbraucht, d.h. sie gehen unmittelbar (Rohstoffe/Hilfsstoffe/Fremdbauteile) oder mittelbar (Betriebsstoffe) in das neue Produkt ein (Werteverzehr).

Zielgruppe:
Sie ist eine Gruppe von Menschen, auf die eine ganz bestimmte Werbung ausgerichtet ist. Die Gruppe der Katzenbesitzer ist z.B. die Zielgruppe für Katzenfutter. Dabei versucht man, die Tierliebe und das Verantwortungsgefühl dieser Menschen für ihre Katze anzusprechen.

Zinsen:
Vergütung für verliehenes Geld. Zinsen werden in der Regel in Prozent des Geldbetrages pro Jahr ausgedückt. Wer Geld bei seiner Bank oder Sparkasse aufnimmt, muss Sollzinsen zahlen, wer Geld auf seinem Konto anlegt, bekommt Habenzinsen.

akg-images, Berlin: 99 M1 + M2
AMD Saxony Limited Liability Company & Co. KG, Dresden: 28 M1
Andersartig, Braunschweig/B. Funke: 36 M1, 58 M2 + M3, 68 M1 + M2, 77.2, 98 M1, 102 M1
Arbeitsgemeinschaft Pflegekennzeichen für Textilien in der BRD, Eschborn: 87.1
argum, München: 48 M2

Bildarchiv Preußischer Kulturbesitz, Berlin: 98 M1 + M2
BilderBox, A-Thening: 8.1, 107.1
BMW AG, München: 121.1
Bundesagentur für Arbeit, Nürnberg: 49.2
Bundesverband der Unfallkassen: 43.2

Caro Fotoagentur, Berlin: 38 M1 (R.Oberhaeuser)
CCC/www.c5.net: 81 M1 (E. Liebermann)
Corbis, Düsseldorf: 61.1 (M. Garrett), 66 M1 (N. Wheeler), 66.2 (R.H. Smith)

Das Ständebuch, Leipzig: 31.1
Deutsche Bundesbank, Frankfurt/M.: 99.1 + 2, 100.1
Die Welt, Hamburg: 91.1
Diesel/Amtracks, Düsseldorf: 134.1
1. FC Dynamo Dresden: 21.1

Feeken, H., Oldenburg: 45 M1, 46.1, 47 M1
Feist, S., Wilhelmshaven: Titel rechts

Globus Infografik GmbH, Hamburg: 7.2, 14.1, 20.1, 127.1, 135.1 + 2
Grafikdesign I. Hecht, Hannover: 130 M1
Grey, Düsseldorf: 11 M2

HEH Präzisionsteile GmbH, Erlensee: 73 M3
Holfeld, U., Kleinsaubernitz: 53 M1 - M3, 58 M1

Image und Design/Bettina Kumpe, Braunschweig: 12.1 + 2, 15 M1 + M2, 17.1 - 4, 39 M1 - M3, 40 M2 + M3, 47.1 - 6, 51 M1, 52.1 - 4, 52 M1, 59 1- 4, 59 M1, 64 M1 - M3, 72 M1, 76 M1, 78 M1, 79 M1 - M4, 80 M1 - M4, 82 M1, 83.1, 85.1, 86.1, 88.1 + 2, 88 M1, 89.1 - 4, 89 M1 + M2, 90.1 - 4 , 90 M1 + M2, 92.1 + 2, 92 M1, 93.1, 96 M2 + M3, 97 M1, 108 M1 + M2, 112 M1 - M3, 122 M1 + M2, 123 M1 - M3, 131.1, 136 M1 - M5
Imhof, U., Buxtehude: 94/95 (12)
Industrievereinigung Chemiefaser e. V., Frankfurt/M.: 74 M1
InGestalt, Leipzig: 10 M2, 137 M1 + M2

Keystone Pressedienst GmbH, Hamburg: 11.2 (D. Riemarzik), 11 M1 (The Image Works)
Krenzke, H.-J., Magdeburg: 133 M1
Krückeberg, H., Hannover: 10.1, 18.1, 18 M1, 19.1, 31.2, 62 M2, 106 M2, 132 M1
Künstner, R., Halle/S.: 36 M3, 118 M1

Mars GmbH, Viersen: 134 M1
Martens, S., Braunschweig: 36 M2
mauritius images, Mittenwald: 29.2 (Rosenfeld), 63 M1 (K. Paysan), 63 M2 (age Fotostock), 64.1 (age Fotostock), 66 M2 (age Fotostock), 66.1 (H. Bartel), 69.1 (age Fotostock), 75.1 (M. Pinn), 88.1 (H. Hoffmann), 91 M1 (A. Albinger), 118 M2 (Stock 4b), 119 M2 (M. Ley), 120 M2 (J. O'Brien), 127 M1 (Pochtmann)

OSTKREUZ, Berlin. 24 M1 (A. Schönharting)

Photostudio Druwe und Polastri, Weddel: Titel Mitte, 6.1, 7.1, 8.2, 9.2, 10.2 + 5, 19.2, 20 M1, 21 M1, 22.1, 23.1 + 2, 24 M3, 30.1, 30 M1, 31 M1, 32.1 + 2, 32 M2, 34 M1 - M3, 35 M2, 43.1, 44.1, 44 M1 + M2, 51.1, 62 M1, 77.1, 77 M1, 103 M1 + M2, 104.1, 106 M1, 110 M1 + M2, 112.1, 113.1, 113 M1, 119 M1, 122 M3, 126 M1, 128.2, 129 M1 + M2, 132.1
Picture Alliance, Frankfurt/M.: Titel links + 5.1 (dpa/Bernd Thissen) 9.1 (dpa/F. Matzerath), 10.4 (ZB/P. Grimm), 18.2 (dpa/U. Perrey), 24 M2 (dpa/F. May), 27 M2 (OKAPIA KG/K.G. Vock), 28.1 (ZB/M. Hiekel), 28.2 (ZB/W. Thieme), 35 M1 (ZB/P. Pleul), 35 M3 (dpa/H. von Heydenaber), 40 M1 (dpa/Grimm), 48 M1 (ZB/B. Settnik), 49.1 (dpa/H. von Heydenaber), 109.1 (ZB/W. Thieme), 117.1 (ZB/W. Thieme), 124 M1 (ZB/B. Wüstneck)
Punctum, Leipzig: 120 M1, 125.1

Schröder T., Hannover: 27 M1 + M3
Statistisches Landesamt des Freistaates Sachsen: 114 M1
Stenzel, J., Berlin: 102.1

Unfallkasse Sachsen, Meißen: 50 M1

Volkswagen AG, Wolfsburg: 25.1

Werbefotografie Weiß, Gersthofen: 104.2, 104 M1
Westermann Archiv, Braunschweig: 13 M1, 45.1, 70.1, 70 M1, 71 M1, 100 M1, 101 M1, 103.1
Westermann Tegra, Braunschweig: alle übrigen Schaubilder und Grafiken